·未来学校创新计划系列丛书·

未来教师的
测评数据处理与分析

丛书主编 王 素
丛书副主编 袁 野 李 佳
蒋德仁 李 强 著

**助你成为
教育数据
素养高手**

CHINA MACHINE PRESS

数据素养必将成为未来教师核心素养的重要组成部分。本书根据《深化新时代教育评价改革总体方案》精神，参照《中国未来教师能力框架》关于未来教师"数据分析与运用能力"的基本要求编写。本书共四章，以教育数据收集、数据处理、数据分析、数据应用为核心内容，结合教育测评中常见的数据，设置了"问题驱动""数据解读""原理简析""应用启示""拓展延伸"等栏目。本书关注零起点、体现多层次、突出可操作、力求形象化，帮助广大中小学教师走出教育测评分析报告的数据迷宫，基于数据改进教育教学，共享教育数据的无穷魅力。

　　本书配有数字资源，扫描封面上的二维码，就可获得书中用到的数据库，方便教师更好地使用本书。

图书在版编目（CIP）数据

未来教师的测评数据处理与分析/蒋德仁，李强著.—北京：机械工业出版社，2022.8
（未来学校创新计划系列丛书/王素主编）
ISBN 978-7-111-71305-0

Ⅰ.①未… Ⅱ.①蒋…②李… Ⅲ.①数据处理—应用—中小学—教师评价—研究 Ⅳ.①G635.11-39

中国版本图书馆CIP数据核字（2022）第141547号

机械工业出版社（北京市百万庄大街22号　邮政编码100037）
策划编辑：熊　铭　　　责任编辑：熊　铭
责任校对：张亚楠　刘雅娜　责任印制：李　昂
北京联兴盛业印刷股份有限公司印刷
2022年9月第1版第1次印刷
184mm×260mm · 14.25印张 · 344千字
标准书号：ISBN 978-7-111-71305-0
定价：79.00元

电话服务　　　　　　　　　　　网络服务
客服电话：010-88361066　　　机　工　官　网：www.cmpbook.com
　　　　　010-88379833　　　机　工　官　博：weibo.com/cmp1952
　　　　　010-68326294　　　金　书　网：www.golden-book.com
封底无防伪标均为盗版　　　机工教育服务网：www.cmpedu.com

Preface 序

随着信息化时代的到来，教育大数据在课堂教育、校园管理、在线教育、教育评价等领域得到广泛应用。在这样的时代背景下，教师的数据素养日渐成为教师专业发展的重要内容，也成为未来教师的必备技能。

教师数据素养是大数据技术与教育领域深度融合发展的时代要求，是加快数据驱动教学改进的关键所在。相较于传统的经验型教师，那些善于收集、分析和挖掘教育数据价值的教师，其教育教学行为将更加科学和高效。但如何挖掘隐藏在其中的丰富价值，将其转化成有价值的知识，从而促进教学决策，改进教学实践，完善自身专业发展，这是广大基层教师面临的重大挑战。

中国教育科学研究院在《中国未来教师能力框架》中，建构了未来教师能力发展的等级标准，对教师数据分析与运用能力的表现性行为做了明确的界定。本书内容涵盖其初级、中级和高级能力的基本要求，可以作为教师研修发展的支持资源。

数据科学的学习资源无处不在，但大多数的数据分析学习资源的门槛比较高，要么是高深的统计学理论和复杂的统计学公式，要么是专业的统计分析软件，使得很多教师望而却步。广大教师迫切希望有一本浅显易懂、简单实用的教学测评数据分析技术的书籍，这便是本书的定位。两位作者既是从事教育实践和评价研究的一线教师，也是应用数据分析技术与日常教学评价活动的高手。他们深切懂得广大教师的实际需求、工作困惑和专业成长，试图以低门槛的简明指导帮助普通教师理解和掌握数据分析技术。

本书是掌握数据分析技术的简明读本，突出了实用性、通俗性和拓展性三大基本特征。基于教师的工作实际，以问题和案例为导向，随用随学，帮助教师解决常见的数据分析问题，体现实用性；用贴近教师的日常语言话术，来解释数据分析的原理与实操指导，便于教师理解与掌握，尽量避开复杂的统计学原理和公式，体现通俗性；本书既是教师数据分析的入门手册，也为学有余力的教师提供了能力进阶的空间，具有拓展性。

本书首先对教师数据素养作概要性介绍，帮助教师建构起对数据素养的整体认识，为后面的学习提供一种简单的认识论与方法论基础（第一章）；再聚焦于学业成绩分析领域常用的数据分析方法（第二章）和问卷调查中常用的数据分析方法（第三章），两章内容所介绍的方法在某种程度上其运用原理与技术是通用的，但为便于广大教师的学习理解，分在两章中介绍；本书最后提供了成绩分析、问卷调查分析以及问卷编制与质量检测三个完整的典型案例（第四章），教师可在实际数据分析中有所参考和借鉴，同时也可以用来检验第二、三章的学习效果。

本书主要运用 Excel、SPSS 和 AMOS 等常用的统计数据分析工具。学习数据分析，需要技术引领和任务驱动，要把数据分析思维和分析工具运用到实际问题的解决过程中，不断实践，熟能生巧，就有望从数据小白进阶到数据分析高手的水平。

张　丰

浙江省教育厅教研室副主任、研究员、博士生导师

Contents 目录

序

第一章 教师应如何迎接数据时代的挑战 1

模块一 数据素养与教师有关吗 1
  专题1 教育大数据将何去何从 1
  专题2 未来教师应具备哪些数据素养 4

模块二 数据从哪里来 7
  专题1 你熟悉数据大家庭成员吗 7
  专题2 怎么得到需要的数据 9
  专题3 收集到的数据可以直接使用吗 11

模块三 数据分析到底有多神秘 15
  专题1 数据分析能做什么 15
  专题2 数据分析怎么做 17
  专题3 数据分析怎么学 19
  专题4 如何识破数据谎言 22

模块四 你会使用哪些数据分析软件 25
  专题1 Excel 25
  专题2 SPSS 26
  专题3 AMOS 28
  专题4 ConQuest 29
  专题5 HLM 30
  专题6 Python 30

第二章 怎样走出成绩分析报告的数据迷宫 31

模块一 如何借助成绩数据分析进行教学诊断 31
  专题1 平均分随时适用吗 31
  专题2 平均分相同的两个班水平一样吗 35
  专题3 从不同分数段学生的分布可以看出什么玄机 40
  专题4 如何解读不同学业水平学生的成绩分布 49
  专题5 如何根据考试结果数据快速寻找教学优势与短板 54
  专题6 数学是85分,语文是80分,数学成绩比语文成绩好吗 59
  专题7 与上次测试相比,你的成绩超出预期了吗 68
  专题8 如何推断前测与后测成绩显著进步 73
  专题9 如何推断男生和女生成绩是否存在显著差异 77
  专题10 一个年级多个班级的成绩怎样比较 82

模块二 如何检验题目的质量 87

专题 1　题目得分率曲线隐藏着什么
　　　　玄机 87
专题 2　为什么有的题目优秀生
　　　　得分率却不如中等生 92
专题 3　开放性题目以"采分点"
　　　　评分的利与弊 99

第三章　如何揭开问卷调查报告数据背后的秘密 104

模块一　怎样读懂问卷调查报告的
　　　　数据 104
专题 1　如何快速计算问卷
　　　　各个选项的占比 104
专题 2　怎么合成问卷结果的
　　　　指标指数 109
专题 3　同一次调查中不同群体的
　　　　指标指数有差异吗 111
专题 4　教师的教学水平与经济收入
　　　　有关吗 122
专题 5　师生关系指数提升 10 个
　　　　百分点，学业水平提升
　　　　多少 130
专题 6　学校要提升教学质量，
　　　　应优先考虑哪些因素 137
专题 7　家庭社会经济地位对学生
　　　　学业成绩到底有多重要 144

专题 8　在教师的专业成长过程中，
　　　　是自身努力重要还是学校
　　　　培养重要 149
专题 9　教师讲得好等于学生学得
　　　　好吗 156

模块二　如何检验问卷（量表）的
　　　　质量 164
专题 1　如何判断问卷（量表）
　　　　收集的数据是否可靠 164
专题 2　如何判断问卷（量表）
　　　　包含几个维度 168
专题 3　如何判断问卷（量表）能否
　　　　收集到想要的信息 178

第四章　教育测评数据分析典型案例 183

模块一　成绩分析报告案例 183
2020 学年第一学期 ×× 区九年级
语文学业水平抽测分析报告 183
模块二　问卷调查报告案例 193
初中学生学习品质及其影响因素
调查报告 193
模块三　问卷编制与质量检验报告
　　　　案例 206
"初中学生自主学习品质调查问卷"的
编制 210

CHAPTER 01

第一章　教师应如何迎接数据时代的挑战

> 未来已来。过去 10 年间，我们经历了从模拟到数字的转型，深切感受到了数据的力量。如今，一个大规模生产数据、分享数据、应用数据的时代已经开启，数据的影响已经远远超越我们的预期，就像几十年前我们没有想象到智能手机和网上购物在我们的生活中出现并且带来颠覆性变革一样，不断变化的数据还将继续渗透到我们的生活中，以更多、更新的方式影响我们的生活。数据激起的波澜，已经在时光之河里发出铿锵声响。毫无疑问，大数据已经成为人类追逐梦想的强大引擎。

模块一　数据素养与教师有关吗

　　数据素养是指数据行为主体在符合社会伦理道德的前提下，对相关数据进行获取、处理、分析、解释、管理和应用的综合能力，是信息素养在大数据时代的一种延伸与拓展。教师的数据素养是大数据技术与教育领域深度融合发展的时代要求，是加快数据驱动教学范式转型发展的关键所在。不论是在职中小学教师、未来将从事中小学教学的学生，还是教育管理者与研究者，都需要紧跟大数据发展的时代步伐，善于分析和挖掘教育数据的潜在价值，使其更好地支撑教育教学的优化与变革。

专题 1　教育大数据将何去何从

　　随着新一轮科技革命和产业革命的孕育兴起，以人工智能、物联网、大数据、网真技术、全息投影、增强与虚拟现实、区块链等为代表的高新科学技术，正在不断重塑教育形态。教育大数据正扑面而来。

📄 问题驱动

人类社会从"信息时代"正迈进"智能时代"。驱动智能时代的最大力量,就是数据的爆炸和对数据的处理。在大数据背景下,教育大数据将何去何从?

📄 原理简析

中共中央、国务院印发的《深化新时代教育评价改革总体方案》明确要求:"创新评价工具,利用人工智能、大数据等现代信息技术,探索开展学生各年级学习情况全过程纵向评价、德智体美劳全要素横向评价"。

国际数据公司(IDC)2018 年发布的白皮书《数据时代 2025》预测,2025 年全球数据量总和将达到 175ZB,比 2017 年的预测提高了 12ZB。"数据是生产要素",数据和我们的生活息息相关,并将在未来的世界中发挥更为关键的作用。洞悉数据,我们将获得更多的发展契机,从而占领先机。

1. 什么是大数据

一般来说,大数据指的是无法在一定时间内用常规软件工具对其内容进行抓取、管理和处理的数据集合。大数据不是一种新技术,也不是一种新产品,而是一种新现象。大数据具有以下"5V"特征:

(1)**体量(Volume)巨大**:大数据的起始计量单位至少是 PB(1024TB)、EB(1024PB)或 ZB(1024EB)。

(2)**类别(Variety)繁多**:包括网络日志、音频、视频、图片、地理位置信息等,多类型的数据对数据的处理能力提出了更高的要求。

(3)**价值(value)密度低**:随着物联网的广泛应用,信息感知无处不在,信息海量,但价值密度较低,如何通过强大的机器算法更迅速地完成数据的价值"提纯",是大数据时代亟待解决的难题。

(4)**处理速度(Velocity)快**:大数据处理中包含大量在线或实时数据分析处理的需求。因此,处理速度快、时效性要求高,是大数据区分于传统数据挖掘最显著的特征。

(5)**真实性(Veracity)**:是指数据来源于现实世界,数据是真实有效的,能反映真实情况。例如,如果是测评数据,与传统的抽样调查相比,大数据反映的内容更加全面、真实。

2. 什么是教育大数据

教育大数据是面向教育全过程的具有强周期性和巨大教育价值的多维度、多形态的高复杂性的数据集合。教育大数据包括整个教育教学过程中静态和动态的所有数据。教育大数据不仅通过数据挖掘和学习分析支持教育决策和个性化学习,而且通过数据分析的各种技术达到共建共享的教育生态。

依照不同层级的主体和教育教学活动的各项内容,孙洪涛博士将教育大数据分为四个层次和六大类型,如图 1-1 所示。

第一章 教师应如何迎接数据时代的挑战

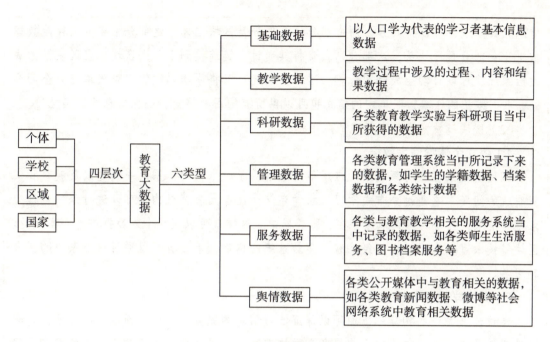

图 1-1 教育大数据的组成

与用传统方法收集的教育数据相比,教育大数据有更强的实时性、连续性、综合性和自然性,并使用不同的应用程序来分析和处理不同复杂程度和逻辑深度的数据。可以在不影响教师和学生活动的情况下,连续记录整个教学活动的所有数据,如教学资料、互动反应和学生在每个知识点上停留的时间等。

3. 教育大数据有什么价值

教育大数据在课堂教育、校园管理、在线教育、开放远程教育、教育培训行业以及学生综合素质评价等方面将被广泛应用。随着大数据热的兴起,数据分析与数据挖掘的技术日益成熟,统计学、数据分析的技术手段被引入到大数据处理过程中,起到了重要的作用。

数据统计分析是数据分析的常规手段,信度系数检验、关联性分析、数据的离散性分析、聚类分析等被广泛运用。除此之外,遗传算法、神经网络、语义分析、分布式数据库管理等数据处理技术也已经成熟。专业的数据挖掘软件、数据推送技术快速发展,为数据分析成为人们的基本技能提供客观的有利条件。

> **拓展延伸**
>
> ## 区块链技术
>
> **(1) 什么是区块链技术**
>
> 区块链最早是从比特币中衍生而来的,它可以将各个区块以链的方式组合在一起,在网络中进行分布式的记录和存储。同时也可以按照时间顺序生成和记录待处理的交易

信息。具体地,可以将其分为两个部分:一部分是区块主体,这部分主要负责存储数据信息;一部分是区块头,这部分则负责将其通过主链连接到下一个区块,当区块链形成之后系统就可以自动生成时间标签。这样一来就可以将原本单纯的记账账单变为全网公开、共同维护的账单,账单中的信息也可以供所有的用户核对,确保信息的真实性[1]。

(2)区块链技术在教育领域的应用模式

1)建立个体学信大数据

区块链技术在教育领域中的应用很好地解决了原本信用体系缺失问题以及教育和实际脱轨的问题。它通过分布式学习记录和存储,让各大教育机构都可以进行跨平台地记录学习结果,并将其永久地保存在云服务器中。这样就可以实现个人数据信息共享互通。区块链技术可以实现对虚拟经济智能交易系统的构建,消费者可以通过这个系统购买各种服务。

2)开发学位证书系统

学位证书系统的构建一方面可以保证学习信息的完整,另一方面也可以有效打击学术造假的行为。该系统的应用使得各个学校都可以通过区块链进行学历证书的发布,保证证书生产过程的透明化和真实性。

3)构建开放教育资源新生态

区块链技术在教育领域的应用大大降低了资源共享和维护的成本,同时也可以实现对资源的版权保护,它通过非对称加密算法来实现对资源上传者版权信息和交易信息的追踪和记录,从源头上解决了版权的归属问题。不仅如此,区块链技术的应用对于净化教育资源共享的环境,提升教育资源的质量都会有很大的帮助。

4)开发去中心化的教育系统

当前我国的教育模式还是以传统的教育模式为主导,教育系统存在高度的中心化和集权化。在区块链技术的支持下,教育也向着全民参与的方向发展,校际的边界也逐渐变得模糊,学习者可以根据自己的实际需求来自主选择学习的内容和学习中心,并且可以通过努力获得同等效力的课程证书。

专题2　未来教师应具备哪些数据素养

大数据时代,数据素养已经成为当代社会人才的必备能力。随着数据驱动教学时代的到来,教育系统中每时每刻会产生海量的学生学习行为的非结构性数据,如何挖掘隐藏在

---

[1] 杨现民,李新,吴焕庆,等. 区块链技术在教育领域的应用模式与现实挑战 [J]. 现代远程教育研究, 2017 (2): 36-47.

其中的丰富价值，将其转化成有价值的内容，从而促进教学决策，改进教学实践，完善自身专业发展，这是大数据时代教师面临的重大挑战。因此，提升广大教师的数据素养水平，以支持数据驱动的教育教学改革，对于教师的专业发展和教学的创新变革均具有重要价值。

问题驱动

请你做个自测。

面对一堆教育数据时，你经常思考的问题有哪些？（可多选）

（1）这些数据可以做什么样的分析？

（2）高级的分析方法在这里能用吗？

（3）要做多少张图表？

（4）怎么做出漂亮的数据图表？

（5）除了为数据图表添加文字说明外，还需要写些什么？

（6）数据分析报告要写多少字？

（7）数据分析的目的是什么？

（8）用什么分析方法最有效？

（9）数据变化背后的真相是什么？

（10）怎样的数据图表才能表达出有效的结论与观点？

（11）如何撰写数据分析报告才有说服力？

（12）从哪些角度分析，数据才更加系统完善？

如果你的选项集中于前6项，那么你已经具备了一定的初级数据素养；如果你的选项集中于后6项，那么你已经具备了一定的高级数据素养。

原理简析

教师具备了一定的数据素养，就能适时地、最大化地挖掘数据信息，精准诊断学情，在课堂教学中精准选择教学资源，对教学过程进行科学优化，在提升自身专业能力的同时，促进学生全面而有个性地发展。可以说，学习教育数据分析，不仅仅是学习一种专业技术，它更是一个辅助研究与决策的过程。

具备数据素养的教师，能够在复杂的情境中定位数据，能够使用合适工具对数据进行表征和分析，具有评估和解释数据的能力，并掌握基于数据对相关情境进行说理的能力。未来教师的数据素养，至少包括数据意识、数据思维、数据知识、数据技能和数据伦理等方面。

数据意识是整个数据素养的先决条件。教师的数据意识就是教师对自己教学实践接触到的相关数据及其异动具有敏锐的嗅觉，对教与学的相关过程和行为等从数据的角度理解、感受和评价。通俗地讲，数据意识强的教师能积极主动地分析数据，及时地发现数据的相关性，并超越数据本身诠释数据的意义，一般包括认识数据的重要性、关注数据来源、对数据的敏感度、数据获取意识、数据安全意识等。

数据思维作为教师数据素养的核心要素之一，主要指教师在数据研究与实践过程中所形成的用数据提出问题和找到解决办法的思维倾向和思维方式。图1-2是9种主要的数据思维。

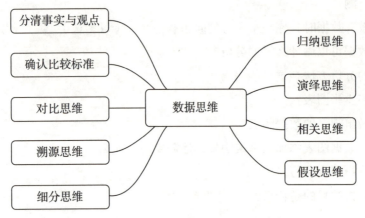

图1-2　9种主要的数据思维

数据知识主要指教师所具备的与数据分析相关的基础知识，如统计学知识等。

数据技能主要指教师数据收集、数据整理、数据分析、数据解读、数据应用等方面的能力。数据收集与整理能力，就是教师在日常教学工作中利用必要的数据收集工具或系统，在复杂的表格和图表中收集学生学习的各种数据，并将其分类汇总，操作数据，以支持合理的教学。数据分析与解读能力包括：准确地应用最基础的测量工具；利用常见的数据可视化工具制作数据信息图，准确地解释折线图、饼图和散点图等；把分析结果和过程通过不同的方式演示或展示；识别并理解在分析过程中产生的模式和趋势；理解数据的价值与意义。数据应用能力包括：发现学生的学习特征或状况，分辨自己在教学过程中的不足和问题，及时调整、改善教学行为。

数据伦理主要指维护数据的真实性，不造假；保护数据的安全和隐私。数据真实性和隐私保护是实现数据收集和分析的重要前提条件，否则，教师则需承担法律责任和背负道德压力。

> 📖 **拓展延伸**
>
> **教师数据素养的进阶之路**
>
> 我国教师数据素养教育正处于起步探索阶段。研制教师数据素养标准，制定数据素养考评制度已经进入国家教育改革的议事日程。根据中国教育科学研究院研制的《中国未来教师能力框架》(征求意见稿)关于"未来教师能力发展等级标准"对教师数据分析与运用能力指标，从初级、中级和高级三个水平做了明确的标定，为教师数据素养进阶

提供了基本参照，见表1-1。

表1-1 未来教师能力发展等级标准（摘录）

指标	未来教师能力表现性行为		
	初级	中级	高级
数据分析与运用能力	• 初步了解数据的含义 • 会识别数据信息 • 会处理简单的数据并对结果做展示 • 能在教学评价中运用简单的数据反馈信息	• 理解数据在教育教学中的作用和意义 • 能读懂数据信息 • 能处理较复杂的数据并做图形化展示 • 能经常性地在教学评价中运用数据反馈信息	• 能熟练掌握各种数据收集和处理软件 • 能生成数据信息 • 能处理大规模的数据并做动态展示 • 教学活动中熟练运用大数据变革学习方式、改善教学反馈机制

教师数据素养有5大功能：

其一，帮助教师加强基于数据的教学实践，促进教师教学水平的提高；

其二，形成基于数据的教学思维，促进教师教学思维的变革；

其三，适应基于数据的文化氛围，促进教师教学领导力的提升；

其四，增强基于数据的科学决策，促进教师教学绩效的提升；

其五，强化基于数据的理解运用，促进教师科研成果的产出。

教师数据素养的进阶，职前培养与职后培训都是两条有效的路径，但更为关键的是，基于数据的教学改进实践。教师只有在收集数据、整理数据、分析数据、依据数据进行教学决策、使用数据来解决教育教学问题的过程中，才能逐步形成良好的数据意识、数据思维和数据习惯。

模块二 数据从哪里来

2015年是中国教育大数据元年，不论是组织（政府、企业、学校），还是个人（研究者、管理者、教师、社会公众）都开始关注教育大数据，相关政策文件、研究机构、学术活动、市场产品等开始纷纷出现。那么，教育大数据从何而来，有哪些种类？如何才能获得教育大数据？获取的数据是否可以直接使用？本模块试图回答这些问题。

专题1 你熟悉数据大家庭成员吗

我们都说今天是大数据时代，各种媒体都在宣传"大数据"，到处都在讨论大数据，许多地区、学校、老师都在说,我们是基于数据来驱动教学改进,听起来大数据似乎是万能的神器,让我们普通教师虽然不明白,但觉得很厉害。其实大数据就是来源于生活的七零八碎,不要把它想成门槛很高的知识领域。

📄 问题驱动

"数据"这个名词大家都很熟悉了,但是如果要问,到底什么是数据呢?数据从何而来,有哪些类型?我们能不能给数据一个最简单而朴素的定义?这个问题看似简单,其实并不那么容易。

📄 原理简析

了解数据,学习数据分析方法,利用数据分析结果解决具体问题,是现在这个信息时代每个人都应该和迫切需要掌握的一项基本技能。掌握这项基本技能的第一步就是了解什么是数据,数据分为哪些类型。因为不同的数据类型,需要用到不同的数据分析方法。

数据的类型可以分为连续性数据和分类数据。数据分类就是把具有某种共同属性或特征的数据归并在一起,通过其类别的属性或特征来对数据进行区别。换句话说,就是把相同内容、相同性质的数据以及要求统一管理的数据集合在一起,而把相异的和需要分别管理的数据区分开来,然后确定各个集合之间的关系,形成一个有条理的分类系统。

我们在运用很多专业的统计数据分析软件时,都会要求对数据进行分类或定义其属性。一般来说,我们所说的数据可以分为定类数据、定序数据、定距数据和定比数据。

定类数据:有一类数据,它的数字没有数学意义上的大小之分,而只是一种编码,代表研究对象分属不同的类别或范畴,这类数据就称为定类数据。如性别,可以用"1"表示男,"2"表示女;或者用"0"表示男,"1"表示女。因为定类变量代表对象类别和范畴,所以定类数据之间的关系是"是"和"否"或者"等于"和"不等于"的关系。

定序数据:定序数据就是对数据从高到低或从大到小进行排列的次序或等级。所以,定序数据不仅具有分类的作用,还有大小之分,存在量的关系。也就是说,定序数据之间不仅有"等于"和"不等于"的关系,还有"大于"和"小于"的关系。比如,受教育程度就是一个定序变量,可以分为"小学""初中""高中""大学""研究生"五个等级,分别用"1~5"五个数值表示,这些编码不仅表示受教育程度的不同,还表示受教育程度的高低。同样,学习成绩也可以分"好""中""差"三个等级,分别用"3""2""1"表示而构成定序数据。

定距数据:当我们使用每个等级之间的数据距离相等的量表来评价问卷项目时,所获得的数据就是定距数据。如,利克特量表和语义区分量表所取得的都是典型的定距数据。定距数据不仅像定类数据一样可以表示类别,也可以像定序数据一样表示大小高低,还可以表示类别之间的距离。因而,除了具有"等于"和"不等于"以及"大于"和"小于"

的关系外，定距数据还具有"加"和"减"的特质。所以，可以对定距数据进行大小比较，或求其总和、平均值和标准差。又如，实际考试分数也是典型的定距数据，但如果我们按照某种标准将考试成绩分为好、中、差三个等级，那它就变成了定序数据，而此时的考试分数则变成了定序变量。可见，定序数据可以用来简化分布水平较多的定距数据。

定比数据：定比数据实际是一种特别的定距数据，是最高级别的测量数据。不同的是，定比数据除了拥有定距数据的三种特质外，还具有乘和除的数学特质。定比数据还有绝对零值，而且有意义，表示一个固定的起点。距离之间的差距测量总是从零值基准开始的。比如，甲同学的英语成绩为40分，而乙同学的英语成绩为80分，那么后者就是前者的2倍。

> **拓展延伸**
>
> **计算机信息化系统中的数据类型**
>
> 计算机信息化系统中的数据分为结构化数据、非结构化数据和半结构化数据。
>
> **结构化数据**（Structured Data），也称作行数据，是用数据库二维表结构来进行逻辑表达和实现的数据，严格遵循数据格式与长度规范，主要通过关系型数据库进行存储和管理。人们通常所谓的"数据"特指结构化数据。
>
> **非结构化数据**（Unstructured Data），是数据结构不规则或不完整，没有预定义的数据模型，不方便用数据库二维逻辑表来表现的数据，包括所有格式的办公文档、文本、图片、标准通用标记语言下的子集XML、HTML、各类报表、图像和音频/视频信息等。支持非结构化数据的数据库采用多值字段、子字段和变长字段的机制进行数据项的创建和管理，广泛应用于全文检索和各种多媒体信息处理领域。
>
> **半结构化数据**（Semi-structured Data），这类数据和上面两种类别数据都不一样，它是结构化的数据，但是结构变化很大。因为我们要了解数据的细节，所以不能将数据简单地组织成一个文件按照非结构化数据处理，由于其结构变化很大，也不能简单地建立一个表与之对应。比如，我们做一个教学数据系统，要保存学生基本信息，如学号、姓名、性别、出生日期、家庭住址等，我们就要建立一个对应的数据表。
>
> 随着计算机、互联网和数字媒体等的进一步普及，以文本、图形、图像、音频、视频等非结构化数据为主的信息急剧增加，面对如此巨大的信息海洋，如何存储、查询、分析、挖掘和利用这些海量信息资源就显得尤为关键。

专题2　怎么得到需要的数据

在教育教学的过程中，时时刻刻在产生有价值的数据。教育大数据主要产生于各种教育实践活动，既包括校园环境下的教学活动、管理活动、科研活动以及校园生活，也包括家庭、社区、博物馆、图书馆等非正式环境下的学习活动；既包括线上的教育教学活动，也包括线下的教育教学活动。如果通过适当的方法将其收集、挖掘、处理和存储，为教育教学决策提供有力支撑，必将是一笔巨大的财富。

问题驱动

教育数据体量巨大、类型繁多、价值密度低，教学过程通常有哪些途径收集数据？

原理简析

数据的收集是进行数据分析的重要前提，数据的获取途径不同，收集数据的方法也有差异。在教育领域，**数据的收集一般可以通过提问、测试、观察、访谈、实验、问卷（量表）等方式来进行。其中，测试和问卷调查最常用。而题目研制和问卷设计则是在收集数据的过程中具有重大影响的关键环节之一，同时也是整个数据收集过程的难点之一。**

不同数据的收集方法不同。在传统课堂中，教师备课主要是研究教材、撰写教案，对学生的分析主要基于经验和平时的直观感受。新技术支持下的课堂教学准备阶段，教师可根据预习作业完成情况，分析学生知识点掌握情况，以学情分析为基础优化教学设计。与此同时，教师也可利用优质备课资源和智能备课工具，设计教学内容。

在课堂教学阶段，基于智慧课堂云网端的综合应用，可开展多种形式的互动。教师可通过预习反馈、测评练习等方式创设情景、导入新课，并布置随堂测验；基于人工智能技术，教师可在课堂上实现智能自动批改，并根据反馈信息定位教学重难点，实现精准讲解，学生则可得到即时的评价反馈。

在课后复习阶段，传统课堂教学是以学生完成课后作业、教师批改作业的形式为主，作业布置是统一的，批改和反馈是滞后的，一般是学生下次课提交作业，再下次课才能得到反馈，作业讲评也只讲共性问题。智慧课堂教学则基于信息化平台，重点开展个性化作业，进行针对性教学。老师根据学生学情，向学生布置个性化课后作业，人工智能实现自动批改。此外，教师的教学内容也会被记录下来，形成结构化课堂教学全景实录，方便学生检索微课视频，并准确定位，同步显示讲解内容与课件，从而得到巩固提高。

教育大数据要常态收集，并建立一个数据互联互通的平台。不是收集一次、两次的数据，而是对课堂教学、学习、互动家庭作业、考试等环节进行日常性的数据收集。目前对教学过程性数据的收集已经形成常态化完整链条，且不同数据的收集方法有所不同。例如：用智慧课堂设备收集课堂教学互动和授课数据，用手机收集日常学生作业和练习数据，用校级阅卷系统收集校内考试数据，用区域数据中心收集区域联考数据。通过建立网络化、数字化教学平台，采用伴随式教学数据收集方式，为学生个性化学习等应用做好数据储备。

大量教与学的过程化数据都以视频、音频、图片的方式存在，但这只是数字化。想要形成数据化，就需要人工智能技术。人工智能技术能把音频转成文字，把写在纸上的学科题目答卷智能识别出来。用人工智能技术对课堂教学场景进行分析，是人工智能技术在数据收集和分析方面的重要价值。

> **拓展延伸**
>
> ### 多模态收集教学数据
>
> 依托人工智能技术，通过面部肌肉、微表情、声纹特征、肢体行为等多模态收集教学数据，具有多维、及时、动态、持续、客观、真实等特征。过程数据，直击内心，可以实现学习动因和学科情绪的分析。
>
> 以"基于过程数据的教学质量监测与评价"为切入点，可以依托"AI多模态的视频数据处理系统"在评价中的应用，结合关联挖掘、情感计算、语音声纹识别等技术，对教育评价生态系统中的重要理论、关键技术和应用，开展研究。利用参与者群体的状态数据和教育教学过程数据来促进教育评价的发展，来实现教学管理决策智能化和教学过程实施个性化。
>
> 实现AI多模态情感计算与教育教学实践的深度融合，可以无感收集学生课堂行为的过程数据和行为数据，运用情感计算核心算法，依托专家模型和训练模型，通过微表情、面部肌肉、眼神、头颈动作、肢体行为、语气声纹、情绪结果七个维度的原始数据相互校验，即时动态地分析学生的学科情绪和学习动机，挖掘学生的学习兴趣，助力因材施教和精准教学，引导学生自我驱动，提高教学质量，推动课堂革命。
>
> AI助力教育监测与评估技术，可以实现教育评价的智能化、过程化、数据化，提升区域教育质量，完善智慧评价和教育督导，打造智慧教育质量监测示范区，从而健全教育督导体制机制，推进教育治理体系和治理能力现代化，创建公平而有质量的教育生态。

专题3 收集到的数据可以直接使用吗

数据质量的好坏直接影响到数据分析结果的准确性和可用性，通过不同来源收集到的数据必须经过一系列的预处理。数据清洗是整个数据分析过程中不可缺少的一个环节，数据清洗的质量直接关系到模型效果和最终结论。因此，数据分析之前，需要先进行数据清洗。

问题驱动

记得有一次，我们在做完教育评估数据分析后发现，有一名学生的语文成绩为80.5分，由于在原始数据列表中数据录入疏忽，输入成了"80,5分"。因小数点错误，系统默认为该学生语文成绩为"0分"。直到最后才发现该校语文实考人数差1人，与事实不符，这样之前所做的工作前功尽弃！因此，数据分析之前就需要进行数据清洗。那么，什么是数据清洗？为什么需要数据清洗？数据应如何清洗？

原理简析

1. 什么是数据清洗

数据清洗（Data cleaning）：对数据进行重新审查和校验的过程，就是把"脏"的数据"洗掉"，补全残缺数据、删除重复信息、纠正存在的错误，确保数据一致性。进行数据清洗，一是为了解决数据质量问题，二是让数据更加适合做挖掘。

2. 数据清洗原理是什么

数据清洗原理是利用数理统计、数据挖掘或预定义清理规则等有关技术将"脏"数据转化为符合质量要求的数据，如图 1-3 所示。

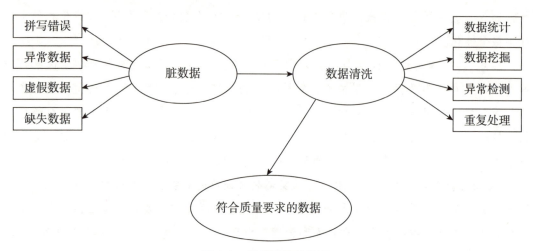

图 1-3　数据清洗的原理

3. 如何清洗数据

数据清洗的基本流程包括：数据预处理、缺失值清洗、格式内容清洗、逻辑错误清洗、非需求数据清洗、关联性验证几个环节，如图 1-4 所示。

图 1-4　数据清洗的基本流程

（1）数据预处理

我们拿到数据表之后，先做一些准备工作，以方便之后的数据清洗：给每一个"sheet"页命名，方便寻找；给每一个工作表加一列行号，方便后面改为原顺序；检验每一列的格式，做到每一列格式统一；做数据源备份，防止处理错误需要参考原数据；删除不必要的空行、空列。

（2）缺失值清洗

缺失值是最常见的数据问题，处理缺失值有很多方法，其基本步骤是：确定缺失值范围、去除不需要的字段、填充缺失内容、重新取数。有关数据补全的方法有：通过其他信息补全，例如通过身份证号码推算性别、籍贯、出生日期、年龄等；通过前后数据补全，例如时间序列缺失数据，可以使用前后的平均值填充，缺的多了可以使用平滑处理，自动补全；实在补不全的，必须剔除。

（3）格式内容清洗

如果数据是由系统日志而来，那么通常在格式和内容方面，会与元数据的描述不一致。如时间、日期、数值、全半角等显示格式不一致；内容中有不该存在的字符；内容与该字段应有的内容不符等。

（4）逻辑错误清洗

这部分的工作是去掉一些使用简单逻辑推理就可以直接发现问题的数据，防止分析结果走偏，主要包含去重、去除替换异常值、修正矛盾内容3个步骤。对于不同来源的数据出现重复情况的解决思路：去除重复记录，只保留一条记录。其方法有：可以用Excel数据删除重复项；按照规则去重。

异常值是数据分布的常态，处于特定分布区域或范围之外的数据通常被定义为异常或噪声。异常分为两种："伪异常"和"真异常"。"伪异常"是由于特定的业务运营动作产生，是正常反映业务的状态，而不是数据本身的异常；"真异常"不是由于特定的业务运营动作产生，而是数据本身分布异常，即离群点。对异常值的处理，需要具体情况具体分析，通常有四种处理方法：删除含异常值的记录，在删除前最好找懂这项工作的人员再确认一下，防止将正常的样本过滤掉了；将异常值视为缺失值，按照缺失值处理方法来处理；使用平均值/中位数/众数来修正；不处理。

（5）非需求数据清洗

这一步看似简单：把不要的字段删除。但实际操作起来，有很多问题，例如：把看上去不需要但实际很重要的字段删了；某个字段觉得有用，但又没想好怎么用，不知道是否该删；一时看走眼，删错字段了。前两种情况建议你，如果数据数量没有大到不删字段就没有办法处理的程度，那么能不删的字段尽量不删；第三种情况请你勤备份数据。

（6）关联性验证

如果数据有多个来源，那么有必要进行关联性验证。多个来源的数据整合是项非常复杂的工作，一定要注意数据之间的关联性，尽量在分析过程中不出现数据之间互相矛盾，而你却毫无察觉的情况。不同来源的不同指标的数据，包括指标体系（度量）、维度（分组、统计口径）、单位频度等都保持数据的一致性。例如，成绩平均分统计分析中，缺考、零分是否纳入等问题。

4. 数据如何存储

数据收集清洗完以后，还需要对数据进行整理和保存。通常数据可以保存在各种办公软件和数据库中。数据的整理技术主要包括数据的重新编码，数据属性定义等。

下面就数据的保存格式做一下说明。

我们在进行表 1-2 数据分析时，常将数据保存在 Excel 表格中，但是数据的保存格式有一定的要求，见下面分析。

表 1-2　某校学生某次测试成绩（一）

学科	张三	李四	王五	赵六
语文	94	82	84	89
数学	67	76	69	86
英语	84	89	86	79

表 1-2 是一个二维交叉表格，该表格在进行数据的分析和展示时经常使用，但是如果将数据保存为这个格式则非常不方便，例如，如果我想在英语成绩下面加上"性别"变量，则顶格的三线格内的学科定义就不正确了。表 1-2 中的数据如果整理成表 1-3 格式就不存在这个问题。

表 1-3　某校学生某次测试成绩（二）

学生	语文	数学	英语
张三	94	67	84
李四	82	76	89
王五	84	69	86
赵六	89	86	79

在表 1-3 中，每一列为一个变量，每一行为一个个体（个案），数据保存为这样的格式，可以形成不同变量组成的二维交叉表（例如，Excel 可以使用数据透视表），且不会出现变量交叉的情况，这种数据保存格式也是大多数数据库采用的数据保存方式。

拓展延伸

噪声数据处理

噪声数据（Noisy Data）就是无意义的数据，这个词通常作为损坏数据的同义词使用。数据中的噪声可能有两种，一种是随机误差，另外一种是错误。下面通过给定一个数值型属性来说明平滑去噪的具体方法。

（1）人机结合检查法

通过人机结合检查方法，可以帮助我们发现异常数据。例如，利用基于信息论的方法可以识别手写符号库中的异常模式，所识别出的异常模式可输出到一个列表中，然后由人对这一列表中的各异常模式进行检查，并最终确认无用的模式（真正异常的模式）。这种人机结合检查的方法比人工方法的手写符号库检查法效率要高许多。

（2）聚类分析方法

通过聚类分析方法可帮助我们发现异常数据。相似或相邻近的数据聚合在一起形成了各个聚类集合，而那些位于这些聚类集合之外的数据对象，自然而然就被认为是异常数据，如图1-5所示。

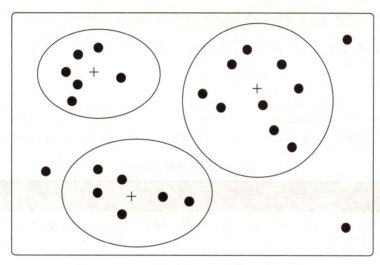

图1-5　基于聚类分析方法的异常数据监测

（3）回归方法

如果变量之间存在依赖关系，即$y=f(x)$，那么我们可以设法求出依赖关系f，从而根据x来预测y，这也是回归问题的实质。例如，借助线性回归，包括一元线性回归和多元线性回归，就可以获得多个变量之间的拟合关系，从而达到利用一个（或一组）变量值来预测另一个变量取值的目的。利用回归分析方法所获得的拟合函数，能够帮助平滑数据及除去其中的噪声。

模块三　数据分析到底有多神秘

数据分析，未来会越来越重要。那么，数据分析到底能帮我们解决什么问题？数据分析究竟该怎么做？学习数据分析有没有什么捷径？数据分析的陷阱有哪些？本模块试图回答这些问题。

专题1　数据分析能做什么

数据分析，就是用适当的统计方法对收集来的大量数据进行分析，将它们加以汇总和理解并消化，提取有用信息，总结内在规律，为科学决策提供依据。数据分析是大数据时代各行业和学科发展的迫切要求。教育信息化、现代化的快速发展，促使教育领域近十年有了极大的、极快的数据积累。如何充分利用这些数据，已经成为教育科学的重要研究领域，也是教育管理和决策的重要依据。

问题驱动

近几年，大家都在谈论数据驱动教学改进，数据分析究竟有什么魔力，能够驱动教学改进？

原理简析

一般而言，数据分析主要有三种功能，即分析现状、发现原因、预测未来，见表1-4。

表1-4　数据分析的功能

内容	释义	常用方法
现状分析	发生了什么	集中趋势分析、离散趋势分析、差异显著性检验、聚类分析等
原因分析	为什么发生	相关分析、回归分析、方差分析、多层线性模型等
预测分析	未来可能会发生什么	回归分析、结构方程模型、时间序列分析等

数据分析最大功能之一，就是用数据量化现状，用清晰数据澄清模糊经验。当然，教师也能凭借经验调整教学方法，凭借经验为学生提供指导和反馈。然而，只是凭借经验来判断而缺少准确的统计和细致的分析，判断失误也就在所难免。尤其是要管理很多学生的教师，如果没有数据分析的支持，教师很容易因为刻板印象和纯经验而误判学生的学习表现，这在一定程度上不利于学生的个性化学习和发展。只有结合多方面的数据分析结果，才能及时发现自身存在的教学问题，进而修正和改进教学方法和技巧。

从数据分析的功能来看，数据可以驱动教学改进，主要是从以下三个方面发挥作用的：

（1）**现状分析，简单来说就是过去发生了什么**。它会告诉我们现阶段教育教学的整体情况，通过各项指标数据来衡量教育的运行状态，从而说明教育的各个方面是向好的方向发展，还是向坏的方向发展，好的程度如何，坏的程度又如何。

（2）**原因分析，简单来说就是某一现状为什么发生**。经过第一阶段的现状分析，我们对教育状况有了一个基本的了解，但是我们更需要精准地知道这种好与坏是什么原因引起的，这时候我们就需要将各种数据进行相关分析，寻找原因。

（3）**预测分析，简单来说就是将来会发生什么**。在了解教育现状和发生原因之后，还需要为学校或教师制订行动计划，提供针对性的策略参考与决策依据，有时候还需要运用一定的数据分析模型，对各种决策可能产生的效果做出预测，以便于从中选择最优决策。

拓展延伸

数据分析与数据挖掘

数据分析和数据挖掘都是通过对数据进行分析、处理等操作进而得到有价值的信息。而且，都需要懂统计学，懂数据处理一些常用的方法。随着大数据时代的到来，数据分析和数据挖掘的联系越来越紧密，两者关系的界限也变得越来越模糊。很多数据分析人员开始使用如 SAS、R、SPSS 等编程语言进行数据分析，而数据挖掘人员在结果表达及分析方面也会借助数据分析的工具。

但是，数据分析与数据挖掘还是有一些区别的，主要区别在于处理的数据规模与分析所用的工具不同。数据分析是在无法获取总体数据的前提下，采用抽样方法获取部分样本数据，通过对样本数据的分析推断总体特征；数据挖掘是针对大数据而言的，不用抽样调查，而利用所有数据进行分析处理，因此不用考虑数据的分布状态和假设检验。

数据挖掘是一种高级的数据分析方法，在应用工具上，需要掌握数据库操作，如 R、Java 等编程语言；而数据分析更多的是借助现有的分析工具进行，通常可以使用 Python 的网络爬虫技术进行获取数据、解析数据、提取数据、存储数据。

数据分析要求对所从事的行业有比较深的了解和理解，并且能够将数据与自身的业务紧密结合起来；数据挖掘不仅需要有行业的专业知识，更多的是注重技术层面的结合以及数学和计算机的集合。

专题 2　数据分析怎么做

数据分析本身不是目标，目标是使我们能够做出更好的决策。但随着时代的发展，数据分析已经逐渐演化为一种解决问题的过程，甚至是一种方法论。虽然每个人都会根据自身需求和目标创建最适合的数据分析流程，但数据分析的核心步骤是一致的。

问题驱动

数据分析到底该怎么做？有没有一定的步骤？

原理简析

数据分析一般有 6 个步骤：明确分析目的、确定思路框架、数据收集整理、数据分析挖掘、结果可视呈现、分析报告撰写，如图 1-6 所示。

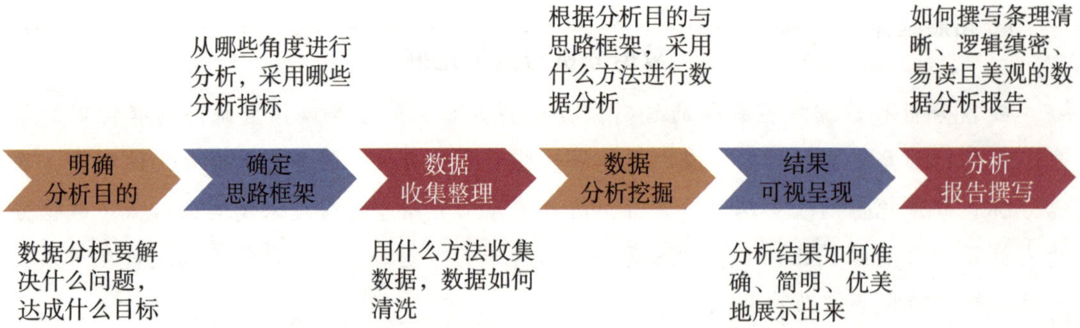

从哪些角度进行分析，采用哪些分析指标

根据分析目的与思路框架，采用什么方法进行数据分析

如何撰写条理清晰、逻辑缜密、易读且美观的数据分析报告

明确分析目的 → 确定思路框架 → 数据收集整理 → 数据分析挖掘 → 结果可视呈现 → 分析报告撰写

数据分析要解决什么问题，达成什么目标

用什么方法收集数据，数据如何清洗

分析结果如何准确、简明、优美地展示出来

图 1-6　数据分析的步骤

1. 明确分析目的

明确本次分析要解决的问题，把问题分解，分为若干个点，使之清晰明了，这样分析目的明确，不会走偏。

2. 确定思路框架

梳理分析思路，并搭建整体分析框架，即开展数据分析，需要从哪几个角度进行分析，采用哪些分析指标（各类分析指标需合理搭配使用）。同时需要反复推敲分析框架的结构体系和逻辑性。

3. 数据收集整理

一般而言，教师通过课堂观察、访谈、问卷调查就能收集到相应数据，当然也可以从第三方数据库或相关统计年鉴中获取。数据收集之前，首先必须检验收集工具的准确性和有效性，否则就不能保证数据的质量，进而影响后面的分析。数据收集好后，要根据分析目的，对数据进行处理，处理主要包括数据清洗、数据转化、数据提取、数据计算等，将各种原始数据加工成直观的可看数据。

4. 数据分析挖掘

数据处理好之后，就要用适当的分析方法及工具对处理过的数据进行分析，提取有价值的信息，形成有效结论。

5. 结果可视呈现

结果可视呈现的目的是让数据看起来更加直观，让使用者能够第一时间读懂数据，将数据转化为交互的图像，以视觉可以感受的方式表达，增强人的认知能力，达到发现、解释、分析、探索、决策和学习的目的。一般情况下，数据是通过表格和图形的方式来呈现的。常用的数据图形包括饼图、柱形图、条形图、折线图、气泡图、散点图、雷达图等。将其进一步加工整理变成我们需要的图形，如金字塔图、矩阵图、漏斗图、帕累托图等。一般能用图说明问题的就不用表格，能用表说明问题的就不用文字。

6. 分析报告撰写

撰写分析报告一定要图文结合，清晰明了，框架一定要清楚，能够让使用者读懂。图文并茂，可以令数据更加生动活泼，提高视觉冲击力，有助于使用者更形象、直观地看清楚问题和结论，从而产生思考；结构清晰、主次分明可以使使用者正确理解报告内容。

因此，撰写数据分析报告时，要重点思考以下四个问题：

A. 这份数据给谁看？

B. 他（们）想了解什么问题？

C. 通过这些数据能说明什么问题？

D. 结论如何表达才能更清晰简洁，建议或解决方案是否具有可行性？

> **拓展延伸**
>
> ### 如何从枯燥的数据中挖掘出动人的故事
>
> 假设你顺利并且正确地完成了数据收集、数据处理和数据分析。我要告诉你，很遗憾你才完成了全部的10%。其余的90%甚至是关键的90%在于如何展示数据，用数据给工作带来改变。我们需要利用数据做决策，并产出价值，这通常也是最难的部分。
>
> 当然，展示数据并不是指将其做成报告。很多人在制作数据分析报告时都忽略了一点——他们堆砌一组又一组的数据和图表，最终这些数据完全没有打动决策者。注意，只有故事才能带来行动力，而故事需要数据做支撑。
>
> 用数据讲故事，本身就是一门艺术，这是数据的价值魅力所在。所以，在展示数据分析结果时，需要准备经典的三段论结构，即引言、结论和解决方案。
>
> 优秀的数据分析者善于在引言部分给数据增加"故事"背景。这部分主要介绍教育现状，描述目前遇到的问题和机遇。在结论部分，以先观点、后事实的结构化形式呈现数据分析的发现。在解决方案部分，呈现每一种可能的选择方案并进行比较，提出最佳解决方案，以及预期结果。数据始终贯穿其中，然而却以一种含蓄的"配角"形式呈现。

专题3　数据分析怎么学

近几年，"数据分析"是个热门话题，在这个数据驱动发展的时代，掌握数据分析、拥有数据思维，成了教师专业能力迅速提升的独门秘籍。

问题驱动

怎样学习数据分析更高效？学哪些内容更有价值？

原理简析

对于广大教师来说，数据分析还是一个陌生的领域。有人觉得，学习数据分析，就要学那些艰涩难懂的统计学公式，理解那些像天书一样的专业术语，还要使用那些陌生又专业的数据分析软件，门槛实在是太高。实际上，数据分析没那么复杂和难学。只因为它和其他学科不一样，数据分析构造出了一套与我们日常生活所不同的话语概念系统，而在解释每个概念时采用的是一套数学语言，而较少使用文字语言，因而使得大家望而却步。

数据分析的核心在于"分析"，通过分析发现问题，并且寻找问题背后隐含的规律，最终推动改进。这些规律就是我们常说的"洞见"，这些"洞见"往往最能体现一名教师的核心价值。虽然数据分析看起来是一件很复杂的事情，但是只要做好下面几件事情即可。

理论学习。经常性地积累所学知识，例如，统计学知识和教育学本体性知识，做到温故而知新。

案例学习。最高效的学习就是模仿，通过访问、查阅行家所写的数据分析报告案例，在模仿中逐渐成长。

模型学习。模型有两个层次：第一层次是思维模型，如结构化思维模型、时间模型、逻辑演绎模型、重要性思维模型等。这些模型有助于我们以全面的眼光看待问题，从而找到正确的分析方向。第二个层次是我们也需要学习一些经典的分析模型，例如 SWOT 分析模型、STP 分析模型、RATER 指数模型。如果你熟悉这些分析模型，你在数据分析时的思考会更加快速、有效，不需要另起炉灶，就能事半功倍。

实践操作。教师的数据分析学习，最重要的途径是从做中学，围绕研究任务，把数据分析思维和分析工具运用到实际问题的解决过程中。只有不断地运用，才能做到熟能生巧，信手拈来。

随着数据分析方法的不断优化以及统计软件的日渐普及，一线教师大可不必去学习那些高深的统计理论和复杂的数据算法，只需学习以下几个关键方面，便可成为数据分析高手。

学习数据分析，要知道解决某一问题，需要使用哪种或哪几种数据分析方法；清楚这些数据分析方法对数据本身有什么要求，或者说这些特定的数据分析方法适用于怎样的数据；明白这些数据分析方法如何在统计软件中操作；能看懂统计软件输出的分析结果——这是一线教师最基本也是最主要的需求；把数据分析结果用直观、准确、优美的图表呈现给使用者。

> 📖 **拓展延伸**
>
> **数据分析需要学习哪些课程**[一]
>
> 首先请看图 1-7，这是一张数据分析师能力体系图。

[一] 摘自陈月奕的《数据分析师的能力和工具体系》。

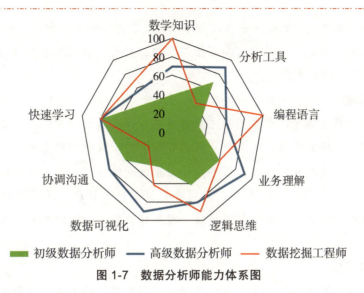

图 1-7　数据分析师能力体系图

★ 数学知识

数学知识是数据分析师的基础知识。对于初级数据分析师，了解一些描述统计相关的基础内容，有一定的公式计算能力即可，了解常用统计模型算法则是加分项。对于高级数据分析师，统计模型相关知识是必备能力，线性代数（主要是矩阵计算相关知识）最好也有一定的了解。而对于数据挖掘工程师，除了统计学以外，各类算法也需要熟练使用，对数学的要求是最高的。

★ 分析工具

对于初级数据分析师，玩转 Excel 是必需的，数据透视表和公式使用必须熟练，VBA 是加分项。另外，还要学会一种统计分析工具，如 SPSS 作为入门是比较好的。对于高级数据分析师，使用分析工具是核心能力，需要 VBA 必会，SPSS、SAS、R 至少要熟练使用其中之一，其他分析工具（如 Matlab）视情况而定。而对于数据挖掘工程师，会用 Excel 就行，主要工作要靠写代码来解决。

★ 编程语言

对于初级数据分析师，会写 SQL 查询，有需要的话写 Hadoop 和 Hive 查询，这样基本就可以了。对于高级数据分析师，除了会写 SQL 以外，学习 Python 语言或其他编程语言是很有必要的，可以提高获取和处理数据的效率。而对于数据挖掘工程师，Hadoop 要熟悉，Python、Java、C++ 至少要熟悉一门，Shell 要会用。

★ 业务理解

业务理解是数据分析师必备的工作素养，数据的获取方案、指标的选取乃至最终结论的洞察，都依赖于数据分析师对业务本身的理解。对于初级数据分析师，主要工作是提取数据和做一些简单图表，以及得出少量的洞察结论，拥有对业务的基本了解就可以。

对于高级数据分析师，需要对业务有较为深入的了解，能够基于数据，提炼出有效观点，对实际业务能有所帮助。而对于数据挖掘工程师，对业务有基本了解就可以，重点还是需要放在发挥自己的技术能力上。

★ 逻辑思维

对于初级数据分析师，逻辑思维主要体现在数据分析过程中每一步都有目的性，知道自己需要用什么样的手段，达到什么样的目标。对于高级数据分析师，逻辑思维主要体现在搭建完整有效的分析框架，了解分析对象之间的关联关系，清楚每一个指标变化的前因后果以及给业务带来的影响。而对于数据挖掘工程师，逻辑思维除了体现在和业务相关的分析工作上，还包括算法逻辑、程序逻辑等，所以对逻辑思维的要求也是最高的。

★ 数据可视化

数据可视化说起来很高大上，其实包括的范围很广，PPT中放上数据图表也可以算是数据可视化，这是当今社会一项普遍需要的能力。对于初级数据分析师，会用Excel和PPT做出基本的图表和报告，能清楚地展示数据，就达到目标了。对于高级数据分析师，需要探寻更好的数据可视化方法，使用更有效的数据可视化工具，根据实际需求做出或简单或复杂，但适合受众观看的数据可视化内容。而对于数据挖掘工程师，了解一些数据可视化工具也是有必要的，也要根据需求做一些复杂的可视化图表，但通常不需要考虑太多美化的问题。

★ 协调沟通

对于初级数据分析师，了解业务、寻找数据、讲解报告，都需要和不同部门的人打交道，因此沟通能力很重要。对于高级数据分析师，需要开始独立带项目，需要多方协作，因此除了沟通能力以外，还需要一些项目协调能力。而对于数据挖掘工程师，和人沟通技术方面内容偏多，业务方面内容相对少一些，对沟通协调方面的要求也相对低一些。

★ 快速学习

无论从事数据分析的哪个层次工作，初级数据分析师还是高级数据分析师，都需要有快速学习的能力，学习业务逻辑、行业知识、技术工具、分析框架等。数据分析领域中有学不完的内容，需要大家有一颗时刻不忘学习的心。

专题4 如何识破数据谎言

正如一句话所说："只要你想，可以让数据给你任何想要的结果。"数据是一把双刃剑，它既能被用来澄清现实，也能被用来混淆是非。用数据说话，是用准确的、恰当的数据呈现事实、发现规律。而在有些时候，数据如果运用不当，或者为了某种目的有意而为之，就会变成数据谎言。这类数据谎言，它说的每一个事实都是真的，每一个数字都是正确的，但它却能成功地欺骗我们。

问题驱动

数据分析中，有哪些常见的数据谎言？

原理简析

以下是六种常见的数据谎言：

（1）**小样本谎言**。小样本谎言是指用并不能代表整体的极小样本试图描述整体状况，这是一种基于真实数据说谎的典型方式，例如，某学校的高考喜报上写道："今年我校本科升学率增长300%，增幅全市第一。"但它不会告诉你具体人数，因为这个具体的数字可能是由原来的1人增长到4人。

（2）**平均数谎言**。平均数只是描述某个总体的一个指标，当这个总体分布相对均匀的时候，平均数是有意义的，而当其分布极其不均匀时，用平均数试图描述每个个体状况就不适合了，这时候中位数和众数在某种意义上更能体现分布。例如，我国官方每年公布国民人均年收入数据后，很多人总是调侃自己拖了国家的后腿，这是因为一些极端的高收入人群的年收入水平拉高了整个社会的人均年收入水平所致。

（3）**相关因果混淆**。相关与因果有着密切的联系，事物之间有相关关系不一定存在因果关系，有因果关系必定有相关关系。但有人往往会在数据分析时不自觉地把相关关系当因果关系来解释，造成数据解读错误。例如，前段时间，新华社援引澳大利亚《悉尼先驱晨报》的一篇报道在微信中被刷屏，并引发全社会热议。报道的主要内容是这样的：彼得·多尔顿教授是英国全国经济与社会研究所主任，他领导了瓦尔基基金会2018年"全球教师地位指数"项目。该项目调查了35个国家和地区的3.5万人，最终研究发现，教师的地位和工资同其国家学生在经济合作与发展组织的国际学生评估项目（PISA）中的表现有直接联系。多尔顿教授说："教师的地位越高，这些孩子得到的成绩就越好。"于是，国内多家自媒体就提出，提高教师地位，就能提升学生学习成绩。

（4）**辛普森悖论**。辛普森悖论主要是指，分层分组数据表现的结论与整体数据表现的结论截然相反。例如，市一中的升学率为46.4%，市二中的升学率为40%，你会把你的孩子送到哪所学校读书？当然是市一中！对不起，你选错了！看一看表1-5，不管是文科升学率还是理科升学率，市一中都没有市二中高，但它的总体升学率却高于二中。你没看错，为什么会这样？辛普森悖论的重要性在于它揭示了我们看到的数据并非全貌。我们不能满足于展示的数字或图表，我们需要考虑整个数据生成的过程，才能决定哪一种呈现方式更合理。

表 1-5 辛普森悖论案例：究竟哪所中学升学率高？

学科	学校	升学人数	总人数	升学率
文理科全部	市一中	510	1100	46.40%
	市二中	80	200	40%
文科	市一中	10	100	10%
	市二中	20	100	20%
理科	市一中	500	1000	50%
	市二中	60	100	60%

（5）**不恰当对比**。即把两个看起来差不多而事实上有重要差异的数据进行比较从而得出它想要的结果。如统计学家经常举的案例：在美国对西班牙的美西战争中，美国海军的死亡率为 0.9%，而同期纽约市民的死亡率为 1.6%，因此这个数据被美国海军引用并作为征兵广告，以此证明去当美国海军甚至比在家里还安全。聪明的人一定猜到了这个对比是极具误导性的，能入伍的都是身体健康的成年男性，而纽约市市民则包含老幼病残。

（6）**视觉误导**。是指在把数据变成图表的过程中，图表严格意义上都没有错，但它呈现的方式会误导人们得出错误的结论。图 1-8 是两张完全相同的数据图表，但左图为了让数据图表的对比更突出，因此纵坐标并不是从"0"开始的，这样看起来两个班级的学科成绩差异很大，但事实上并不是这样。这是数据图表常见的误导，但在现实中却被使用的最为广泛。

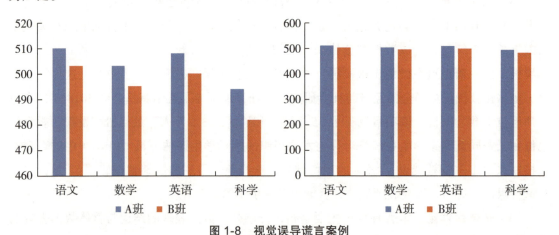

图 1-8 视觉误导谎言案例

> **拓展延伸**
>
> **数据分析的四大误区**
>
> （1）**目的不明确，为了做分析而做分析**。如果没有明确数据分析的目标，那么后面的工作可能就是胡拼乱凑，用一堆图表堆砌的花架子，并不能解决实际的问题。
>
> （2）**对教育规律、教育现状等因素不了解，分析结果偏离实际**。熟悉教育业务才能

看到数据背后隐藏的信息,如果不能很好地将教育教学业务知识和数据分析工作结合起来,脱离业务实际而只关心数据,在这种情况下得到的分析结果将不具有参考价值。

(3)**为了方法而方法,为了工具而工具,结果用了一大堆看似高深的方法,而得出"不分析也知道"的结论**。事实上,只要是能解决问题的方法和工具就是好的方法和工具。

(4)**自选择偏差**。有时我们是在形成一定假设后再寻找数据验证或推翻假设,若急于证实假设,当找到了支持假设的数据时,就倾向于相信假设是正确的,而放弃分析或者忽略不符合自己假设的数据,这就是自选择偏差。数据本身是客观的,但被解读出来的数据是主观的。同样的数据由不同的人分析很可能会得出完全相反的结论,所以一定不能提前带着观点去分析数据,不能只呈现支持自己假设的数据。

模块四 你会使用哪些数据分析软件

随着数据分析和数据挖掘技术的日益普及,催生了许多数据统计分析软件,诸如 SPSS、Python 等。正是诸多专业的数据分析软件的出现,使数据分析和数据挖掘技术的门槛进一步降低。下面我们介绍几种常用的数据分析软件。

专题 1 Excel

Excel[①]是老师最熟悉也最常用的入门级数据分析软件。它是微软公司为使用 Windows 操作系统的计算机而编写的一款电子表格软件,是微软公司 Office 的组件之一。直观的界面、出色的计算功能和图表工具,再加上成功的市场营销,使 Excel 成为目前最流行的个人计算机数据处理软件。在 Excel 中不必进行编程,只用菜单就能对工作表中的数据进行检索、分类、排序、筛选等操作,利用系统提供的函数可完成各种数据的分析。Excel 还提供了 14 类 100 多种基本的图表,包括柱形图、饼图、条形图、面积图、折线图、气泡图以及三维图等。图表能直观地表示数据间的复杂关系,同一组数据用不同类型的图表表示也很容易改变。图表中的各种对象,如标题、坐标轴、网络线、图例、数据标志、背景等,能任意地进行编辑。图表中可添加文字、图形、图像,精心设计的图表直观明了,更具说服力。可以利用图表向导方便、灵活地完成图表的制作。

[①] 书中用到的 Excel 是 Microsoft Office Excel Workbook.xls,读者可自行登录 https://www.microsoftstore.com.cn/microsoft365/ microsoft-365-family 购买。

专题 2 SPSS

SPSS 全名为 Statistical Product and Service Solutions（统计产品与服务解决方案），是世界上最早的统计分析软件，由美国斯坦福大学三位研究生于 1968 年研究开发成功的。2009 年被 IBM 公司收购，更名为 IBM SPSS Statistics。SPSS[①] 是世界上最早采用图形菜单驱动界面的统计软件，它最突出的特点就是操作界面极为友好，除了数据录入及部分命令程序等少数输入工作需要键盘键入外，大多数操作可通过鼠标拖拽、单击"菜单""按钮"和"对话框"来完成。它几乎将所有的功能都以统一、规范的界面展现出来，用 Windows 的窗口方式展示各种数据分析方法，用对话框展示各种数据分析功能选择项。SPSS 针对初学者、熟练者及精通者都比较适用。用户只要掌握一定的 Windows 操作技能，了解基本的统计分析原理，就可以轻松使用该软件。

SPSS 具有完整的数据输入、编辑、统计分析、报表、图形制作等功能。它采用类似 Excel 的方式输入与管理数据，数据接口较为通用，与 Excel 无缝对接，能方便地从 Excel 等数据库中读入数据，并可将分析结果直接导入 Excel 中做进一步处理。SPSS 提供了从简单的统计描述到复杂的多因素统计分析方法，例如，描述性统计、均值比较、一般线性模型、相关分析、回归分析、对数线性模型、聚类分析、生存分析、时间序列分析等。SPSS 也有专门的绘图系统，可以根据数据绘制各种图形，完全可以满足非统计专业人士的工作需要。

SPSS 有三个页面窗口，其中数据编辑器窗口包括数据视图窗口（图 1-9）和变量视图窗口（图 1-10）两个，就好比 Excel 的两个工作簿"Sheet"一样，放在一起，而数据分析结果的输出窗口只有单独一个，如图 1-11 所示。

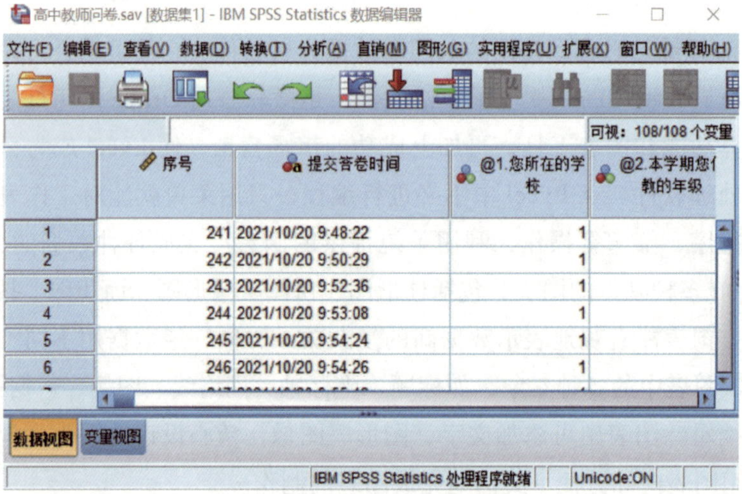

图 1-9 SPSS 的数据视图窗口

[①] 书中用到的 SPSS 是 SPSS Statistics 26 版本，需要在苹果计算机中运行，非苹果计算机可使用 SPSS Statistics 24 版本。两种版本界面稍有不同，均可扫一扫封面上二维码获取下载途径。

第一章 教师应如何迎接数据时代的挑战

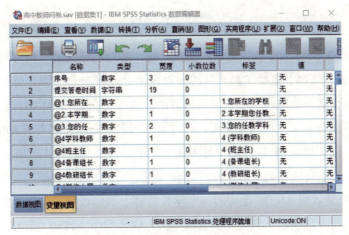

图 1-10 SPSS 的变量视图窗口

图 1-11 SPSS 的结果输出窗口

三个窗口各有不同的功能。

数据视图窗口，和 Excel 的数据页面极为相似。有菜单栏，快捷工具图标栏，以及数据名称、数据。我们所做的数据整理，用"数据"菜单下面的各种选项；我们所做的数据分析，用"分析"菜单下面的各种选项。上述操作通过鼠标单击"数据"和"分析"菜单就能完成。

变量视图窗口，是对数据的类型、数据视图窗口中的宽度、小数位数以及数据代表的含义进行界定。如没有特殊需要，在数据导入 SPSS 后，基本不用进行任何操作。

结果输出窗口，是用来放置 SPSS 数据分析结果的，只要打开一个 SPSS 数据文件，它就会随之自动打开。在这个窗口中，可以对数据分析结果的图和表进行修改编辑，但一般我们会将数据结果图表导出或复制、粘贴到 Excel 中去处理。

SPSS 由于其操作简单，分析结果清晰、直观、易学易用，由于在世界范围的社会科学、自然科学、技术科学的各个领域发挥了巨大作用，现已将其推广到各种操作系统的计算机上，它和 SAS、BMDP 并称为国际上最有影响的三大统计软件。在国际学术界有条不成文的规定，即在国际学术交流中，凡是用 SPSS 软件完成的计算和统计分析，可以不必说明算法，由此可见，其影响之大和信誉之高。本书的编者就十分青睐于使用 SPSS 进行数据分析。接下来的第二章、第三章，也是主要以 SPSS 来介绍各种数据分析与解读。

专题 3 AMOS

AMOS 是 SPSS Statistics 软件包中的独立产品，是功能强大的结构方程模型（Structural Equation Modeling，SEM）建模工具。结构方程模型是一种融合了因素分析和路径分析的多元统计技术，是社会科学研究中一个非常好的方法。该方法在 20 世纪 80 年代就已经成熟，但最近几年才在国内流行起来。在教育领域，有时需分析多个原因、多个结果的关系，或者处理变量的测量误差，这些都是 SPSS 中的统计方法不能很好解决的问题。运用 AMOS 软件进行结构方程模型分析，能获得更精确、更丰富的综合分析结果，可以更准确地反映因素间复杂的影响关系。图 1-12 就是运用 AMOS 建构的一个学校管理、教师教学、学生学习品质与学业成绩之间影响机制的结构方程模型，只要把测量数据代入该模型中估计相关参数，就能准确评估各因素之间的影响作用大小，以及该模型是否可以用来解释相关教育现象，进而发现教育规律，为学校管理、教师教学精准改进提供依据。具体数据分析与解读详见第三章模块一专题。

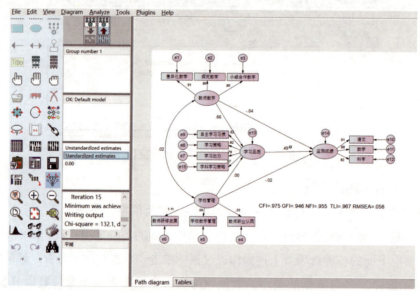

图 1-12 AMOS 界面：学校管理、教师教学、学生学习品质与学业成绩之间影响机制

AMOS 有两个页面，一个是数据分析页面，一个是分析结果各种参数的输出页面。数据分析页面有三栏，如图 1-12 所示，左面一栏是绘图工具区，可以用这些形象的工具直接在右面的空白栏里画出各数据变量之间的关系，中间一栏是模型运算选择区，右面空白栏是模型绘制区。在模型绘制区里可以看到大部分数据分析结果。

需要特别指出的是，已经有多种软件可以进行结构方程模型分析，如 LISREL、AMOS、EQS、Mplus 等，但是编者推荐 AMOS，因为它完全是一种图形化操作界面，它拥有直观的拖拽式绘图工具，可以通过画图来建构数据分析模型，而无须编程，门槛低、上手快、易懂易学。

○ .49 实际上为 0.49，余同。

专题 4 ConQuest

ConQuest 是进行项目反应理论（Item Response Theory，IRT）分析的统计软件。项目反应理论是一系列心理统计学模型的总称，是针对经典测量理论的局限性提出来的，主要用于指导试卷题目和问卷题目的编制与筛选，以及学生某些潜在心理能力水平的判定。

在经典测量理论里，题目的难度随学生的能力高低而变化，所谓"难者不会，会者不难"。两次考试，如果第一次整体得分越高，说明测验越简单；第二次整体得分越低，说明题目越难。两次考试题目难度不同，就无法进行纵向比较，这也正是增值评价遇到的关键问题。另外，如果经历过高考的人都会知道，数学的选择题都是单选题，且一般来说题目的难度会依次增加，题目难度越来越高，做对该题的人越来越少。假如我们找两名同学来做高考选择题，a 同学只做了第 10 题，b 同学只做了第 1 题，这样他们两人得到的分数相同，那么在经典测量理论上来看，是 a 同学和 b 同学考了一样的分数，a 同学和 b 同学的水平一样。但是如果仔细观察一下，发现 a 同学做的题比 b 同学做的题更难一些，那么在项目反应理论中就认为，a 同学的能力值要大于 b 同学的能力值。

为了解决上述两个问题，项目反应理论构建了一整套数学模型来描述学生能力、题目特性与学生作答之间的关系，通过答题结果对学生的潜在特质做出准确的估计。这种关系，可通过一个连续递增函数来加以诠释，这个函数叫作项目特征曲线（Item Characteristic Curve，ICC），如图 1-13 所示。任何一道题的特征曲线所代表的含义是：答对某一题目的概率，是由学生的能力和题目的特性所共同决定。学生的潜在特质或能力越强（或越高），他做对某一题目的概率便越大。该曲线的横坐标代表学生的能力值，纵坐标就代表学生答对该题目的概率。

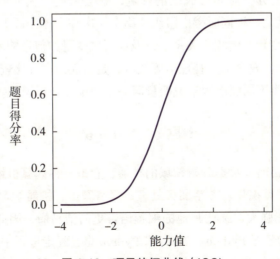

图 1-13 项目特征曲线（ICC）

与经典测量理论相比，经过项目反应理论检验的题目有以下几个优点：**①题目难度、区分度等参数不受学生人数、学生能力等影响，题目参数估计更为精确；②针对每名学生**

提供个别差异的测量误差指标，因而能精确推算学生的能力估计值；③解决了测验等值问题，它既能实现学生若干次测验分数的等值，又能实现题目难度、区分度等参数等值；④建构了信息函数这一综合质量指标，可以评定某个题目或整个测验的准确性。

项目反应理论的基本思想起源于20世纪30年代末至40年代初，20世纪70—80年代迅猛发展。项目反应理论作为最重要的一个现代测量理论，正日益频繁地应用在大型题库建设、大尺度量表开发、国际评价项目以及计算机自适应考试等领域，在心理与教育测量舞台上也扮演着越来越重要的角色。像组卷、项目功能差异（DIF）、标定、等值、标准设定、测验计分以及自适应考试等越来越离不开IRT。但由于项目反应理论建立在比较深奥的数学理论基础之上，相关软件包括ConQuest的运用也比较复杂，专业要求较高，因此其接受度和推广度均受到一定限制，本书仅作简要介绍。

专题 5 HLM

HLM是多层线性模型(Hierarchical Linear Model)的缩写，同时也是用于多层线性模型分析的软件，主要用于处理具有层级嵌套结构的数据。我们用一个浅显的例子来说明什么是层级嵌套结构数据：以学生成绩为例，学生成绩受个体智力、努力程度等个体层次因素的影响，同时也会受不同教师的教学方式的影响，而所有教师的教学方式又受学校管理方式的影响。这样就形成了三层嵌套关系：学生个体嵌套于教师，教师嵌套于学校。

我们面对的教育现象或问题往往十分复杂，会受到多种因素的影响，而这些因素常常来自不同层面：个体、班级或学校。不同层次的变量交织在一起形成了复杂的影响关系。在类似这样的数据形态下，以往那种把学校管理、教师教学、学生学习动力作为同一层次的自变量，直接去分析对学习成绩的影响，就会造成很大的偏差，甚至得出错误结论。而多层线性模型就是一种同时考虑组织（高）层次和个体（低）层次因素的分析方法。HLM能够解决低层次变量间的相互关系，以及高层次变量如何影响不同低层次变量间的关系，广泛应用于心理学、教育学、管理学等领域，是目前国内外比较前沿的数据分析方法。HLM软件就是处理这类不同层次因素或变量间关系的统计分析工具。

专题 6 Python

Python可以说是目前大数据分析领域的神器，它是一种计算机编程语言，常用于数据分析、矩阵运算、数据可视化、数字图像处理、网络爬虫、机器学习、人工智能、Web开发等领域。Python功能强大，又比其他的编程语言更简洁易懂，因此，有很多的非计算机专业的有识之士都开始学习Python。近几年，Python也已经走进了中小学生的信息技术课。但对于我们普通老师来讲，Python入门容易，但精通很难，因此本书也仅作简要介绍。如有兴趣或需要，Python的网络学习资源十分丰富，可以尝试一学。

CHAPTER 02

第二章　怎样走出成绩分析报告的数据迷宫

> 成绩分析是教师的常规工作，通过精细化的成绩分析，可以及时掌握一段时期内的教学情况，包括教师自身的情况、学生对知识的理解、掌握和运用的情况，从而对教学目标、教学内容、教学方法、教学过程等做出科学合理准确的调整，以便提高教学效率。本章聚焦于成绩分析中的常见问题以及试卷质量检验，介绍几种有效的数据分析方法。

模块一　如何借助成绩数据分析进行教学诊断

考试具有评价和诊断作用。考试成绩分析，便是体现了考试的诊断功能。但成绩分析又不能仅仅停留在一些平均分和分数段的简单描述统计数据上，教师需要掌握一些更为深入的数据分析方法，才能透过数据看本质。

专题1　平均分随时适用吗

平均分是教师最常用的成绩分析指标，但平均分的使用也是有条件的。当学生成绩为正态分布或者接近正态分布时，用平均分来表示一个群体的成绩水平是合理的。但当学生成绩普遍偏高或普遍偏低时，或者有个别学生成绩显著偏高或显著偏低时，平均分就要慎用。

问题驱动

为了测试两组同学投篮的整体水平，要求每组的10名成员分别在规定时间内投篮，两组各成员的投篮成功个数分别排序。见表2-1。

表 2-1　投篮成功个数排序

A 组		B 组	
序号	投中数/个	序号	投中数/个
①	1	①	0
②	3	②	2
③	4	③	3
④	5	④	3
⑤	5	⑤	4
⑥	5	⑥	4
⑦	5	⑦	4
⑧	6	⑧	4
⑨	6	⑨	8
⑩	8	⑩	19
投中总个数	48	投中总个数	51
平均个数	4.8	平均个数	5.1

根据投篮结果，A 组投中总个数 48 个，平均个数为 4.8 个；B 组投中总个数 51 个，平均个数为 5.1 个。认为 B 组总体水平比 A 组高。

但是有人提出异议：因为 B 组有一位专业运动员，投篮水平大大超过普通同学，不能认为 B 组投篮总体水平比 A 组高。你认为这种说法有道理吗？

数据解读

要比较两组同学投篮成绩，最常用的统计指标是平均数，也叫**平均值或均值**。**平均数是描述数据集中趋势的一个统计量**，这里所说的平均数特指**算术平均数**，计算方法是每一项数值相加得到的值，除以数据个数。即：

$$\bar{X} = \frac{X_1 + X_2 + X_3 + \cdots + X_n}{n}$$

$$A \text{ 组平均数} = \frac{1+3+4+5+5+5+5+6+6+8}{10} = 4.8 \text{（个）}$$

$$B \text{ 组平均数} = \frac{0+2+3+3+4+4+4+4+8+19}{10} = 5.1 \text{（个）}$$

如果要比较 A、B 两组同学投中总个数或平均数，显然是 B 组多；若要选出个人投篮冠军，非 B 组⑩号莫属！现在要评估 A、B 两组的总体投篮水平，由于 B 组⑩号是专业运动员，一人明显拉高了全组的平均值，所以属于**极端值**。当数据组中存在极端值时，用平均数来衡量总体水平不甚合理。该怎么合理解决这种问题呢？

第二章　怎样走出成绩分析报告的数据迷宫

📄 原理简析

平均数无法反映数据内部的分布情况，当样本数据存在极端值时，总体水平可以用众数或中位数来表示。

在统计分布上，**众数是一组数据中出现次数最多的数值，具有明显的集中趋势**。如：

A组：1　　3　　4　　5　　5　　5　　5　　6　　6　　8
　　　　　　　　　　5出现4次　　　　6出现2次

B组：0　　2　　3　　3　　4　　4　　4　　4　　8　　19
　　　　　　　3出现2次　　　4出现4次

由此可见：A组的众数是5；B组的众数是4。分别用众数5和4来表示A、B两组学生的投篮总体水平，大家也可以接受。一组数据中，可能有多个众数，也可能没有众数。如下列C、D两组所示：

C组：1　　1　　2　　3　　4　　5　　5　　6　　7

D组：1　　3　　4　　5　　6　　7　　9　　11　　13　　14

由此可见：C组有两个众数，分别是1和5；D组却没有众数。

中位数也可以反映总体的集中量。**中位数是指将一组数据的各个变量按照大小排序后，处于中间位置的变量值**。数据组中，至少有一半数据不比它大；至少有一半数据不比它小。数据个数为奇数时，处于中间位置的数据即为中位数；数据个数为偶数时，处于中间位置的两个数据的算术平均数即为中位数。又如C、D两组所示：

C组：1　　1　　2　　3　　4　　5　　5　　6　　7
　　　　　　　　　　　中位数：4　平均值：3.8

D组：1　　3　　4　　5　　6　　7　　9　　11　　13　　14
　　　　　　　　　　中位数：(6+7)/2=6.5　平均值：7.3

反映总体一般水平的指标，彼此之间存在着一定的关系，但其各自含义不同，适用范围也不一样。如果各个数据之间的差异程度较小，用平均值就有较好的代表性；而如果数据之间的差异程度较大，用中位数或众数有较好的代表性。

📄 应用启示

平均值不是处处适用。如果数据之间的差异程度较大，不适合用平均值来代表总体水平，实际工作中需随机应变。例如，调查某班级每周体育课节数，结果绝大多数学生认为是3节/周，少部分学生认为是4节/周，个别学生认为是2节/周，通过计算得出：该班体育课平均值为3.2节/周。事实上不可能存在体育课3.2节/周的现象，显然此时用众数3节/周最符合客观事实。

再如，若要调查比较杭州师范大学某一届不同专业毕业生就业后的经济收入总体水平，用人均收入的指标来衡量显然不妥，也许那一届外语系有位毕业生是亿万富翁，他大大拉高群体的平均值。当平均值不管用时，众数或中位数可以解决这一问题。

利用平均分、中位数、众数的关系，可以大致判断班级学生成绩的分布情况。如果一组数据呈正态分布，平均分、中位数、众数可能相等，也可能不相等。如果中位数大于平均分，则表示高分段人数较多；如果中位数小于平均分，则表示低分段人数较多；如果中位数与平均分相等，则表示高分段人数与低分段人数分布基本一致。表 2-2 是两个班某次考试成绩的平均分、中位数、众数，通过比较可以看出，两个班成绩的总体情况基本相似。701 班：众数 = 中位数 > 平均分，说明中等偏上水平的学生人数比较多；702 班：众数 > 中位数 > 平均分，说明高分的学生人数比较多。

表 2-2　两班学生考试成绩的平均分、中位数、众数比较

班级	指标		数值
701	人数	有效	44
		缺失	0
	平均分		99.0
	中位数		101.5
	众数		101.5
702	人数	有效	43
		缺失	0
	平均分		100.3
	中位数		108
	众数		117

常态下学生群体中各项测量指标存在不同程度的差异是必然存在的，可以用平均分来衡量。如果不考虑极个别特殊学生，如身体因素或智力因素的极端值，一并纳入平均分计算，对群体显然不公平。为了提升平均分的代表性，考试数据分析过程一般将各群体考试分数靠后中一定比例的学生不列入平均分计算。至于比例，一个自定义参数，可以根据需要而设定。

在学生考试成绩分析过程中，由于数据量一般较大，平均分、众数、中位数的获得不适合通过代入公式计算或目测，可以利用 Excel 或 SPSS 软件快捷获得，或由数据分析系统自动生成。

> **拓展延伸**
>
> 平均数主要包括算术平均数、几何平均数、调和平均数、加权平均数、平方平均数等。
>
> （1）算术平均数
>
> 算术平均数是通过一个集合中所有数据的和除以数据的数量得出的。

（2）几何平均数

n 个观测值乘积的 n 次根就是几何平均值。以 2 个数为例，a，b 两个数的几何平均数为 $\sqrt{a \times b}$。

（3）调和平均数

调和平均数又称倒数平均数，是总体各统计变量倒数的算术平均数的倒数。以 2 个数为例，a，b 两个数的调和平均数为 $(2ab)/(a+b)$。

（4）加权平均数

加权平均就是不同权重数据的平均值。加权平均是原始数据按合理比例计算的结果。

（5）平方平均数

一组数据的平方的平均数的算术平方根叫作平方平均数。平方平均数（Quadratic Mean）又名均方根（Root Mean Square），英文缩写为 RMS，公式如下：

$$Q_n = \sqrt{\frac{\sum_{i=1}^{n} x_i^2}{n}} = \sqrt{\frac{x_1^2 + x_2^2 + \cdots + x_n^2}{n}}$$

专题 2　平均分相同的两个班水平一样吗

我们经常使用平均分来比较两个班级或两个学校学生的考试成绩，但平均分仅仅是表示群体总体水平的一个统计指标，仅采用平均分还不足以判断两个群体学生的成绩水平。一般而言，要想比较两个群体学生的成绩水平，除了总体水平（我们称之为集中量数）外，还要比较两个群体内部学生成绩的差异程度（我们称之为差异量数），以此判断两个群体成绩的均衡性。

问题驱动

在分析考试成绩时，往往会出现两个平行班学生成绩平均分很接近或平均分相同的现象。表 2-3 中的平均分相同，表示两个班学生水平一样吗？

表 2-3　两个班级学生成绩汇总统计表

班级	成绩得分	平均分
801 班	85 83 83 84 85 85 82 81 83 82 81 80 82 82 80 81 82 82 83 83 83 80 81 79 83 80 69 67 57 28 34 36	75.813
802 班	83 79 82 58 77 82 78 56 79 85 76 79 79 79 79 83 79 50 70 82 78 81 84 42 78 83 73 74 82 70 83 83	75.813

> 数据解读

两个班级学生成绩平均分相同,并不能表示两个班学生学业水平完全一样。平均分是反映班级成绩的集中趋势,但平均分无法表示全班个体间的差异大小。怎么样来比较两个班内部学生成绩的分化程度呢?我们可以利用两组数据的标准差和差异系数来衡量,见表 2-4。

表 2-4 两个班级学生成绩平均分与标准差统计表

班级	成绩得分								学生数	平均分	标准差	差异系数
801 班	85	83	83	84	85	85	82	81	32	75.813	15.237	20.098%
	83	82	81	80	82	82	80	81				
	82	82	83	83	83	80	81	79				
	83	80	69	67	57	28	34	36				
802 班	83	79	82	58	77	82	78	56	32	75.813	10.278	13.557%
	79	85	76	79	79	79	79	83				
	79	50	70	82	78	81	84	42				
	78	83	73	74	82	70	83	83				

表 2-4 中数据显示:801 班与 802 班的平均分相同,但是标准差不同。801 班标准差为 15.237,802 班标准差为 10.278。标准差越大,表示成绩分布离散程度越大,也就是高分较高,低分较低;或高分组人数较多,低分组人数也较多。标准差小表示成绩分布集中,中等水平学生较多。如果平均分相同,班级学生的分化程度可以直接比较标准差。教学实际中平均分未必相同,我们还可以比较两个班的差异系数。差异系数属于相对差异量数,差异系数越大,表明成绩分布离散程度越大;差异系数越小,表明成绩分布离散程度越小。

> 原理简析

1. 方差与标准差

要衡量两个班的成绩离散程度,我们可以把平均值作为基准。个体差异是指个体对群体平均值的距离,即离均差或离差。可以表示为

$$个体差异 = X - \bar{X}$$

算式中,X 为个体的原始分数,$\bar{X}$ 为群体的算术平均值。

离均差绝对值越大,表示个体间差异越大。既然有个体水平高于平均值,必定也有个体水平低于平均值。离均差有正负值之分,一个群体中离均差的代数和等于零。要反映群体的总离均差,必须用绝对值 $|X - \bar{X}|$ 来表示。由于总离均差受样本含量影响,考虑到大小不同群体的总离均差的可比性,通常用平均差(AD)来表示。平均差就是离均差绝对值之和除以个体数 N,即:

$$AD = \frac{\sum |X - \bar{X}|}{N}$$

由于绝对值不便运算，为避免出现离均差总和为零，通常采用离均差平方的算术平均数来描述变量的差异程度，即方差。样本方差用符号 S^2 表示；总体方差用符号 σ^2 表示，方差的计算公式为

$$S^2 = \frac{\sum(X-\bar{X})^2}{N}$$

算式中，S^2 表示样本方差；$X-\bar{X}$ 表示离均差；$\sum(X-\bar{X})^2$ 表示离均差平方和；N 表示样本数。

以 801 班为例，其班级学生成绩的总体方差 σ^2 为

$$\sigma^2_{801} = \frac{\sum(X-\bar{X})^2}{X} = \frac{(85-75.813)^2 + (83-75.813)^2 + \cdots + (36-75.813)^2}{32} = 232.166$$

考虑到差异程度与平均数之间的可比性，必须设法将平方还原，与原始分数的尺度保持一致。用方差的算术平方根——标准差来表示，样本标准差采用符号 S 或 SD 表示；总体标准差常用符号 σ 表示。标准差的计算公式为

$$\sigma = \sqrt{\frac{\sum(X-\bar{X})^2}{N}}$$

根据原始数据就可以计算标准差 σ：现以 801 班的为例，其成绩标准差 σ 为

$$\sigma_{801} = \sqrt{\frac{\sum(X-\bar{X})^2}{N}} = \sqrt{\frac{(85-75.813)^2 + (83-75.813)^2 + \cdots + (36-75.813)^2}{32}} = 15.237$$

2. 差异系数

平均差、方差、标准差都可以反映一组数据的差异程度。其共同特点是具有与原来观测值相同的计量单位，称为绝对差异量。当两种单位不同，或两个平均数相差较大的数据，就无法直接用标准差来比较差异的大小。在这种情况下，则必须使用差异系数。

差异系数，也称变差系数、离散系数、变异系数，用 CV 表示。它是一组数据的标准差与其平均值的百分比，其计算公式为

$$CV = \frac{\sigma}{\bar{X}} \times 100\%$$

例如，已知 801 班的平均分为 75.813，标准差为 15.237；那么，801 班的差异系数

$$CV_{801} = \frac{\sigma}{\bar{X}} \times 100\% = \frac{15.237}{75.813} \times 100\% = 20.098\%。$$

差异系数是测算数据离散程度的相对指标，是一种相对差异量数。由于相对差异量数不带测量单位，因而适用于测量单位不同，或测量单位相同但集中量数相差较大的数据变异情况的比较。

实践操作

平均分、中位数、众数、方差、标准差等指标可以通过 SPSS 软件快捷生成。具体操作步骤如下：

（1）打开"data02-01 平均分 .sav"数据文件○，选择"分析"→"描述统计"→"频率"，弹出"频率"对话框，可以从左侧的变量列表选择"C801"和"C802"两个变量进入右侧的变量框，如图 2-1 所示。

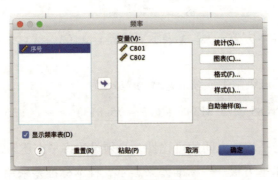

图 2-1 "频率"对话框

（2）单击"统计"按钮，弹出"统计"对话框。

（3）勾选集中趋势中的"平均值""中位数""众数""总和"及离散中的"标准差""方差""最小值""最大值"后，单击"继续"按钮，如图 2-2 所示，返回到"频率"对话框。

图 2-2 "统计"对话框

（4）完成设置，单击"确定"按钮执行命令，系统生成分析结果，如图 2-3 所示。

○ 本书中用到的数据文件，读者可扫一扫封面上的二维码下载。

第二章　怎样走出成绩分析报告的数据迷宫

统计		801班	802班
个案数	有效	32	32
	缺失	0	0
平均值		75.81	75.81
中位数		82.00	79.00
众数		83	79
标准 偏差		15.237	10.278
方差		232.157	105.641
最小值		28	42
最大值		85	85
总和		2426	2426

图 2-3　分析结果

（5）操作完毕，可以将分析结果保存或导出。

应用启示

（1）在教学中，标准差可以用来诊断不同群体某项指标的差异程度，如校际差异、班际差异、班级内部差异等。我们可以利用差异系数比较群体的平均值差异程度，或不同单位等指标之间的差异程度，例如，比较班级不同学科成绩的差异程度、比较学生身高与体重的差异程度等。

（2）不同群体标准差大小的实际价值各异。在追求教育均衡的背景下，总体上要控制教育的差异。差异系数值越大，反映均衡水平越低；差异系数值越小，反映均衡水平越高。在国家义务教育质量监测中，要求相关科目学生学业水平达到Ⅲ级以上，且校际差异率低于 0.15。如果分析的群体是参加某竞赛选拔团队，差异系数越大，越有希望产生个人冠军。

（3）在学业水平测试中，如果发现某些学科或学校学生个体间差异系数异常增大，归因分析时，往往首先考虑该学科或该校是否只重视优秀生培养，或放弃薄弱学生的做法；再通过核实，采取合理的对策。

拓展延伸

县域义务教育均衡发展督导评估的主要内容及标准

义务教育均衡发展是在义务教育阶段，合理配置教育资源，全面提升教师整体素质，缩小学校、城乡、区域间教育发展水平的差距，办好每一所学校，教好每一名学生。也就是使区域内义务教育学校在办学经费投入、硬件设施、师资调配、办学水平和教育质量等方面大体处于一个相对均衡的状态，与义务教育的公平性、普及性和基础性相适应。

2012 年，义务教育均衡发展督导评估的主要内容可以概括为：一个门槛、两项内容、一个参考。其中两项内容包括：

一是对县域义务教育校际间差距的评估。校际间差距评估是以生均教学及辅助用房面积、生均体育运动场馆面积、生均教学仪器设备值、每百名学生拥有计算机台数、生均图书册数、师生比、生均高于规定学历教师数、生均中级及以上专业技术职务教师数 8 项指标来分别计算小学、初中综合差异系数。达到基本均衡评估的标准为：小学综合差异系数不高于 0.65，初中综合差异系数不高于 0.55。

二是对县级政府推进义务教育均衡发展工作的评估。该评估主要是通过入学机会、保障机制、教师队伍、质量与管理 4 个方面的 17 项指标来进行，每个指标赋一定分值，总分为 100 分；达到 85 分以上的县方可视为达到此项评估的要求。

一个参考是指公众对本县义务教育均衡发展状况的满意度，作为评估、认定一个县是否实现基本均衡的重要参考依据。

专题 3　从不同分数段学生的分布可以看出什么玄机

分数段分布也是我们在成绩分析时常用的方法。分数段分布在统计学里，叫频数分布。如果我们仅仅是统计一下各个分数段的人数与百分比，那就大大降低了它的分析价值。

问题驱动

教育测评结果数据中，经常遇见不同分数段学生的分布图，如图 2-4 所示，其中蕴含哪些信息？到底有什么玄机？

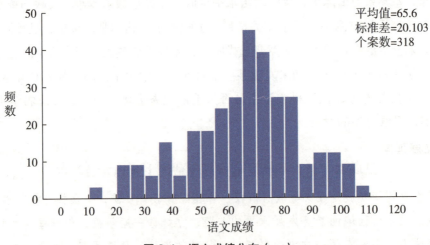

图 2-4　语文成绩分布（一）

数据解读

1. 学校总体情况分析

从个案数 318 可以推测，这是一所中等规模学校的一次语文测试成绩。将全校学生语文成绩以 5 分为一个分数段，作为 X 轴；每个分数段的人数作为 Y 轴，构成一个连续变量的直方图。平均值为 65.599，标准差为 20.103。本次语文成绩中等水平学生占优势，高分段学生与低分段学生比例基本持平，学生水平层次多样，中等偏上学生略多。如果将图 2-4 附上变量标签和分布曲线，其不同分数段的分布规律更为明显，如图 2-5 所示。

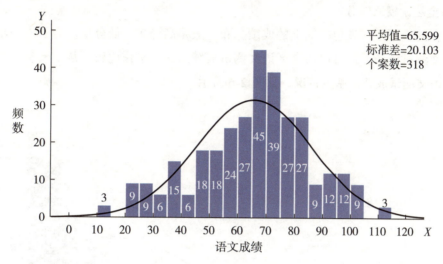

图 2-5　语文成绩分布（二）

将图 2-5 中不同分数段人数及占比分别列出，见表 2-5。

表 2-5　语文成绩不同分数段人数及占比统计表

分数区间	人数	百分比（%）	累计百分比（%）
0~10	0	0.00	0.00
10~20	3	0.94	0.94
20~30	18	5.66	6.60
30~40	21	6.60	13.21
40~50	24	7.55	20.75
50~60	42	13.21	33.96
60~70	72	22.64	56.60
70~80	66	20.75	77.36
80~90	36	11.32	88.68
90~100	24	7.55	96.23
100~110	9	2.83	99.06
110~120	3	0.94	100.00

注：累计百分比中数据错误是在计算机中四舍五入而产生的误差。

通过描述统计可以得知，中位数为 67.75，众数为 71，结合变量标签，可以精确表明：众数 71＞中位数 67.75＞平均分 65.6，其中低于平均分的人数为 135 人，高于平均分的人数为 183 人，佐证了中等偏上学生略多的视觉效果。整体的分布是中等学生居多，高分、低分学生逐渐变少，比较接近正态分布。由于标准差约为20，与平均分高出一个标准差区域为65~85分，所占人数为45+39+27+27=138（人），占总人数43.4%；与平均分低出一个标准差区域为45~65分，所占人数为18+18+24+27=87（人），占总人数27.4%；全校学生的成绩分布特点是左右比较对称，接近正态分布，学生成绩整体还是比较乐观。

2. 与全区常模比较分析

在教育的干预下，理想状况下的成绩分布一般是高分多，低分少。为了进一步解读该校本次语文测试成绩，还可以与全区语文测试成绩总体水平作比较，从常模参照视角解读该校本次语文测试成绩的基本情况，如图 2-6 所示。

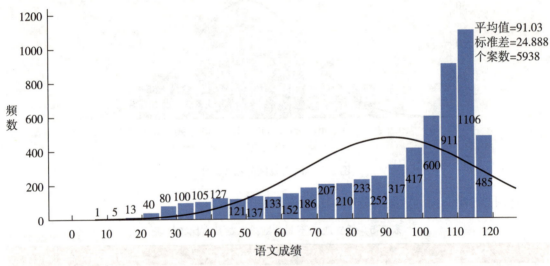

图 2-6　全区语文成绩分布

图 2-6 表明：全区学生的总体分布特点非常明显，各分数段的学生都有，高分段学生比低分段学生多得多，属于负偏态分布。

全区与该校平均值、标准差、中位数、众数等各项指标描述性统计结果，见表 2-6。

表 2-6　全区与该校语文成绩描述性统计

群体	人数	平均值	标准差	差异系数（%）	中位数	众数	偏度	峰度
全区	5938	91.030	24.888	27.340	101	110	−1.101	−0.180
该校	318	65.599	20.103	30.645	67.750	71	−0.353	−0.092

从学校角度分析，整体成绩分布比较正常；从区域角度可以推断，该校语文平均值低于区常模25.431分，且差异系数大于区常模，高分段人数分布明显与区常模不符。

原理简析

1. 正态分布

在一定条件下，大量独立随机变量的平均数是呈正态分布的。简单地说，若频数分布呈现中间为最多，左右两侧基本对称，越靠近中间频数越多，离中间越远，频数越少，形成一个中间频数逐渐增多，两侧频数逐渐减少且基本对称的分布，那一般认为该数值变量服从或近似服从数学上的正态分布。自然界绝大多数事物都是正态分布。正态分布也叫作高斯分布，由于曲线的形状像一个钟铃的轮廓，所以也叫作钟形曲线。如图2-7所示，X轴代表从低到高的实际分数值或分数段，Y轴代表每个分数值或分数段的相对频次。

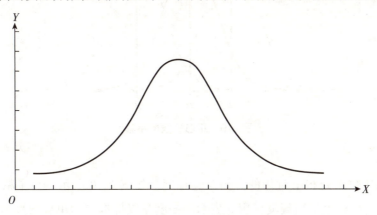

图 2-7 正态曲线

一般来说，测量的事物在允许分数变化的情况下，就会有一个非常清楚的正态分布。通常将总体平均值 μ 设为 0，总体标准差 σ 设为 1 的正态分布称为标准正态分布。如果知道这条曲线形状的细节，就能对其表现做出准确的预测。在正态曲线中，最高点位于中间，最低点位于两端，如图2-8所示。

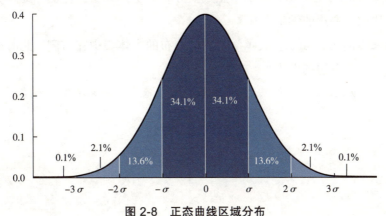

图 2-8 正态曲线区域分布

正态曲线下的面积分布规律：无论 μ、σ 取什么值，正态曲线与横轴间的面积总等于1。在 $\mu \pm \sigma$ 范围内，即 $\mu-\sigma \sim \mu+\sigma$ 范围内曲线下的面积所占比率为68.2%；在 $\mu \pm 2\sigma$ 范围内，占比为95.4%，在 $\mu \pm 3\sigma$ 范围内，占比为99.6%。虽然理论上正态分布曲线是向两端无限延伸，实际上平均值左右两侧的各三个标准差足以涵盖所有分数。

判断逻辑：当单个数据大于 $\mu+3\sigma$ 或者小于 $\mu-3\sigma$ 时，认为此数据为异常值，因为按照经验法则，此数据在数据集的99.6%范围外。

在正态曲线上，中间的分数是平均数，也是最大众的数。也就是说，平均值、中位数和众数三者相等。标准差相同，平均值不同，其正态曲线向左右平移，如图2-9所示。

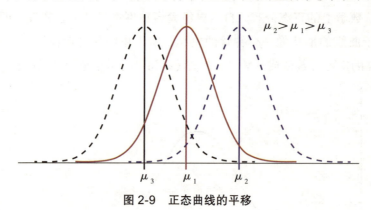

图2-9　正态曲线的平移

2. 偏度

偏度是描述数据分布不对称的方向及其程度，如图2-10所示。为了精确测定成绩分布的偏斜状况，统计上采用偏度，用 α 表示。偏度是以标准差为单位的算术平均数与众数的离差，故其取值范围一般在 $-3 \sim +3$。偏度 α 为 +3 与 -3，分别表示极右偏态和极左偏态，偏度 α 绝对值大于2，说明偏斜程度比较大。

当偏度 $\alpha \approx 0$ 时为正态分布，表示学生成绩分布左右完全对称，此时成绩位于平均值右边的学生和位于左边的学生一样多；

当偏度 $\alpha > 0$ 时为正偏态，表示学生成绩分布的主体集中在左侧，此时成绩位于平均值右边的学生比位于左边的学生少；

当偏度 $\alpha < 0$ 时为负偏态，表示学生成绩分布的主体集中在右侧，此时成绩位于平均值左边的学生比位于右边的学生少。

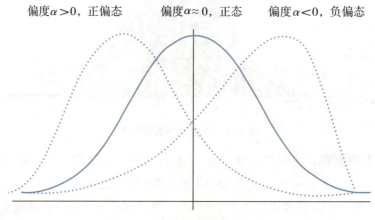

图2-10　数据分布的偏态特征

3. 峰度

峰度是指成绩分布曲线顶峰的尖平程度，是成绩分布的又一重要特征，如图2-11所示。可以说标准差 σ 控制着正态曲线的"瘦"和"胖"。根据成绩的集中与分散程度,峰度一般可表现为三种形态:尖顶峰度、标准峰度和平顶峰度。

当成绩分布为正态分布曲线时,峰度系数 $\beta = 0$,呈标准峰度,以此为标准就可比较分析各种成绩分布曲线的峰度。

当峰度 $\beta > 0$ 时,表示成绩分布曲线呈尖顶峰度,为尖顶曲线,说明成绩较为密集地分布在众数的周围,β 值越大,成绩分布曲线的顶端越尖峭。

当峰度 $\beta < 0$ 时,表示成绩分布曲线呈平顶峰度,为平顶曲线,说明成绩比较均匀地分散在众数的两侧,β 值越小,成绩分布曲线的顶峰就越平缓。

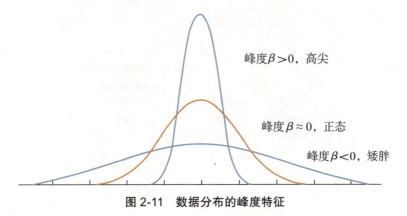

图 2-11　数据分布的峰度特征

实践操作

学生成绩的分布直方图以及分布曲线可以用 SPSS 软件生成。首先生成全区总体数据的分布图。

(1)打开"data03 八年级语文成绩 .sav"数据文件,选择"分析"→"描述统计"→"频率",弹出"频率"对话框,从左侧的变量列表选择"语文成绩"变量进入右侧的变量框,如图 2-12 所示。

图 2-12　"频率"对话框

（2）再单击"统计"按钮，弹出"统计"对话框，如图2-13所示。

（3）勾选"平均值""中位数""众数""总和""标准差""偏度""峰度"，单击"继续"按钮，如图2-13所示，返回到"频率"对话框。接着单击"图表"，弹出"图表"对话框。

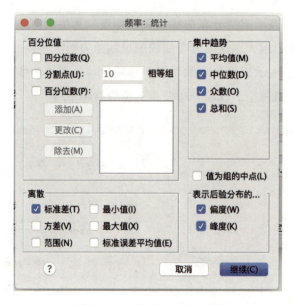

图2-13 "统计"对话框

（4）勾选"直方图""在直方图中显示正态曲线"，如图2-14所示，单击"继续"按钮后返回到"频率"对话框。

图2-14 "图表"对话框

第二章　怎样走出成绩分析报告的数据迷宫

（5）完成设置，单击"确定"按钮执行命令。系统生成分析结果，如图2-15所示。

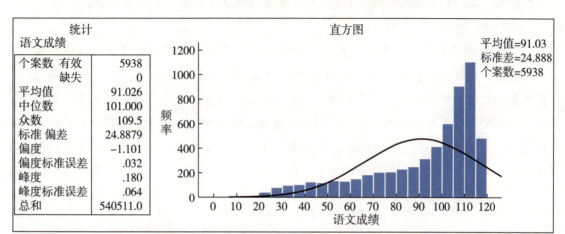

图2-15　全区语文成绩分布图

如果要生成全区各校语文成绩数据的分布图，在打开"data03 八年级语文成绩.sav"数据文件后，先单击"数据"→"拆分文件"，弹出"拆分文件"对话框，如图2-16所示。

选择"比较组"，将左边变量框中的"学校代码"选入右边的"分组依据"框内，如图2-16所示，单击"确定"，文件拆分完毕。接着继续上述1、2、3、4、5的步骤操作，即可一次性得到全区各班语文成绩的描述统计和成绩分布图。操作完毕，保存文件备用。

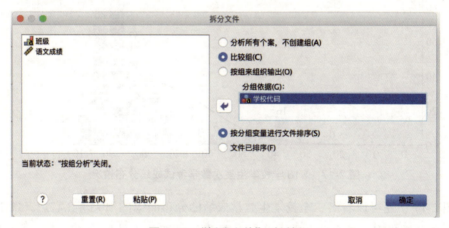

图2-16　"拆分文件"对话框

📖 拓展延伸

中心极限定理

中心极限定理指的是给定一个任意分布的总体，每次从这个总体中随机抽取n个样本，一共抽m次，然后将这m次抽样分别求出平均值，不难发现，这些平均值的分布接近正态分布。中心极限定理意味着，即使数据分布不是正态的，从中抽取的样本平均值的分布也是正态的。这个定理是概率论和数理统计学最重要的基石之一，它是由样本推断总体的桥梁，意味着我们可以通过只抽一部分样的方法，来推断总体的特征。

我们先举个例子。

现在要统计全国人口的平均体重，显然，我们把全国所有人的体重都调查一遍是不现实的。所以我们打算一共调查1000组，每组50个人。然后，我们分别求出第一组的体重平均值、第二组的体重平均值，一直到最后一组的体重平均值。根据中心极限定理，这些平均值是呈现正态分布的，并且，随着组数的增加，效果会越好。最后，我们再把算出的1000组平均值加起来取平均值，这个平均值便是接近全国人口水平的平均体重。

应用启示

在教育教学实际中，根据学生成绩分布情况，结合描述统计，不仅可以推断学生的总体状况，还能看出群体的内部优势以及存在的问题。现以S18学校学生某次数学考试成绩为例进行分析，如图2-17所示。

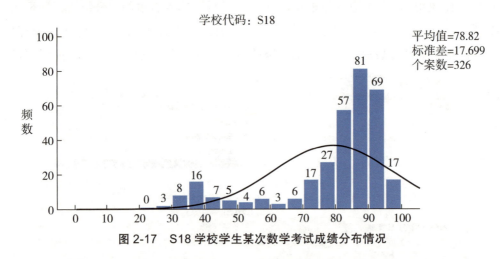

图 2-17　S18学校学生某次数学考试成绩分布情况

从图2-17中还可以看出：全校学生数学成绩的分布曲线的顶尖落在右边，属于负偏态分布，即高分学生多，低分学生少。大部分学生的成绩超出平均分（78.82），其中80~95分的学生共207人，占总人数的63.5%，可以推断：S18学校对中上水平的学生的教育高度重视，工作卓有成效。

该校数学成绩低于平均分的学生逐渐变少，如50~70分的学生越来越少，这种现象比较普遍。但是低于50分的学生数量却在反弹，通过分布曲线左边的"狐狸尾巴"可以推断：该校教师也许存在放弃低分学生的倾向，导致成绩分化严重，形成"双峰分布"。从差异系数为 $CV=17.699/78.82 \times 100\% \approx 22.45\%$ 也可佐证。当然，以上的推断要结合纵向数据分析，方可得出最后的结论。

专题 4　如何解读不同学业水平学生的成绩分布

在做成绩分析时，我们并不满足于学生整体成绩的平均水平与分数段分布，还要看看不同群体（如同一班级内、不同班级不同组别）学生之间的成绩分布有什么特征，便于精准诊断和因材施教。

问题驱动

教育质量监测中通常会绘制学生学业水平分布图，如图 2-18 所示。这类图有什么含义？如何使用？

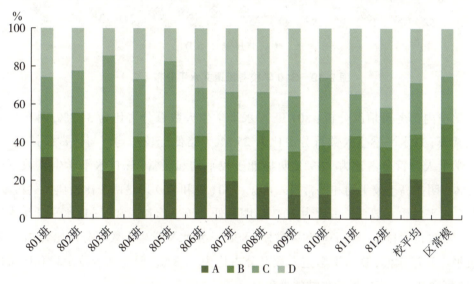

图 2-18　S10 学校各班语文水平分布（一）

数据解读

图 2-18 是将 S10 学校八年级 12 个班级某次语文测试的 A、B、C、D 四个水平的学生百分比合成的一个堆积柱状图。由于各班人数未必一样，各水平人数的可比性不如各水平人数百分占比的可比性，因此人数百分占比堆积柱状图使用比较普遍。如果将条形图的各段进行"添加数据标签"，结果如图 2-19 所示。这种结果只需要在数据表上通过单击鼠标右键，选择"添加数据标签"即可实现。这样更利于将定性观察与定量观察相结合。

从图 2-19 中可以看出：该校与区常模比，A 水平学生人数百分占比为 21.2%，略低于区常模的 25%；而 D 水平学生人数百分占比为 28.4%，略高于区常模的 25%；水平 C、D 也有类似结果。说明该校八年级语文高水平学生比区常模少，低水平学生比区常模多，总体属于中等偏下或成绩相对薄弱的学校。

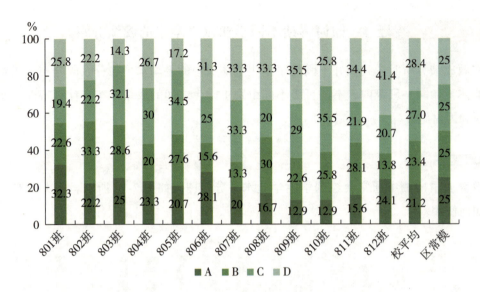

图 2-19　S10 学校各班语文水平分布（二）

从学校内部各班情况分析：801 班 A 水平学生人数百分占比为 32.3%，明显高于校平均和区常模；D 水平学生人数百分占比为 25.8%，略低于校平均，与区常模接近；809 班 A 水平学生人数百分占比为 12.9%，明显低于校平均和区常模；D 水平学生人数百分占比为 35.5%，明显高于校平均和区常模。可见，801 班和 809 班是两个比较典型的极端现象。805 班 A 水平学生人数百分占比为 20.7%，明显低于校平均和区常模；D 水平学生人数百分占比为 17.2%，明显低于校平均和区常模；806 班 A 水平学生人数百分占比为 28.1%，明显高于校平均和区常模；D 水平学生人数百分占比为 31.3%，明显高于校平均和区常模。可见，805 班和 806 班存在顾此失彼的现象。

针对有代表性的数据现象，可以结合纵向动态数据，进一步作归因分析、对策研究和效果检验等一系列的数据应用研究。

原理简析

区域性测试成绩根据一定的比例，将学生按成绩分为 A、B、C、D 四个水平，各校、各班或学生个体根据测试结果判断各自所处的水平，这是比较常见的常模参照。常模参照容易操作，但不能反映其实际的绝对水平。

测试中，项目组对学生的测试成绩进行学科水平的标定，按照学生成绩将全体学生分为 A、B、C、D 四个水平，其中 A 水平为优秀，B 水平为良好，C 水平为达到课程标准的基本要求，D 水平为未达到课程标准的基本要求。这种划分成绩水平的方法，就是标准参照。通过标准参照，可以精准反映学生的个体发展水平。

学科标准划定一般采用国际上广泛应用于学业能力和水平考试领域的安戈夫（Angoff）和书签（Bookmark）的方法。某些标准参照要求很高，既要有大量的数据支撑作等值处理，又要具备可靠的水平划分技术，以确保测试结果的认同度。国际监测、国家监测以及大部分省级教育质量监测，都采用标准参照方式。

> 实践操作

若将 S10 学校八年级 12 个班级语文测试成绩的基本情况用箱体来表示，如图 2-20 所示，用 Excel 和 SPSS 都能实现。在 SPSS 中，制作箱图的具体操作如下：

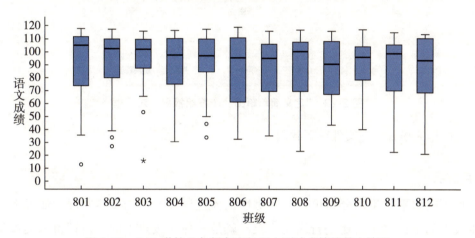

图 2-20　S10 学校八年级各班级语文测试成绩的基本情况

（1）在 SPSS 中打开"data003 八年级语文成绩水平 .sav"数据文件，选择"图形"→"旧对话框"，单击"箱图"，即可弹出"箱图"对话框。

（2）在"箱图"对话框中选择"简单"和"个案组摘要"后，单击"定义"，弹出"定义简单箱图：个案组摘要"对话框，如图 2-21 所示。

图 2-21　箱图路径与对话框

（3）选择变量为"语文成绩"变量，类别轴为"班级"变量，如图 2-22 所示。设置完毕，单击"确定"即可得到如图 2-20 所示的各班语文成绩箱图。

图 2-22 "定义简单箱图：个案组摘要"对话框

（4）操作完毕，保存文件或下载图表。

应用启示

利用不同水平学生的分布可以有针对性地描述群体发展的基本状况。如果将不同阶段学生表现的不同水平占比进行纵向比较，就是一种比较典型的增值评价分类模型，如图 2-23 所示。

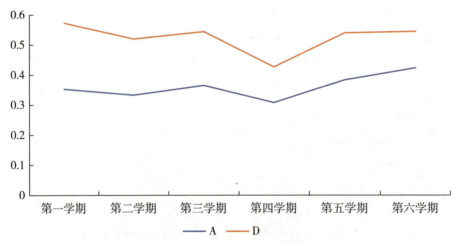

图 2-23　801 班数学学业水平增值情况

从图 2-23 中可以看出：801 班数学学业水平 A 级学生总体占比是正增值趋势，过程略有起伏；801 班数学学业水平 D 级学生总体占比是负增值趋势，过程略有反弹现象。可见三年的总体态势是越来越好。根据图 2-23 数据的动态变化趋势，可以分析不同阶段班级的具体发展变化情况。

利用增值评价分类模型，可以纵向比较不同群体学生的变化趋势，包括班级、学科、学校和区域。

在教学测评中，不同学业水平分布状况常常用箱图来表示，如图 2-24 所示。图 2-24 中横坐标表示全省、某市及所属县区，纵坐标为学生科学总标准分得分，可见某市整体水平略高于与全省水平，离散程度接近，差异较小；各县区间整体水平有一定差异，离散程度也存在较大差异。

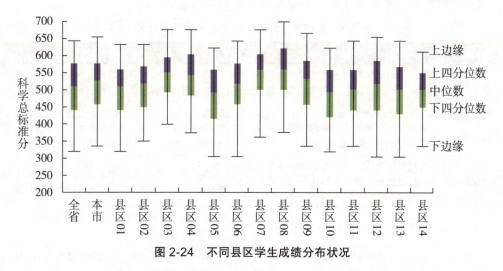

图 2-24　不同县区学生成绩分布状况

箱图又称盒式图 (Box-plot)，1977 年由美国著名统计学家约翰·图基（John Tukey）发明，是一种用作显示一组数据分散情况的统计图，因形状如箱子而得名。每个小图由一个箱子与上下两条短横线、中间一条长竖线组成，呈现出得分的集中与离散趋势。将所有学生的总分从高到低排列，最上面的短线表示排名位于前 5% 的学生对应的得分；最下面的短线表示排名位于后 5% 的学生对应的分数，上四分位数、中位数和下四分位数分别表示排名位于 25%、50%、75% 的学生对应的得分。箱图的中位数大致描述了学生平均成绩的水平高低。

同一数轴上，几批数据的箱图并行排列，几批数据的中位数、尾长、异常值、分布区间等形状信息便一目了然。而上下两条短横线的距离（长竖线的长度）从一定程度上描述了学生成绩离散程度的大小。如果图中的横线少于上述五条，则说明有两条或两条以上横线重合。

> **拓展延伸**
>
> **常模参照评价与标准参照评价**
>
> 教育测验有些是为了进行相对比较，例如高考；有些是为了进行绝对判断，例如中学的毕业会考。于是，教育测验相应地被划分为常模参照测验（NRT）和标准参照测验（CRT）。常模参照评价，是指评价时以学生所在团体的平均成绩为参照标准（常模），根据其在团体中的相对位置（或名次）来报告评价结果。常模参照评价着重于学生之间的比较，比较学生之间的学习差异，主要用于选拔（如升学考试）或编组、编班。标准参

照评价，是基于某种特定的标准，来评价学生对与教学等密切关联的具体知识和技能的掌握程度。标准参照评价对学生学习成就的解释采用的是绝对标准，即学生是否达到了教学目标所规定的学习标准，以及达到的程度，而不是比较学生个人之间的差异。

表 2-7 列出了常模参照评价与标准参照评价的比较。

表 2-7 常模参照评价与标准参照评价的比较

项目	常模参照评价	标准参照评价
含义	以个体的成绩与同一团体的平均成绩或常模相互比较，而确定其成绩的适当等级的评价方法	以具体体现教学目标的标准作业为依据，而确定学生是否达到标准以及达标的程度如何的一种评价方法
评价内容	衡量个体在团体中的相对位置和名次，也称"相对评价"或"相对评分"	衡量学生的实际水平，即学生掌握了什么以及能做什么，又称"绝对评价"或"绝对评分"
评价标准	参照点是全体学生平均成绩。学生在团体中的位置就是以学生个体成绩与常模比较来确定的	参照点是教学目标。测试题的关键是必须正确反映教学目标的要求，而不是题目的难易和鉴别力
主要用途	可以作为分类、排队、编班和选材的依据	主要用于了解基础知识、技能的掌握情况，利用反馈信息及时调整、改进教学
不足	忽视了个人的努力状况及进步程度，尤其对后进者的努力缺少适当评价	题目的编制很难充分、正确地体现教学目标，且标准划定也比较困难

专题 5　如何根据考试结果数据快速寻找教学优势与短板

依据考试结果寻找教学优势与短板，是考试的主要功能。我们一般采用的方法是典型题目得分率分析，或者基于双向细目表的题目分析，这两种方法都是标准参照评价的具体化。本专题所介绍的得分率差值分析法，是将标准参照与常模参照相结合的方法，在实践中有较强的运用价值。

📒 问题驱动

考试结果必将得到大量的原始数据，如区平均分、校平均分、班级平均分等，既有总分数据，又有每道题的数据，见表 2-8。

表 2-8 数学测试成绩得分率统计表

题号	区得分率	S17 校得分率	801 班得分率	802 班得分率
1	0.939	0.940	0.929	0.976
2	0.810	0.829	0.762	0.833
3	0.922	0.932	0.905	0.976
4	0.897	0.882	0.881	0.833
5	0.621	0.819	0.833	0.920

第二章　怎样走出成绩分析报告的数据迷宫　　55

（续）

题号	区得分率	S17 校得分率	801 班得分率	802 班得分率
6	0.874	0.855	0.881	0.810
7	0.821	0.795	0.690	0.762
8	0.966	0.964	0.976	0.976
9	0.701	0.610	0.638	0.548
10	0.288	0.152	0.119	0.095
11	0.919	0.909	0.869	0.986
12	0.661	0.891	0.857	0.982
13	0.809	0.787	0.738	0.833
14	0.483	0.443	0.464	0.381
15	0.491	0.459	0.476	0.214
16	0.097	0.125	0.091	0.133
17	0.848	0.837	0.833	0.921
18-1	0.901	0.905	0.897	0.972
18-2	0.820	0.826	0.810	0.893
18-3	0.709	0.703	0.643	0.667
19-1	0.808	0.812	0.795	0.969
19-2	0.683	0.672	0.628	0.893
20-1	0.867	0.866	0.867	0.950
20-2	0.806	0.804	0.752	0.860
21-1	0.682	0.644	0.663	0.599
21-2	0.711	0.659	0.623	0.694
21-3	0.539	0.451	0.518	0.336
22-1	0.765	0.759	0.714	0.711
22-2-1	0.363	0.309	0.330	0.280
22-2-2	0.468	0.430	0.405	0.435
23-1	0.753	0.718	0.723	0.702
23-2-1	0.575	0.409	0.336	0.357
23-2-2	0.217	0.146	0.170	0.098

在密密麻麻的数据中，我们该如何快速让学校与班级寻找教学优势与短板？

数据解读

将原始数据结果适当进行预处理，即可得到数学成绩得分率差值组合图，如图 2-25 所示，图中 Y 轴代表得分率，X 轴代表题号。其中柱状图为本次区域测试数学每道小题的得分率，以得分率为序，从大到小排列；三条折线图分别表示区校得分率差值、801 班和 802 班与区得分率的差值。

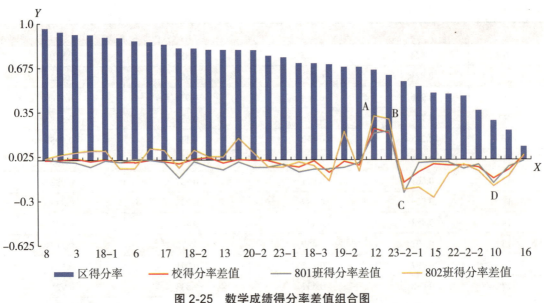

图 2-25 数学成绩得分率差值组合图

从得分率差值的分布折线图可以看出：S17 学校的大部分题目得分率差值分布基本上在 0 值附近，也就说明区校得分率比较接近，略低于区平均水平题目居多。从图 2-25 中 A、B 位置可以发现：该校的最大优势是第 12 题和第 5 题，得分率差值大于 0，且远超 0 基准线。

对照数学命题双向细目表，见表 2-9，第 5 题和第 12 题的考查内容分别是"等腰三角形的性质和判定"和"关于坐标轴对称的两点间的坐标关系"，从数学素养层面这两道题都属于"概念理解"。从 C、D 位置可以发现：该校的短板是第 23-2-1 题和第 10 题，得分率差值小于 0，且远离 0 基准线。对照本次数学命题双向细目表，见表 2-9，第 23-2-1 题和第 10 题的考查内容分别是"求等腰直角三角形顶点坐标"和"特殊三角形综合"，从数学素养层面这两道题都属于"几何直观"。

802 班除了具有 S17 学校的共性，也有明显的班级个性特点：明显优势是第 19-1 题与第 19-2 题，考查内容涉及"一次函数应用问题"的"根据实际情境求一次函数表达式"和"不等式的简单应用"，这个题组的数学素养都是"数学建模"；明显短板的是第 21-3 题和第 15 题，内容层面分别是"一次函数的性质"和"解不等式组求字母的范围"，其数学素养都是"运算求解"。详情可见数据文件"data.05 得分率 .xlsx"。

表 2-9 数学的命题双向细目表（摘选）

题号	考查内容	理解	掌握	运用	分值	概念理解	运算求解	逻辑推理	几何直观	空间观念	数学建模	数据分析
5	等腰三角形的性质和判定		√		3	√						
10	特殊三角形综合			√	3				√			
12	关于坐标轴对称的两点间的坐标关系	√			4	√						

（续）

题号	考查内容	理解	掌握	运用	分值	概念理解	运算求解	逻辑推理	几何直观	空间观念	数学建模	数据分析
15	解不等式组求字母的范围		√		4		√					
19	一次函数应用问题		√		8							
19-1	根据实际情境求一次函数表达式		√		4						√	
19-2	不等式的简单应用		√		4						√	
21	一次函数综合		√		10							
21-1	两一次函数交点		√		3		√					
21-2	一次函数值的大小比较			√	3			√				
21-3	一次函数的性质			√	4		√					
22	特殊三角形综合			√	12							
22-1	求特殊角三角形的高		√		4		√					
22-2	利用三角形全等求线段长			√	4			√				
22-3	等腰三角形的性质和判定综合			√	4			√				
23	一次函数综合			√	12							
23-1	求一次函数图象与坐标轴交点	√			4				√			
23-2-1	求等腰直角三角形顶点坐标			√	4				√			
23-2-2	求全等的三角形的顶点坐标			√	4				√			

原理简析

测试结果得到的每道题平均得分或得分率都很难直接利用。因为平均得分高低与本题分值有关，得分率高低要考虑题目的难度值。以区域每道题的得分率（其实就是该题的 CTT 难度值）为基准，用该题学校平均得分率减去该题区域得分率得到学校得分率差值；用该题每班平均得分率减去该题区域得分率得到班级得分率差值；通过得分率差值，首先考虑极值题目，将其作为典型题组，即可快速找到本校或班级的相对优势与短板。

实践操作

测试结果的原始数据，如区域平均分、校平均分、班级平均分等，经过预处理和可视化，方可充分挖掘海量数据背后的隐藏信息。上述数据预处理的基本操作如下：

（1）**由测试成绩平均得分转化为得分率**：将每道题的平均得分除以该题的满分分值，即可得到该题的得分率。

（2）**将得分率转化为得分率差值**：将学校或班级得分率减去区域得分率，即可得到每道题得分率差值，结果见表 2-10。

表 2-10　数学测试成绩得分率差值统计表

题号	区得分率	校得分率差值	801 班得分率差值	802 班得分率差值
1	0.939	0.001	−0.010	0.037
2	0.810	0.019	−0.048	0.023
3	0.922	0.010	−0.017	0.054
4	0.897	−0.015	−0.016	−0.064
5	0.621	0.198	0.212	0.299
6	0.874	−0.019	0.007	−0.064
7	0.821	−0.026	−0.131	−0.059
8	0.966	−0.002	0.010	0.010
9	0.701	−0.091	−0.063	−0.153
10	0.288	−0.136	−0.169	−0.193
11	0.919	−0.010	−0.050	0.067
12	0.661	0.230	0.196	0.321
13	0.809	−0.021	−0.071	0.025
14	0.483	−0.040	−0.019	−0.102
15	0.491	−0.032	−0.015	−0.277
16	0.097	0.028	−0.006	0.036
17	0.848	−0.011	−0.015	0.073
18-1	0.901	0.004	−0.004	0.071
18-2	0.820	0.006	−0.010	0.073
18-3	0.709	−0.006	−0.066	−0.042
19-1	0.808	0.004	−0.013	0.161
19-2	0.683	−0.011	−0.055	0.210
20-1	0.867	0.001	0.000	0.083
20-2	0.806	−0.002	−0.054	0.054
21-1	0.682	−0.038	−0.019	−0.083
21-2	0.711	−0.052	−0.088	−0.017
21-3	0.539	−0.088	−0.021	−0.203
22-1	0.765	−0.006	−0.051	−0.054
22-2-1	0.363	−0.054	−0.033	−0.083
22-2-2	0.468	−0.038	−0.063	−0.033
23-1	0.753	−0.035	−0.030	−0.051
23-2-1	0.575	−0.166	−0.239	−0.218
23-2-2	0.217	−0.071	−0.047	−0.119

（3）**以区域得分率为序，从大到小排序**：然后用 Excel，选择数据范围后，选择"插

入"→"组合图",如图2-26所示,即可生成组合图,稍加整理,图2-25数学成绩得分率差值组合图制作完毕。

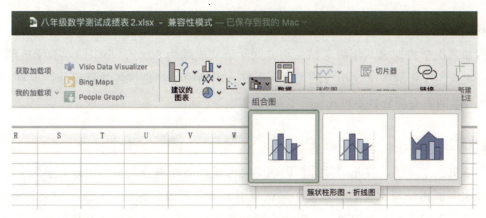

图 2-26　组合图制作路径

📙 应用启示

试卷分析不能拘泥于卷面题目的对与错或得分多少,更要根据数据判断知识模块的掌握情况,以免就题论题。依靠简单机械重复训练,是找不到教学盲点的。

当不同知识点的测试结果存在类似的情况时,超出预期或目标达成不理想,其背后的根本原因未必是知识点本身,很可能与相应的能力或素养有直接关系。

利用现代信息技术平台,结合命题双向细目表,可以精确分析不同学生每道题得分与总体得分的差异,也可以将具体题目题组化,进而诊断学生知识点和能力点的优势与不足,在此基础上进行个性化的作业推送,从而可以实现精准诊断和精准教学。

📖 拓展延伸

根据学科核心素养的内涵与外延,将特定的一组题目的得分情况和权重,以常模参照合成相应的素养指数。根据各种素养指数的分布状况,其优势与短板一目了然。

通过对主观题相同水平(得分相同)而不同类型(应答不同)的频数分析,还可以推断不同群体学生的思维方式的差异性。这种差异现象折射出教师的教学风格对学生学习行为和学习效果的影响。

专题 6　数学是 85 分,语文是 80 分,数学成绩比语文成绩好吗

在成绩分析过程中,我们一般是将学生各学科原始分数相加,得到学生的总分;或者根据学生各学科原始分数,来判断学生哪个学科学得较好,哪个学科学比较薄弱。这样分析固然比较简单直观,但在很多情况下,这种分析并不是那么准确,甚至会出现错误的结

果。本专题就是针对这个问题,介绍几种原始分数的转化方法,进而有助于教师对学生成绩水平做出更加准确的判断。

> 📙 问题驱动

假如某次学校期末八年级考试,小方同学语文成绩为 80 分,小张同学数学成绩为 85 分,有人认为小张的数学比小方的语文考得好,因为中考都是拼各学科得分;也有人认为语文和数学两者卷面分数不可比。究竟如何解决这个问题?

> 📙 数据解读

要解决这个问题,首先必须分析影响学科考试的卷面得分的各种因素。学生个体的某学科某次考试得分与试卷题目难度、考试范围、满分分值、题目区分度、试卷评分标准、群体平均分等因素都有直接关系。学生在接受测验后,按照评分标准对其作答反应直接评出来的分数,叫原始分。将不同学生、不同学科、不同批次考试的原始分数作直接比较,显然既不甚合理,也不够科学。但这是不可回避的现实问题,中考、高考还用到语文、数学原始分相加的方式计总分。

小方同学语文成绩为 80 分,小张同学数学成绩为 85 分,到底谁考得好?在日常操作中,满分都是 120 分,往往先看语文和数学的总体平均分。我们可以从个体样本追溯到总体数据来分析,根据学校语文、数学期末考试结果描述统计,见表 2-11。

表 2-11　期末考试成绩描述统计表

	语文成绩	数学成绩	英语成绩
满分	120	120	120
个案数	202	202	202
平均分	87.8	87.8	98.3
中位数	90.6	94	107.5
众数	92	107	109.5
标准差	11.817	19.367	22.081
偏度	−2.486	−0.804	−1.898
峰度	10.889	−0.193	2.651

从表 2-11 中可以看出:虽然全校学生语文和数学的平均分都是 87.8 分,但由于原始分的不可比性,语文和数学成绩的标准差以及偏度和峰度各不相同,因此无法做出精准判断。有人利用排名次来比较,其实也不科学,因为名次之间是不等距的。为了对不同学科、不同批次考试成绩通过常模参照进行比较,我们可以借助标准分来实现。标准分是相对等距的,标准分不但具有可比性,不同学科标准分可以累加计总分。

通过查询得知:小方、小张等同学的语文、数学、英语成绩标准分,见表 2-12。

表 2-12　语文、数学、英语成绩标准分

学生	语文原始分	数学原始分	英语原始分	语文标准分	数学标准分	英语标准分
小方	80.0	57.0	53.5	63.38	54.08	49.72
小张	88.0	85.0	106.5	70.15	68.54	73.72
小李	85.0	53.0	92.5	67.61	52.02	67.38
小马	91.5	63.5	88.0	73.11	57.44	65.34
小沈	99.5	99.5	109.5	79.88	76.03	75.08

根据表 2-12 数据，我们首先对同一学生不同学科相同原始分进行比较：小沈语文、数学原始分相同，都是 99.5 分，而小沈语文标准分是 79.88 分，数学标准分是 76.03 分，数学标准分比语文标准分低出 3.85 分，这是因为数学标准差比语文标准差大的缘故。

接着对不同学生不同学科相同原始分进行比较：小张语文原始分是 88 分，小马英语原始分是 88 分，而小张语文标准分是 70.15 分，小马英语标准分是 65.34 分，两者相差更大，为 4.81 分。

再对同一学生不同学科不同原始分进行比较：小李语文原始分是 85 分，英语原始分是 92.5 分；而小李语文标准分是 67.61 分，英语标准分是 67.38 分。可见，原始分语文比英语低，标准分却语文比英语高。

最后对不同学生不同学科不同原始分进行比较：小方语文原始分是 80 分，小张数学原始分是 85 分；而小方语文标准分是 63.38 分，小张数学标准分是 68.54 分。此时可推断出：学校这次考试，小张数学比小方语文考得好，并有一定的可比性。

原理简析

原始分反映了学生答对题目的个数或作答正确的程度。但是，原始分一般不能直接反映出学生间差异状况，不能刻画出学生相互比较后所处的位置，也不能说明学生在其他等值测试上应获得什么样的分值。尽管常规的期末考试是基于课程标准命题的，但不是严格意义的标准参照考试，因为没有统一的学科标准划定。不同学生之间的比较常常基于常模参照，也就是根据学生在群体中的所处的位置来区分，是一种相对比较。

Z 标准分是一种由原始分推导出来的相对位置量数，它是用来说明原始分在所属的那批分数中的相对位置的。

Z 标准分是原始分与平均分的离差以标准差为单位的分数，也就是原始分减去平均分之差除以标准差。Z 标准分用如下公式表示：

$$Z = \frac{X - \bar{X}}{S}$$

式中，X 为原始分，$\bar{X}$ 为原始分的平均值，S 为原始分的标准差。

Z 标准分是以一批分数的平均值作为参照点，以标准差作为单位表示距离。它由正负号和绝对数值两部分组成，正负号说明原始分是大于还是小于平均值，绝对数值说明原始分距离平均分值的远近程度，如图 2-27 所示。

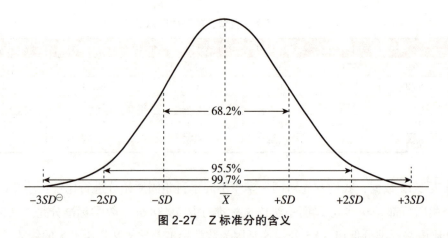

图 2-27　Z 标准分的含义

一批分数全部转换成 Z 标准分后,它们的整个分布形态并没有发生改变。Z 标准分准确地刻画了一个分数在一批分数中的相对位置。

Z 标准分有如下性质:平均值为 0,标准差为 1;分数之间等距,可以做加减运算;原始分转换为标准分是线性转换,不会改变原始分的分布形状,也不改变原来分数的位置次序。

通过转换后得到的 Z 标准分一般介于 −3 与 +3 之间,常常有小数,而且会出现负值,实际使用时不太方便,所以还要对 Z 标准分进行线性变换(T 变换)。转换通式为

$$T=10Z+70 \text{ 或 } T=100Z+500$$

标准分变换如图 2-28 所示。

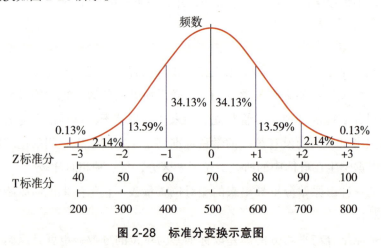

图 2-28　标准分变换示意图

其中:$T=10Z+70$ 中,设定标准差为 10,平均分为 70,结果的形式与百分制相似,学生比较容易接受;$T=100Z+500$ 中,设定标准差为 100,平均分为 500,此方式在国际 PISA、国家教育质量监测、高考等领域应用比较广泛。由于原始分之间不等值,必须将原始分根据 IRT 理论,利用 ConQuest 软件转化为能力估计值,再进行标准化处理,形成国

⊖　SD,是标准差,是方差的平方根,公式为:$SD = \sqrt{\dfrac{1}{n}\sum_{i=1}^{n}(x_i - \bar{x})^2}$。

际通用的量尺分数。

当然,这是在假定原始分呈正态分布的前提下进行的。如果原始分的分布不符合正态分布的要求,则要先进行正态化处理,再转换为标准分,转换后的分数称为正态化标准分,这就是我们所称的标准分数,如图2-29所示。

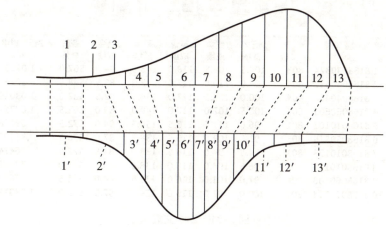

图 2-29 正态化标准分示意图

非线性转换的结果是把偏态分布形态强制扭转成为标准正态分布形态。(据中国教育测评网)转换生成的正态化标准分消除了分布形态的影响,为科学、准确地对不同测验的分数进行比较和分析奠定了基础。

实践操作

利用原始数据可以通过 SPSS 软件,计算 Z 标准分、T 标准分和百分位数。

1. 标准分计算的操作步骤

(1)打开"data06-01八年级各科成绩.sav"数据文件,选择"分析"→"描述统计"→"描述",弹出"描述"对话框。

(2)在右边变量框中选择"语文成绩"进入右边对话框,也可以同时选择多个学科。在对话框左下角,勾选"将标准化值另存为变量",如图2-30所示,单击"确定"按钮。

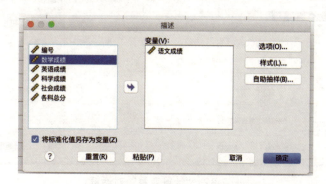

图 2-30 "描述"对话框

（3）回到"数据视图"页面，即可看到在"各科总分"后增加一个变量"Z语文成绩"，如图2-31所示，这就是Z语文标准分。回到"变量视图"页面，调整Z语文标准分的小数位数，保留3位小数即可。

编号	学号	班级	语文成绩	数学成绩	英语成绩	科学成绩	社会成绩	各科总分	Z语文成绩
1	8168030324	803	100.5	106.5	118.0	148.0	94.0	567.0	1.07251
2	8168040432	804	94.0	110.0	117.0	142.0	85.5	548.5	.52243
3	8168040419	804	100.0	108.5	117.0	144.0	92.5	562.0	1.03019
4	8168060603	806	100.5	107.0	117.0	149.0	89.0	562.5	1.07251
5	8168010101	801	96.0	111.5	116.5	154.5	94.0	572.5	.69168
6	8168050515	805	91.5	103.0	116.5	138.5	87.0	536.5	.31086
7	8168010128	801	94.5	94.0	116.5	133.0	84.5	522.5	.56474
8	8168010119	801	96.5	104.0	116.0	138.0	86.5	541.0	.73400
9	8168060608	806	97.0	101.0	116.5	133.5	84.0	531.5	.77631
10	8168010118	801	100.0	97.0	116.0	129.0	87.0	529.0	1.03019

图2-31　Z语文成绩

（4）将Z语文标准分转化为T语文标准分：回到"数据视图"页面，选择"转换"→"计算变量"，弹出"计算变量"对话框。

（5）在"目标变量"中输入"T语文"，在"类型和标签"中的"Zscore语文成绩"选入"数字表达式"，编辑"T语文"公式："Z语文成绩*10+70"，如图2-32所示。设置完毕，单击"确定"，返回到数据变量，即可看到又增加一个"T语文"变量和数据，如图2-33所示。

图2-32　"计算变量"对话框

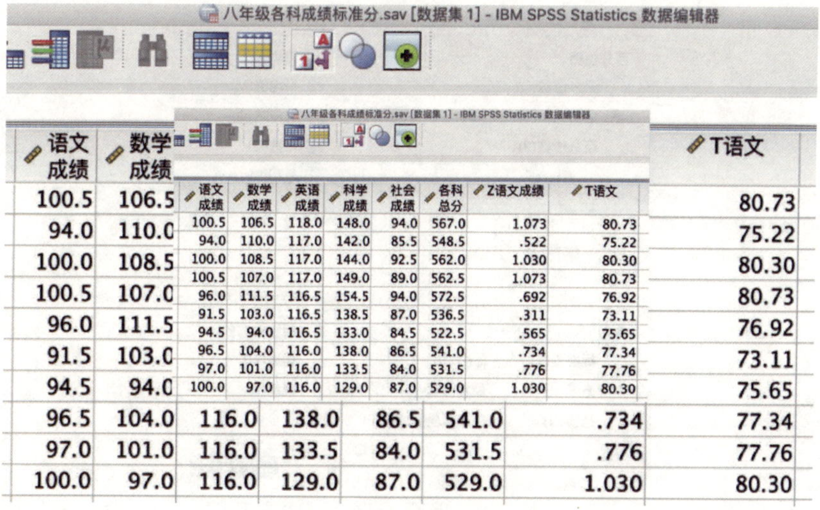

第二章　怎样走出成绩分析报告的数据迷宫

图2-33　T语文标准分

（6）按照上述操作，可以计算其他各科标准分。计算完毕，保存文件。

2. 百分位数计算的操作步骤

（1）打开"data06-01 八年级各科成绩.sav"数据文件，选择"分析"→"描述统计"→"频率"，弹出"频率"对话框。

（2）从左侧选择"社会成绩""语文成绩""数学成绩""英语成绩""科学成绩"进入右侧变量框，如图2-34所示，单击"统计"按钮，即可弹出"统计"对话框。

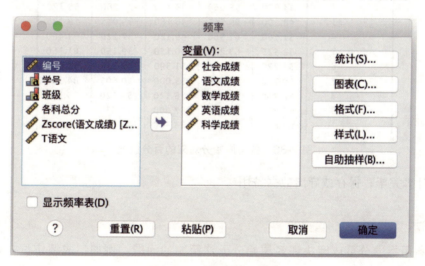

图2-34　"频率"对话框

（3）在左上"百分位值"区域，勾选"分割点"，输入："100"相等组，再选上"平均值""中位数""众数""标准差"，单击"继续"按钮，如图2-35所示，返回到"频率"对话框，单击"确定"按钮，即可得到各科原始分对应的百分位数，如图2-36所示。

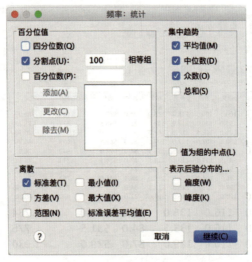

图 2-35 "统计"对话框

统计						
		社会成绩	语文成绩	数学成绩	英语成绩	科学成绩
个案数	有效	202	202	202	202	202
	缺失	0	0	0	0	0
平均值		81.441	87.827	87.827	98.290	123.418
中位数		85.000	90.750	94.000	107.500	130.250
众数		88.5	92.0	107.0	109.5	133.0
标准 偏差		12.3627	11.8165	19.3667	22.0807	23.2619
百分位数	1	30.045	43.240	33.150	25.030	40.330
	2	44.650	58.060	43.120	34.060	55.120
	3	48.590	59.545	46.180	35.045	59.135
	4	51.560	61.560	49.120	37.120	63.400
	5	52.525	63.225	50.150	39.150	81.150
	6	57.770	66.000	51.590	42.360	82.680
	7	59.210	67.000	53.000	50.605	84.105
	8	62.240	69.740	56.120	52.120	85.500
	9	65.675	73.270	57.000	53.635	85.635
	10	67.650	74.500	58.300	56.650	87.150

图 2-36 各科原始分对应的百分位数

(4) 计算完毕,保存或导出数据备用。

应用启示

(1) **利用标准分可以解决许多原始分无法解决的问题**。例如,成绩定位、增值评价、累计总分等。

(2) **利用标准分可以确定学生在群体中的位置**。单个标准分能够反映学生成绩在全体学生成绩中的位置,而单个原始分则不能。例如,某学生某科百分制原始成绩为 85 分,但无法说明其这科成绩究竟如何,因为这与题目的难度有关,与总体学生的分数有关。如果某学生某科 T 标准分为 650 分,即 Z 标准分为 1.5,则通过正态分布表,查得对应的百分比为 0.9332，于是我们知道，该学生的成绩超过了 93.32% 的学生成绩，这就是分数解释的标准化。

例如，小方语文成绩是 85 分，小张数学成绩是 80 分，两人的成绩如何比较等问题的讨论，如果用百分位数来衡量，结果变得更加简单明了。经查询：小方语文百分位数是 27，小张数学百分位数是 29，也就是小方超过了 27% 的全校同学语文成绩，小张超过了 29% 的全校同学数学成绩。通过以上分析，说明在学校中小张的数学比小方的语文考得好。

（3）**标准分可以应用于增值评价**。通过标准分可以得到相应百分位数。如果将一组数据从小到大排序，并计算相应的累计百分位，则某一百分位所对应数据的值就是这一百分位的百分位数。高考评级评分的科学依据就是百分位数；在两次考试中，通过标准分的变化或百分位数的变化，可以推断学生在群体中是正增值还是负增值。

例如，小徐上次英语成绩是 85 分，这次英语成绩是 80 分，班级两次平均分一样，那么小徐英语成绩退步了吗？如果用百分位数来衡量，结果变得更加简单明了。经查询：小徐上次英语百分位数是 27，这次英语百分位数是 30，也就是小徐上次超过了 27% 的全校同学的英语成绩，这次超过了 30% 的全校同学的英语成绩。通过以上分析，说明在学校中小徐的英语成绩在进步。

（4）**标准分可以为考试各科成绩累计总分提供支持**。不同学科的原始分不可比，那么也就不可加。多学科成绩，只有在各科成绩的平均值相同、标准差也相同的条件下，才能相加，否则是不科学的。各学科原始分的平均值以及标准差一般都不相同，而各学科的标准分的平均值以及标准差都基本相同，因此各科的标准分可以累加计算总分。

> **📖 拓展延伸**
>
> ### 量尺分数
>
> 量尺分数依据学生的作答情况，根据一定的统计方法，将学生的原始分数换算成新的数值，形成另一种分数形态，转换之后的新数值与原数值之间仍保留一种对应的关系。
>
> 量尺分数具有不受测验题目差异和测验难度影响的特点，能够更精确地解释学生之间真正的能力差异，使得参加不同测验学生的分数具有可比性。其目的在于呈现每一名学生在所有学生中的相对位置，以划分出能力级别。
>
> 量尺分数的使用，除了能更精确地了解学生之间的能力差异之外，还能让分数的解释更容易，例如，可以评量学生能力的成长情形、学生在同一次测验不同难度水准上的表现、学生在不同测验上的能力表现等。以浙江省英语高考为例，因为要提供学生一年两次的考试机会，且欲对两次的分数进行等值化处理，以方便比较，若学生在两次考试都参加的情况下，其两次考试成绩的分数比较会因量尺分数而变得更容易比较。
>
> 量尺分数有很多类型，例如前面所介绍的 Z 标准分、T 标准分、百分位数等，都属于量尺分数。在大型的教育质量监测中，一般是采用项目反应理论模型将学生的原始分转换成量尺分数。

专题 7　与上次测试相比，你的成绩超出预期了吗

增值评价是目前国际上最为前沿的教育评价方式，也逐渐成为国内教育评价领域的研究热点。通俗地说，增值评价就是看进步，不搞横向比较。增值评价的方法很多，专题 6 中把原始分数转化为量尺分数就是常用的一种。不过，在很多区域或学校所进行的增值评价，所采用的方法并不科学，因而走入了增值评价的误区。为此，本专题介绍另一种增值评价的方法——基于回归模型的残差分析法。

问题驱动

为了预测学生在阶段性学习的增值情况，通常使用回归模型（或残差模型）来表示，如图 2-37 所示。如何解读每名学生的成绩是否达到预期水平？

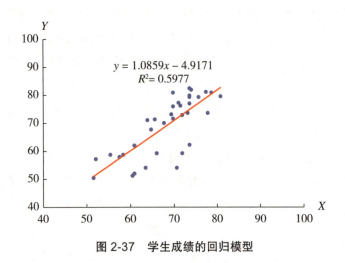

图 2-37　学生成绩的回归模型

数据解读

图 2-37 中 Y 轴为本次语文成绩，X 轴为上次语文成绩，建立平面直角坐标系。根据每名学生的两次成绩在坐标系中找到相应的一个点，构成散点图。也就是说：图中每一点代表班级中的每名学生。散点图中的直线是回归直线，可以看作以上次考试成绩为基准，本次成绩的趋势线或预测线。

根据学生的坐标点趋势线的位置关系，可以将全班学生分为三种类型，如图 2-38 所示：在趋势线上方的学生成绩为正增值；在趋势线下方的学生成绩为负增值；坐标点落在趋势线上的学生成绩为零增值，其实是同步增值。图中 6 号学生成绩在预测线上，属于正增值，说明本次成绩超出预期水平；图中 29 号学生成绩在预测线下，属于负增值，说明本次成绩达不到预期水平。如果有一点正好落在回归直线上，说明该学生的成绩与预测水平完全一致。

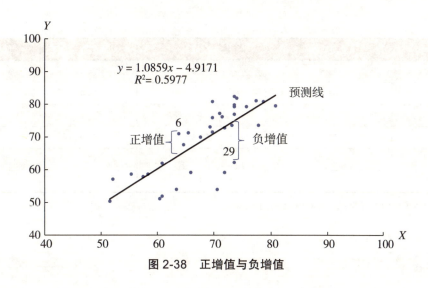

图 2-38　正增值与负增值

📝 原理简析

根据学生前后两次考试的成绩，建立一个语文成绩的回归模型。图 2-38 中的直线是回归直线，也称趋势线或拟合线，回归直线方程为 $y=1.0859x-4.9171$。利用回归模型，可以基于上次成绩对本次考试成绩进行预测。模型中 $R^2=0.5977$ 表示模型的拟合度。换一句话说，利用上次成绩对本次成绩的解释率为 59.77%。

回归模型可用于增值评价，利用回归模型可以推算学生增值量的大小，操作步骤如下：

1）利用先后两次成绩标准分，建立群体的回归模型；
2）根据群体的回归模型预测个体发展水平；
3）求前测成绩与预测成绩之差，得到增值的量。

现以 6 号和 29 号学生为例，6 号学生上次语文成绩为 63.8 分，本次语文实测成绩为 71.1 分。根据回归方程 $y=1.0859x-4.9171$ 得：6 号学生的预测成绩为 $Y_6=1.0859×63.8-4.9171≈64.4$（分），本次语文成绩增值为：实测成绩－预测成绩 $=71.1-64.4=6.7$（分），即超出预期 6.7 分。同理可得：29 号学生本次语文实测成绩为 62.3 分，预测成绩为 74.9 分，本次语文成绩增值为：实测成绩－预测成绩 $=62.3-74.9=-12.6$（分），即低于预期 12.6 分。

通过 Excel 可以得到全班每名学生的增值情况，见表 2-13。

表 2-13　学生增值情况统计表

学生序号	上次成绩	本次成绩	预测成绩	增值情况
1	71.0	77.3	72.2	5.1
2	58.3	58.7	58.4	0.3
3	65.5	71.4	66.2	5.2
4	73.5	79.9	74.9	5.0

（续）

学生序号	上次成绩	本次成绩	预测成绩	增值情况
5	73.5	79.4	74.9	4.5
6	63.8	71.1	64.4	6.7
⋮	⋮	⋮	⋮	⋮
29	73.5	62.3	74.9	−12.6
30	80.7	79.6	82.7	−3.1
⋮	⋮	⋮	⋮	⋮

注：该组数据回归方程为：$y=1.0859x-4.9171$。

实践操作

用 Excel 可以将两组数据建立回归模型，结果以散点图的方式呈现，这种方式便于操作，简洁明了。用 SPSS 建立回归模型，专业化程度更高。具体操作如下：

（1）打开"data0701 成绩增值.sav"数据文件，选择"图形"→"旧对话框"→"散点图/点图"，弹出"散点图/点图"对话框。

（2）选择左上方"简单散点图"，如图 2-39 所示。单击"定义"按钮，弹出"简单散点图"对话框。

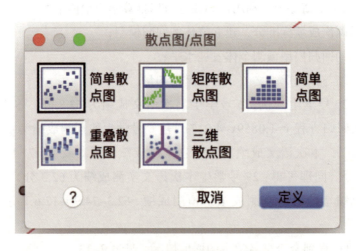

图 2-39 "散点图/点图"对话框

（3）在左侧变量框中选择变量：将"本次成绩"选入"Y轴"，"上次成绩"选入"X轴"，"学生序号"选入"个案标注依据"，如图 2-40 所示。单击"标题"输入"学生语文成绩回归模型"后，单击"继续"按钮，变量选择完毕，单击"确定"按钮，在查看器页面即可见到"学生语文成绩回归模型"散点图，如图 2-41 所示。

图 2-40 "简单散点图"对话框

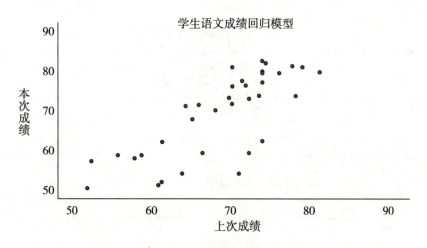

图 2-41 "学生语文成绩回归模型"散点图

（4）在图上双击鼠标左键，即可激活图表，可以做进一步优化。在优化的图上单击鼠标右键，即可弹出"备选"对话框，如图 2-42 所示。

图 2-42 "备选"对话框

（5）通过选择"显示数据标签""添加总计拟合线"等操作，即可得到相应的图表，如图 2-43 所示。

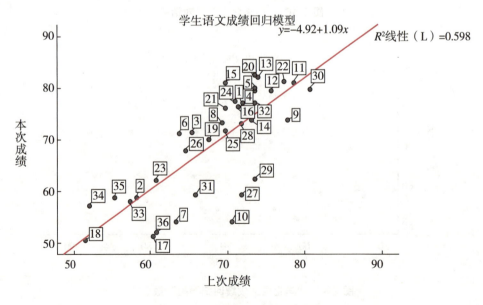

图 2-43 学生语文成绩回归模型

（6）操作完毕，保持文件或下载图表备用。

应用启示

两次测试结果，若要比较成绩是否进步或进步多少，严格地说要将两次测试的题目基于学科水平的标定，通过等值处理方可作纵向比较。为了便于操作，通常利用常模参照的方法比较可行。

由于原始分不可比，我们可以采用 Z 标准分、T 标准分、百分位数、量尺分数和回归模型等方式来衡量。我们可以选择最适合指标，因为合适的就是最好的。

如果学生标准分、百分位数提高，说明学生在进步；反之，一般认为学生成绩在退步。"退步"往往令人觉得比较消极。如果用回归模型来解释：正增值表示超出预测水平，学生为之一振；负增值表示没达到预测水平，学生将重整旗鼓，努力发挥自己应有的水平。

拓展延伸

百分等级增值评价方法

国际上经常采用的增值评价方法主要有三大类：一是基于纵向等值分数量表的方法，如增分模型、循成长轨迹渐进模型、等级变化模型；二是基于回归分析的方法，如残差模型、投射模型、学生成长百分位模型；三是基于多变量复杂设计模型的方法，如多层次线性回归模型等。增值评价的方法有很多，但每种方法都各有利弊。本专题所介绍的基于回归模型的残差分析只是其中一种，这里再介绍一种一线教师容易操作的方法——百分等级增值评价方法。

百分等级增值评价方法是一种根据学生后测成绩在以往同层次群体中相对位置的变化情况做出增值判断的方法。它是测量学中应用最广的表示测试分数的方法之一。一个测试分数的百分等级是指在常模样本中低于这个分数的人数的百分比。例如，百分等级 85 表示在常模样本中有 85% 的人比这个分数要低。因为百分等级指的是个体在常模中所处的地位，为了让常模相对稳定，可以将学生的原始分先转化为量尺分数（如 Z 标准分、T 标准分等），再把量尺分数转化为学生个体的百分等级分数，也可以用学校中所有学生在该区域中的百分等级的平均值来代表该学校的百分等级，这样可以将两次考试成绩进行增值评价。它的缺点在于，两次考试的题目难度、区分度、信效度以及考试内容未必等值，尽管转化为量尺分数，但仍不能完美地解决这个问题。

专题 8　如何推断前测与后测成绩显著进步

在专题 6 和专题 7 中，我们可以通过增值评价来判断学生个体的学业水平的进步或退步情况。但要分析学生群体两次考试成绩的进步（或退步）幅度究竟有多大，上述方法就无能为力了。因此，我们经常采用差异显著性检验中的"成对样本 T 检验"来解决这一问题。

问题驱动

如何推断前测与中测是否存在显著性差异？

在一项研究中，在群体中随机抽取 42 个样本先后进行前测和中测，并对结果数据进行统计分析，结果见表 2-14。

表 2-14 中测与前测结果的差异分析

	成对样本 n	差值平均数 d	差值标准差 Sd	t	P
中测→前测	42	0.821	2.862	1.860	0.070

数据解读

前测与中测的对象是同一批学生中的 42 名，属于相关样本，两次测试结果数据间存在一一对应关系，这种差异类型的比较分析方法通常用成对样本 T 检验。表 2-14 中，差值平均数 d= 中测平均数 − 前测平均数 =0.821，差值标准差 SD=2.862 表示每个样本中测与前测之差的标准差，成对样本 T 检验的 t=1.860，显著性概率 P=0.070。

中测与前测是否存在显著性差异，我们可以直接根据表 2-14 中最后一列的概率 P 来推断。显著性概率 $P>0.05$，表明中测与前测不存在显著性差异；如果 $0.05 \geqslant P>0.01$，表明中测与前测存在显著性差异；如果 $P \leqslant 0.01$，表明中测与前测存在极显著性差异。

还可以将中测与前测、后测与中测、后测与前测同时做差异显著性检验，结果见表 2-15。

表 2-15 三次测试结果的差异分析

	成对样本数 n	差值平均数 d	差值标准差 SD	t	P
中测→前测	42	0.821	2.862	1.860	0.070
后测→中测	42	2.417	6.271	2.497	0.017
后测→前测	42	3.238	6.787	3.092	0.004

后测与中测的差异显著性概率为 P=0.017，即 $0.05>P=0.017>0.01$，表明后测与中测存在显著性差异；

后测与前测的差异显著性概率为 P=0.004，即 $P<0.01$，表明后测与前测存在极显著性差异。

原理简析

以表 2-15 中后测与前测的差异检验为例，根据相关统计资料得到：前测平均数 $\overline{X}_1$=95.512，后测平均数 $\overline{X}_2$=98.750，差值平均数 $\overline{d}$ = 后测平均数 − 前测平均数 =3.238；前测标准差 S_1=8.385，后测标准差 S_2=10.154，差值标准差 SD=6.787；成对样本数 n=42；采取双尾检验。具体步骤如下：

1. 建立假设

$H_0: \mu_1 = \mu_2$，即原假设：后测平均值 = 前测平均值。

$H_1: \mu_1 \neq \mu_2$，即备选假设：后测平均值 ≠ 前测平均值。

2. 选择并计算统计量

根据成对样本 T 检验公式得

$$t = \frac{\bar{d}}{SD/\sqrt{n}} = \frac{3.238}{6.787/\sqrt{42}} = 3.092$$

3. 确定 α 水平及查 t 分布表，确定临界值

取 $\alpha=0.01$，$df=42-1=41$，查 t 分布表，双尾检验 $t_{0.01(41)} = 2.704$。

4. 判断并解释结果

由于计算 $|t|=3.092>2.704$，$P<0.01$，所以拒绝原假设，从而可以推断后测与前测存在极显著差异，也就是后测成绩比前测成绩有非常显著提高。

实践操作

如果要比较两组一一对应关系的数据平均值是否存在显著性差异，可以利用 SPSS 来实现。具体操作如下：

（1）打开"data 08-01 平均数差异 T 检验 .sav"数据文件，选择"分析"→"比较平均值"→"成对样本 T 检验"，弹出"成对样本 T 检验"对话框。

（2）将准备比较的变量"后测""前测"作为一个配对，选入"配对变量"对话框，如图 2-44。可以选择一组，也可以选择多组。单击"选项"按钮，默认设置，然后单击"继续"按钮。

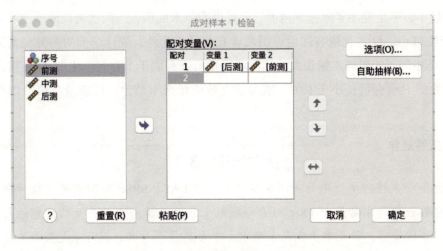

图 2-44 "成对样本 T 检验"对话框

（3）设置完毕，单击"确定"按钮，即可得到 T 检验的结果，如图 2-45 所示。

成对样本统计

		平均值	个案数	标准偏差	标准误差平均值
配对 1	后测	98.750	42	10.1544	1.5669
	前测	95.512	42	8.3852	1.2939

成对样本相关性

		个案数	相关性	显著性
配对 1	后测 & 前测	42	.748	.000

成对样本检验

		配对差值					t	自由度	Sig.（双尾）
		平均值	标准偏差	标准误差平均值	差值95% 置信区间				
					下限	上限			
配对 1	后测 − 前测	3.2381	6.7870	1.0473	1.1231	5.3531	3.092	41	.004

图 2-45　成对样本 T 检验结果

（4）保存文件，或将图表导出，根据需要编辑整理备用。

> 📖 **应用启示**

将学生个体两次考试成绩转化为量尺分数后进行成对样本 T 检验，是群体增值评价常用的方法之一。这一方法在实践运用中比较简单，易于操作。但它要求每名学生两次考试成绩必须一一对应，如果出现错位，结果一定谬以千里。所以，在合并学生两次成绩数据时必须细致检验。

此外，对于 T 检验的结论不能绝对化，需要正确理解 P（也就是结果输出表中的 Sig）的含义。P 越小，不是说明实际差别越大，而是说明原来的假设（两次考试成绩没有差异）成立的可能性越小，反之就越有理由说明两者有差异。此外，统计学上的差异与实际上的差异并不完全相同，如果样本量很大（如区域质量监测有成千上万名学生），即使实际差异很小，T 检验的 P 也有可能小于 0.05，需要结合效应量来下结论。效应量在第三章会有专门阐述。

> 📖 **拓展延伸**
>
> ### P 的统计学含义
>
> 假设检验是推断统计中的一项重要内容。用 SAS、SPSS 等专业统计软件进行假设检验，在假设检验中常用 P（Sig）（P 即概率）来反映某一事件发生的可能性大小。假设检验，通俗地讲，就是事先我们不确定一个命题是否为真，就可以先假设它为真（如上面的案例，假设两次考试结果没有显著性差异），并提出一个与之相对立的命题（如两次考试结果有显著性差异）。然后再通过统计运算，计算出命题为真的概率，这个概率就

是 P，P 会在 "0~1"。如果 P 小于 0.05，意味着命题为真的概率比 5% 都要小。根据小概率原理，我们就可以拒绝那个假设为真的命题，进而接受它的对立命题。这时候，拒绝原来的命题，也可能犯错误，叫弃真错误。只不过，犯错误的可能性小于 5%。一般来说，在统计学中，这样的犯错误概率是可以接受的。P 越小，我们拒绝原假设的理由越充分。

P 是进行检验决策的一个重要依据。P 越小，表明结果越显著。

统计学根据显著性检验方法所得到的 P，一般情况下，以 $P<0.05$ 为有统计学差异，$P<0.01$ 为有显著统计学差异，$P<0.001$ 为有极其显著的统计学差异。实际上，P 不能赋予数据任何重要性，只能说明某事件发生的概率。检验的结果究竟是 "显著的" "中度显著的" 还是 "高度显著的" 需要我们自己根据 P 的大小、专业知识和实际问题来判断。

专题 9 如何推断男生和女生成绩是否存在显著差异

本章模块一专题 8 所介绍的是同一个群体前后两次成绩的差异显著性检验方法，即成对样本 T 检验。如果想要分析同一次考试两个不同群体之间的成绩差异，上述方法就不能使用了。这时候就需要用另一种方法——独立样本 T 检验。

问题驱动

在教学测评数据分析报告中经常出现对不同群体的某个指标是否存在显著性差异进行分析，见表 2-16。如何解读这类图表？

表 2-16 某校八年级期末测试各科成绩总分的性别差异 T 检验

学科成绩	性别	人数	平均分	标准差	t	P
各科总分	男	128	397.375	60.145	1.188	0.236
	女	113	388.496	55.290		

数据解读

表 2-16 是某校八年级期末测试各科成绩总分的性别差异 T 检验。表 2-16 中表明：男生 128 人，平均分为 397.4 分，标准差为 60.145；女生 113 人，平均分为 388.5 分，标准差为 55.290。经过独立样本 T 检验，t 为 1.188，差异显著性概率 P 为 0.236。由于 $P=0.236>0.05$，由此可以推断：本次考试各科总分男、女生之间不存在显著性差异。

若将各科成绩分别做独立样本 T 检验，其结果见表 2-17。

表 2-17　八年级各科成绩的性别差异 T 检验

学科成绩	性别	人数	平均分	标准差	t	P
各科总分	男	128	397.375	60.145	1.188	0.236
	女	113	388.496	55.290		
社会	男	128	69.539	10.645	−1.472	0.142
	女	113	71.504	9.992		
语文	男	128	86.836	9.639	−2.731	0.007**
	女	113	89.991	8.096		
数学	男	128	86.898	15.920	1.951	0.052
	女	113	82.885	15.957		
英语	男	128	97.344	16.667	−1.136	0.174
	女	113	100.027	13.468		
科学	男	128	126.297	25.212	3.109	0.002**
	女	113	115.593	26.861		

注：**. 在 0.01 级别（双尾），相关性显著。

根据表 2-17 中显著性差异概率 P 可以推断：

社会学科 $P=0.142>0.05$，表明社会学科成绩男女生之间不存在显著性差异；

语文学科 $P=0.007<0.01$，表明语文学科成绩男女生之间存在极显著差异；

数学学科 $P=0.052>0.05$，表明数学学科成绩男女生之间不存在显著性差异；

英语学科 $P=0.174>0.05$，表明英语学科成绩男女生之间不存在显著性差异；

科学学科 $P=0.002<0.01$，表明科学学科成绩男女生之间存在极显著差异。

根据相同的方法，还可以进一步追溯到各学科每道题男女生得分是否存在显著性差异。造成差异的原因与不同群体学生的实际水平及题目内容都有直接关系。这将对考试命题提出更高的要求，既要尊重不同群体学生的差异，体现教育公平，又要兼顾学科特点。

原理简析

独立样本 T 检验与成对样本 T 检验都是相对于两水平数据平均值的比较，其基本原理和结果推断具有很大的相似性；但两者也存在诸多的区别。

1. 适用范围不同

独立样本 T 检验的数据来源是独立的样本，用于组间设计的比较，即不同的被试接受不同的实验处理。如同一个班级中男生和女生的成绩是否有差异、实验组和对照组是否有差异、不同来源学生是否存在差异等；而成对样本 T 检验的范围是同一组对象，用于组内设计的比较，即每个被试都接受所有实验处理。例如一个班级中的女生期中测试与期末测试成绩是否有差异、实验前与实验后是否有差异等。

2. 数据性质不同

独立样本 T 检验中的各实验处理组之间毫无相关存在，即为独立样本，该检验用于检验两组非相关样本被试所获得的数据的差异性；而成对样本 T 检验的数据是检验匹配而成的，用于检验匹配而成的两组被试获得的数据或同组被试在不同条件下所获得的数据的差异性，组成的样本即为相关样本。

3. T 检验统计量计算公式不同

独立样本 T 检验统计量为

$$t = \frac{\overline{X}_1 - \overline{X}_2}{\sqrt{\frac{(n_1-1)S_1^2 + (n_2-1)S_2^2}{n_1+n_2-2}\left(\frac{1}{n_1}+\frac{1}{n_2}\right)}}$$

其中 S_1^2 和 S_2^2 为两样本方差；n_1 和 n_2 为两样本容量。

而成对样本 T 检验的统计量为

$$t = \frac{\overline{d}}{SD/\sqrt{n}}$$

其中，$\overline{d}$ 为差值平均数，SD 为成对样本差值标准差，n 为成对样本数。

4. 条件不同

独立样本 T 检验用于分析定类数据（X）与定量数据（Y）之间的差异情况。

独立样本 T 检验除了需要服从正态分布，还要求两组样本的总体方差相等。当数据不服从正态分布或方差不齐时，则考虑使用非参数检验。

成对样本 T 检验用于分析配对定量数据之间的差异对比关系。成对样本 T 检验要求样本是成对的，两个样本的样本量要相同，样本先后的顺序是一一对应的。

实践操作

若要比较实验组与对照组平均值是否存在显著性差异，可以利用 SPSS 来实现。具体操作如下：

（1）打开"data09-01 实验组与对照组差异 T 检验.sav"数据文件，选择"分析"→"比较平均值"→"独立样本 T 检验"，弹出"独立样本 T 检验"对话框。

（2）将"成绩变量"发送到"检验变量"框，将"组别变量"发送到"分组变量"框，如图 2-46 所示。单击"定义组"按钮，弹出"定义组"对话框。

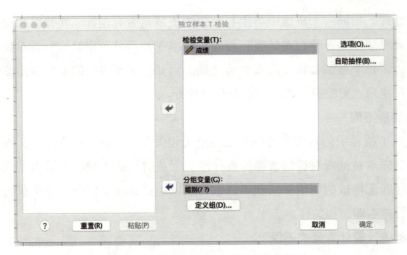

图 2-46 "独立样本 T 检验"对话框

（3）将系统的"组 1"设置为变量值"1"，"组 2"设置为变量值"2"，如图 2-47 所示。单击"继续"按钮，即可返回到"独立样本 T 检验"对话框。

图 2-47 "定义组"对话框

（4）单击"选项"按钮，默认设置，单击"继续"按钮，再一次返回到"独立样本 T 检验"对话框。

（5）设置完毕，单击"确定"按钮，即可得到独立样本 T 检验的结果，如图 2-48 所示。

	组统计				
	组别	个案数	平均值	标准偏差	标准误差平均值
成绩	实验组	20	83.30	6.906	1.544
	对照组	24	76.17	9.216	1.881

	独立样本检验								
		莱文方差等同性检验		平均值等同性 t 检验					
		F	显著性 Sig	t	自由度	Sig.（双尾）	平均值差值	标准误差差值	差值 95% 置信区间	
									下限	上限
成绩	假定等方差	1.337	0.254	2.855	42	.007	7.133	2.498	2.092	12.175
	不假定等方差			2.931	41.584	.005	7.133	2.434	2.220	12.046

图 2-48 独立样本 T 检验结果

（6）保存文件，或将图表导出，根据需要编辑整理备用。

补充说明：在图 2-48 的第二个表格中可以看到 2 个 Sig（即 P）值。第 3 列的"显著性 Sig"是方差齐性检验的显著性，$P=0.254$，代表所比较的实验组与对照组数据的方差是齐性的；第 6 列的两个"Sig.（双尾）"中，其一是假设方差相等的时候计算出的 t 的显著性（$Sig<0.007$，表示两组平均值差异显著），其二是假设不相等时对 T 检验结果的校正（$Sig<0.005$，表示两组平均值差异显著）。因为理论上方差不齐性不可以做独立样本 T 检验，必须要对 T 检验的计算进行校正，这两个 Sig 有可能是不同的，因为计算的方式上还是有一点差别。

应用启示

在教育测评数据分析中，常常遇到对两组数据平均值差异大小的比较，凭目测和经验来判断显然已经不科学、不专业了。有些数据的平均值不相等，其实不存在统计学的显著性差异，我们不必过于较真，不必非得将其区分开来。有些数据的平均值确实差异很大，如果仅仅停留原始数据的比较，结论则显得苍白无力。

平均值差异检验类型除了独立样本 T 检验和成对样本 T 检验外，还有单样本 T 检验。检验一个正态分布的总体的平均值是否在满足零假设的值之内。例如，从一所学校中随机抽取一组学生代表学校的水平参加某项活动，团队成员水平与学校总体水平之间的差异究竟如何，就必须通过单样本 T 检验来判断。

在现实教育教学过程中，实验组与对照组不可能有严格意义的变量控制，属于自然实验法。一般通过操作自变量，收集因变量，得到实验组与对照组的相应数据，并对两组数据之间的差异进行研究。为了进一步明确自变量与因变量之间的关系，通常在控制家庭、社会经济地位（SES）等无关变量之后，再做多元回归分析。

拓展延伸

差异显著性检验的使用条件

无论是单样本 T 检验，还是成对样本 T 检验或者独立样本 T 检验，抑或本章模块一专题 10 中介绍的方差分析，都是用来比较不同组别数据之间的差异，这里的数据可以是成绩数据，也可以是问卷调查数据。如教育监测在分析报告中经常出现对不同性别、不同区域、不同班级、不同教学方式等因素之间是否存在显著性差异进行检验。关于不同类型学校教师问题解决的教学方式的差异分析见表 2-18。根据表 2-18 中数据 $P=0.000<0.001$，可以推断：该区域公办、民办学校教师问题解决的教学方式存在极显著差异。

表 2-18　公办、民办学校教师问题解决的教学方式的差异分析

教师层面影响因素	办学性质	平均值	标准差	t	P
问题解决的教学方式	公办	3.84	0.87	−6.207	0.000**
	民办	3.91	0.88		

注：**. 在 0.01 级别（双尾），相关性显著。

不同组别的数据都应满足正态分布或者接近正态分布这个前提条件。如果数据完全不符合正态分布，就需要通过一定的数据变换，转换为正态分布数据，或者直接采用非参数检验的方法来判断组别差异。非参数检验方法在 SPSS 中可以实现，操作步骤与差异显著性检验大致相同，这里不做详细介绍。

此外，在 SPSS 中，单样本 T 检验、成对样本 T 检验、独立样本 T 检验以及方差分析都在"比较平均值"的栏目下，但它们分别适用于不同的组别数据，详见表 2-19。

表 2-19　"比较平均值"适用于不同的组别数据

差异显著性检验方法	作用功能	适用数据
单样本 T 检验	比较一组数据与它所在的总体数据的差异性，如一个班级成绩与全年级成绩的差异比较	连续且正态分布
成对样本 T 检验	比较同一群体前后两次数据的差异性，如某班学生两次考试成绩的差异比较	连续且正态分布
独立样本 T 检验	比较两组独立群体数据之间的差异性，如两个不同班级成绩的差异比较	连续且正态分布
方差分析	比较三组或三组以上的独立群体数据之间的差异性，如一个年级 5 个班成绩的差异比较	连续且正态分布

专题 10　一个年级多个班级的成绩怎样比较

本章模块一专题 9 中所介绍的是两个相对独立的群体成绩的差异显著性的检验方法，即独立样本 T 检验。如果要想分析同一次考试多个群体（如一个年级 5 个班级）之间的成绩差异，独立样本 T 检验固然也可以适用，但要两两比较，操作起来就比较烦琐。这时候我们就可以用另一种方法，一次性比较多个群体之间的成绩差异，这种方法叫单因素方差分析（ANOVA）。

问题驱动

成绩分析中，我们经常对不同班级学生的平均分进行比较，表 2-20 是经常见到的数据，但表 2-21 和表 2-22 分别表示什么意思？

表 2-20 某年级 11 个班级学生某次语文考试成绩

班级	个案数	平均分	标准差	最低分	最高分
1 班	28	71.72	11.33	52	93
2 班	51	66.55	11.69	45	89
3 班	33	68.89	11.41	44	85
4 班	68	73.39	9.24	50	94
5 班	32	71.69	11.05	46	94
6 班	34	69.81	10.97	47	88
7 班	61	69.69	12.20	32	93
8 班	65	71.72	10.95	45	93
9 班	74	69.68	10.55	39	87
10 班	91	73.37	9.28	40	91
11 班	50	67.87	12.94	38	95
总计	587	70.65	11.04	32	95

表 2-21 某年级 11 个班级学生某次语文考试成绩方差分析结果

ANOVA：语文成绩					
	平方和	自由度	均方	F	显著性
组间	2819.139	10	281.914	2.366	0.01
组内	68629.513	576	119.148		
总计	71448.652	586			

表 2-22 某年级 11 个班级学生某次语文考试成绩方差分析事后多重比较（LSD）

事后多重比较：LSD 法				
班级 I	班级 J	平均分差（I-J）	标准误差	显著性
1 班	2 班	5.17*	2.57	0.045
	3 班	2.83	2.80	0.314
	4 班	−1.67	2.45	0.497
	5 班	0.03	2.82	0.991
	6 班	1.91	2.79	0.492
	7 班	2.03	2.49	0.415
	8 班	0.00	2.47	0.999
	9 班	2.04	2.42	0.399
	10 班	−1.65	2.36	0.486
	11 班	3.86	2.58	0.135

注：*. 在 0.05 级别（双尾），相关性显著。

数据解读

表 2-20 列出了 11 个班级人数、语文考试的平均分、标准差、最低分和最高分，表 2-21 呈现了这 11 个班级成绩的差异程度，通过 F 检验算出 F 为 2.366，差异显著性 $P=0.01<0.05$，表明这 11 个班的语文成绩至少有两个班级存在显著差异。表 2-22 以 1 班和其他 10 个班的成绩分别进行两两比较，结果发现，1 班和 2 班平均分相差 5.17，差异显著性 $P=0.045<0.05$，而 1 班和其他班级成绩的差异显著性 P 都 >0.05。这表明，1 班与 2 班语文成绩存在显著性差异，1 班明显高于 2 班，但与其他班级之间语文成绩均不存在显著性差异。

当然，表 2-22 远不止 1 班和其他 10 个班级的两两比较结果，也有 2 班、3 班等 10 个班分别和其他班级语文成绩差异比较的结果，但因版面原因，在此就不呈现。

原理简析

单因素方差分析（ANOVA）是独立样本 T 检验的延伸，它是用来检验多个样本平均值是否有显著性差异的方法。统计学书中通常这样写："方差分析的基本思想是：通过分析研究不同来源的变异对总变异的贡献大小，从而确定可控因素对研究结果影响的大小。"这句话与"用来比较多个独立样本平均值之间是否有显著性差异"相比，似乎离题万里，究竟是怎么回事？这里先卖个关子，在第三章模块一专题 8 中会有详细解释，有兴趣的老师，不妨先行阅读。

实践操作

要分析某学校八年级各班之间的成绩是否存在显著性差异，可以用 SPSS 的单因素方差分析来实现。具体操作如下：

（1）打开"data10-1 八年级各班成绩差异分析 .sav"数据文件，选择"分析"→"比较平均值"→"单因素 ANOVA 检验"，弹出"单因素 ANOVA 检验"对话框。

（2）在左侧列表中将一个变量如"各科总分"选入"因变量列表"框中，也可以将各科成绩同时选入"因变量列表"框中进行分析；将"班级代码"选入"因子"框中，如图 2-49 所示。单击"对比"按钮，在"单因素 ANOVA 检验：对比"对话框中选择"多项式"或都不选，单击"继续"按钮，返回到"单因素 ANOVA 检验"对话框，单击"事后比较"按钮，弹出"单因素 ANOVA 检验：事后多重比较"对话框。

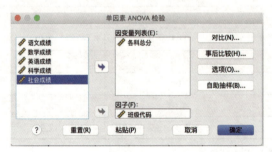

图 2-49 "单因素 ANOVA 检验"对话框

（3）在"假定等方差"中勾选"LSD",如图 2-50 所示。单击"继续"按钮,返回到"单因素 ANOVA 检验"对话框,单击"选项"按钮,弹出"单因素 ANOVA 检验：选项"对话框。

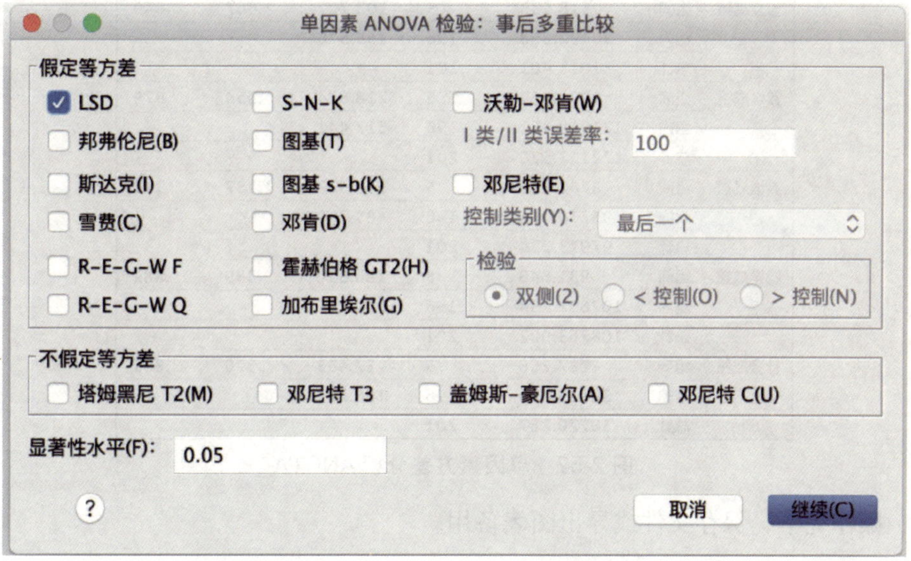

图 2-50 "单因素 ANOVA 检验：事后多重比较"对话框

（4）勾选"描述""方差齐性检验""平均值图""按具体分析排除个案",如图 2-51 所示。单击"继续"按钮,返回到"单因素 ANOVA 检验"对话框。

图 2-51 "单因素 ANOVA 检验：选项"对话框

（5）设置完毕,单击"确定"按钮,即可弹出"ANOVA",如图 2-52 所示。

ANOVA		平方和	自由度	均方	F	显著性
各科总分	组间	13165.792	5	2633.158	.359	.876
	组内	1439355.81	196	7343.652		
	总计	1452521.60	201			
语文成绩	组间	518.533	5	103.707	.667	.649
	组内	30492.868	196	155.576		
	总计	31011.401	201			
数学成绩	组间	1094.169	5	218.834	.354	.879
	组内	121018.351	196	617.441		
	总计	122112.520	201			
英语成绩	组间	2762.610	5	552.522	1.137	.342
	组内	95210.614	196	485.768		
	总计	97973.224	201			
科学成绩	组间	931.648	5	186.330	.339	.889
	组内	107832.254	196	550.165		
	总计	108763.902	201			
社会成绩	组间	287.266	5	57.453	.370	.869
	组内	30433.021	196	155.271		
	总计	30720.287	201			

图 2-52　单因素方差分析 ANOVA

（6）操作完毕，保存文件或导出图表备用。

应用启示

单因素方差分析的功能之一，可以用于研究多个群体的一个或多个变量（如学科成绩，可以是一科也可以是多科）平均值是否存在显著性差异。例如区域教学测评后，分析多所学校成绩是否存在显著性差异或一所学校不同班级是否存在显著性差异，都可采用单因素方差分析。但是，单因素方差分析必须满足一个重要的条件，那就是，多个群体的成绩的方差必须相等。也就是说，各群体内部的成绩差异度基本相同或接近，否则结果会有较大偏差。

拓展延伸

单因素方差分析的事后多重比较方法

在运用单因素方差分析对多个群体的成绩进行比较时，如果 P 小于 0.05，意味着这几个群体中，至少有两个群体成绩有显著性差异，但我们是无法得知是哪几个群体有显著性差异的，这时候就需要我们做事后多重比较。在 SPSS 软件为方差分析的事后多重比较提供了很多方法，见图 2-50："单因素 ANOVA 检验：事后多重比较"对话框。一般来说，我们通常使用两种方法，第一种就是 LSD 法，第二种就是 S-N-K 法。

LSD 法也称为两两比较法，就是将各组平均值与一个参照组进行比较。I 表示参照组，J 表示对比组，见表 2-22。但 LSD 法的分析结果太烦琐，并不太容易阅读。

S-N-K 法的两两比较的结果则要清楚得多。首先 S-N-K 法会将各组按照平均值大小排序；随后，将各组平均值分成若干个子集，同一子集内的两组平均值两两无显著性差异，但子集与子集之间有显著性差异，具体见第三章模块一专题 8。

模块二　如何检验题目的质量

题目本质上是一种评价工具,其质量检验是成绩分析的前提。如果没有事先做题目质量检验就开始做成绩分析,就好比不知道尺子是否准确,就对尺子测量数据进行加工。如果这把尺子刻度不准确,往往会得到错误的测量数据,那么基于不准确的数据分析,结果就会出现较大偏差。因此,在成绩分析之前,必须对题目质量进行检验。

题目质量检验,其实在命题时就已经进行了。我们在编制一份试卷时,要预先评估题目的难度、区分度等,但这种检验,是基于经验之上的。本专题所介绍的方法,是通过测试之后的学生成绩数据来分析题目质量,这种方法也称作事后检验。

专题1　题目得分率曲线隐藏着什么玄机

测试题目得分率或通过率通常作为衡量题目难度的一个指标。教学测评的很多信息往往基于得分率做出相应的判别和表达。得分率不仅可以反映个体或群体的水平或状态,还是反观和检验测量工具的一项质量指标。

📄 **问题驱动**

教学测评结果,常常将不同水平学生的每道题得分率用折线图来描述,如图2-53所示,其中隐藏着哪些信息?

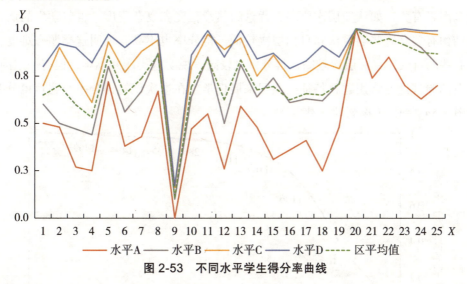

图2-53　不同水平学生得分率曲线

📄 **数据解读**

图2-53是小题分组折线图,X轴代表题号,Y轴代表不同水平学生群体的平均得分率,区平均值代表总体得分率,也反映了试卷各题的难度值。根据图2-53中区平均值的虚线分

布可以判断题目的难度，区平均值线离 X 轴越近，表明题目越难，难度系数越小，反之亦然。该卷大部分的题目难度值大于 0.70。

学生的水平划分是从低到高分别标定为水平 A、水平 B、水平 C 和水平 D。正常情况下，学生水平越高，得分率越高。依据小题分组得分差异，结合命题双向细目表对应的知识维度和能力维度，可以进行分层次教学和对学生的分类指导。根据每道小题得分率差值，来诊断教学情况，前面专题已经解读，在此不再赘述。

根据水平 A、水平 B、水平 C 和水平 D 的分布，还可以大致判断每道题的鉴别功能或区分功能。水平 A 与水平 D 间距越大，表明该题鉴别度越大，区分功能越强；反之亦然。四条水平线均匀分布，表示该题对不同水平的学生都有很好的区分功能。

原理简析

在教学测评中，每道题目都有难度值。难度值最小值为 0，最大值为 1。难度值越大，题目得分率越高，表示题目总体越容易；难度值越小，得分率越低，则表示题目难度越大。难度值也可以理解成"容易度"。

根据难易程度，可以将题目分为"容易""中等""较难"三种类型。一般认为：

容易：题目难度值大于 0.8；

中等：题目难度值介于 0.4 ~ 0.8 之间；

较难：题目难度值小于 0.4。

在经典测验理论（CTT）背景下，题目的难度与深度既有联系又有区别。影响题目难度与诸多因素有关，如认知层次要求、背景的熟悉程度和复杂程度，也与学生的认知水平和能力结构有关。有些题目认知目标层次较低，得分率也不高，说明这类题有难度，没有深度；有些题目认知目标层次较高，得分率也较高，说明这类题并不难，但有一定的深度。

经典测验理论通常用题目特征曲线图来展现学生在本次试卷得分率与题目得分率的关系，如图 2-54 所示。（据测评学社）

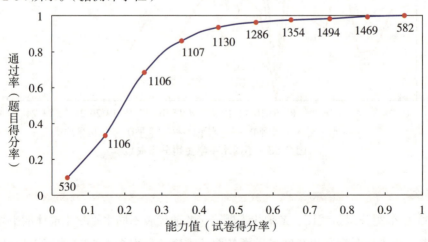

图 2-54　CTT 题目特征曲线图

图 2-54 中横坐标表示试卷得分率,纵坐标表示题目得分率,数据标签表示在各得分率区间的学生人数。例如在本次测验中试卷得分率在 0 ~ 0.1 有 530 名学生,这些学生在第 1 题上的得分率为 0.12。

实践操作

求难度值的计算公式非常简单,通常以每一道题目的得分率或通过率作为难度指标,计算公式:

$$D=A/W \quad 或 \quad D=R/N$$

公式中:D 为难度值;

A 为某题得分的平均分(如计算总体难度值,则为全卷平均分;如计算单题难度值,则为本题平均分);

W 为该题的满分;

R 为答对人数(客观题);

N 为全体人数。

应用启示

不同水平学生的每道题得分率折线图可以直观形象地反映出学生的应答情况,目前得到了广泛使用。

正常情况下,学生水平越高,得分率越高。根据题目得分率折线图,包括区域、学校、班级得分率折线图,都可以对不同群体的教学情况做精准诊断。如果给出了不同试卷得分率的学生在每道题目的得分情况,就可以及时发现每个得分区间学生在各题中遇到的潜在问题,并予以解决。

从题目功能层面解读:题目作为测量工具,通过学生的应答情况,可以反观题目的特点,大致判断题目的难度和区分度。

如图 2-53 中,第 5 小题和第 6 小题都能区分不同水平的学生,第 6 小题显然比第 5 小题区分度高;第 2 小题的折线两两挨得很近,两组相距较远,表明该题对中等学生具有很好的区分功能;第 9 小题总体得分率很低,区分度也不高;第 20 小题不同水平的学生都可以得满分,难度值大,区分度小,如果是单元达标检测之类测试,该题目可以接受,说明该考点全体学生都已达标;第 12 小题水平 D 和水平 C 的折线图错位,说明该题对中等偏下的学生有很好的区分度功能,但很难区分优秀学生。

选择题可以进一步统计分析不同水平学生在各个选项的百分率,从而做出更精准诊断。

例如:榨橙汁时,某同学想测量橙汁的体积,可以选用的测量工具是(　　)。

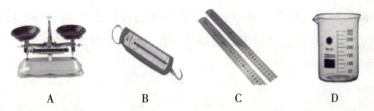

A　　　　　B　　　　　C　　　　　D

测试结果将不同水平学生在各选项上的人数百分比进行统计，见表 2-23。本题正确选项是 D。

表 2-23　不同水平学生在各选项上的人数百分比

选项	水平 A	水平 B	水平 C	水平 D
A	0.0	0.9	6.2	22.0
B	0.0	0.0	3.1	23.9
C	0.0	0.0	0.0	0.0
D	100	99.1	90.7	54.1

从题目功能角度分析：该题最适合用来区分水平 C 与水平 D 的学生，对于水平 A、B、C 的学生来说，正确选项选择率高居 90%~100%，水平 D 正确选项选择率只有 54.1%。

从选项功能来分析：四类水平学生选项 C 的选择率都为 0，说明该选项没有任何区分功能，选项 C 是重点的修改对象。如果该题作为单元测试，表明该知识点学生全部达标，则另当别论。

拓展延伸

项目反应理论在试卷难度分析中的运用

项目反应理论中常用题目特征曲线来描述题目得满分的概率，如图 2-55 所示。

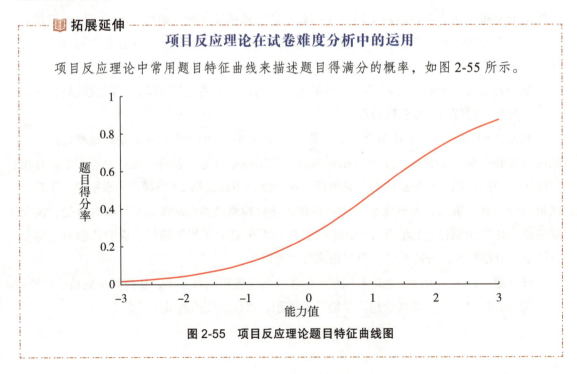

图 2-55　项目反应理论题目特征曲线图

第二章 怎样走出成绩分析报告的数据迷宫

题目特征曲线图 2-55 中横坐标表示学生的能力水平,纵坐标表示学生的题目作答概率或得满分概率。由图可知:能力值越高,答对该题的概率越大。

项目反应理论通常用怀特图描述学生能力与题目难度分布的关系,如图 2-56 所示。这是测试原始成绩根据特定的编码方式,通过项目反应理论的 ConQuest 软件处理、建立的 Rasch 模型怀特图,俗称 XX 图。怀特图清晰地展现了学生能力水平、题目参数与作答概率之间的关系。(据测评学社)

```
                          |13.6
                          |
                          |20.6
                          |
                          |16.9
                          |7.9
                          |
                          |
                          |20.5
                          |
                          |13.5
        1              X  |
                       X  |19
                       X  |16.8
                       X  |
                       X  |
                       XX |9.8
                       XX |
                       XX |5.8 9.7
                      XXX |
                     XXXX |13.4
                   XXXXXX |3.9 9.6 15.9 16.7
                  XXXXXXX |7.8 20.4
                   XXXXXX |5.7 9.5
                    XXXXX |4.8
                 XXXXXXXXX|
                 XXXXXXXXX|8.6 12.5 12.6 13.3 15.8 16.6 20.3
               XXXXXXXXXXX|3.7 3.8 7.7
                XXXXXXXXXX|12.4 17.4
        0       XXXXXXXXXX|4.7 11.6 12.3
                  XXXXXXX |4.6 15.7 16.5
                   XXXXXX |5.6 8.5 13.2
                   XXXXXX |4.5 21.6 21.7 21.8
                    XXXXX |5.5 15.6 16.4 17.3 21.5
                    XXXXX |3.5 3.6 7.6 9.4 14.5 14.6 14.7 14.8
                     XXXX |
                      XXX |9.3 11.5 15.5
                       XX |13.1 16.3
                       X  |1.7 5.4 6.1 6.2 6.3 6.4 7.5 11.4
                       X  |1.6 9.2 17.2 22.7 22.8 22.9
                       X  |3.3 3.4 5.3 7.4 8.4 11.3 12.2 14.3 14.4 15.4 16.2 21.3 21.4
                       X  |4.4 7.3 9.1 11.2 21.1 21.2 22.6
                       X  |4.3 7.2 8.3 11.1 17.1 22.4 22.5
                          |1.4 1.5 2.1 2.2 4.2 7.1 15.3 22.1 22.2 22.3
                          |4.1 5.2 10.2
                          |3.1 3.2 5.1 14.1 14.2 15.2 16.1 20.2
       -1                 |1.2 1.3 15.1
                          |1.1 8.2
                       X  |8.1 20.1
                       X  |
                       X  |12.1
                       XX |10.1
                          |
                          |
                          |
                          |
                          |18
        Each 'X' represents 42.9 cases
```

图 2-56 学生能力与题目难度分布的关系

图 2-56 中最左端数值 –1、0、1 为学生水平和题目难度在同一客观等距量尺上的能力值,学生能力和题目难度都是由项目反应理论模型估算出的。中间竖线的左边部分代表学生能力水平的分布,其中每个 X 代表若干名学生,X 所在的不同位置表明水平的差异,自下而上学生水平逐渐升高。右侧代表题目的难度分布,图 2-56 中值为 10.1 的题最容易,值为 13.6 的题最难。Rasch 测量题目难度时,能力值越小题目越容易,能力值越大题目越难。

在经典测量理论中,题目的答对率或区分度是无法直接与某个得分的学生建立联系的。使用项目反应理论模型,可比较准确地评价学生个体的能力,使用怀特图可以直观地显示出题目难度分布与学生能力分布是否匹配。当考试用于选拔目的时,需要提供符合学生群体常模参照的成绩报告,在整个能力区间都需要有一定数量的题目,命题专家可以根据怀特图进行反思,提高对题目难度预估的准确性,提升试卷质量。

专题 2 为什么有的题目优秀生得分率却不如中等生

在本章模块二专题 1 中,将教学测评中的得分率作了分析比较。一份卷或一道题,高水平学生得分概率高,低水平学生得分概率低,表明题目具有区分度。区分度是衡量测评工具质量的重要指标。

问题驱动

下列教学测评结果数据中,水平 A 的学生得分率最高,得分率依次降低的是水平 B、C、D,比较符合常态,如图 2-57 所示。但第 7 小题不同寻常,水平 A 的学生得分率却低于水平 B 的学生,这到底怎么啦?

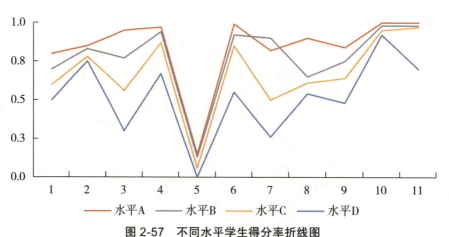

图 2-57 不同水平学生得分率折线图

第二章　怎样走出成绩分析报告的数据迷宫

数据解读

在专题 1 中，我们曾经用不同水平的学生得分率折线图的分布特点来判断题目的区分功能，这是大致分析题目的区分度。现据图 2-57 可以大致判断：相对来说，第 3 题区分度最好，比较均匀、明显地区分出四种不同水平的学生；第 3 题区分度大于第 2 题；第 5 题太难，区分度并不高；第 10 题太容易，区分度也不高；第 7 题最为滑稽，水平 A 的学生得分率不如水平 B 的学生，说明这道题的区分功能针对水平 C、D 的学生。当选择题的干扰项迷惑性设计不合理，水平 A 的学生从更深层次思考，容易引向歧途；水平 B 的学生不加思索，反而不会陷入误区。

原理简析

1. 鉴别指数

前面我们曾经根据水平 A 和水平 D 的学生得分率折线图分布情况，来大致判断题目的区分功能，其实是借鉴了鉴别指数基本内涵。鉴别指数是用来比较测验得分高和得分低的两组被试在项目通过率上的差别。其计算公式为：$D=PH-PL$，其中 PH 为高分组（即得分排名前 27%）被试在该题上的通过率，PL 为低分组（即得分排名后 27%）被试在该题上的通过率。鉴别指数越高，表示高分组与低分组被试在该题上的通过率差别越大。

2. 区分度

区分度是指题目对被试者情况的分辨能力的大小。区分度反映题目区分不同水平受试者的程度，即考查学生的不同水平，把水平 A、水平 B、水平 C、水平 D 四个层次的学生真正分别开。区分度高的考试，水平 A、水平 B、水平 C、水平 D 四个层次的学生都有一定比例，如果某一分数区间学生相对集中，高分太多或不及格太多的考试，区分度则低。

区分度一般采用相关系数来计算。通常使用题总相关，也就是用小题得分与整卷总分的相关系数来定量描述小题的区分度；整卷的区分度用小题区分度的平均值来表示。区分度取值范围在 –1~1，值越大表示区分度越好。国际上优秀题目的区分度要求达到 0.40 以上。若是一个选拔人才的测验，题目的区分度要尽量高一些。美国教育与心理测量学家伊贝尔（L. Ebel）根据区分度指数提出一个评价题目优劣的标准，见表 2-24。

表 2-24　题目区分度指数与题目评价

区分度指数	题目评价
0.40 以上	非常优良
0.30~0.39	良好
0.20~0.29	尚可，需修改
0.20 以下	劣，必须淘汰

采用不同的计算方法，区分度的值也有所不同。因此，在分析一份测验题目的区分度

时，对同一类型的题目须采用同一种计算题目区分度的方法，才能进行结果间的相互比较，进而筛选题目。

一道题目区分度的大小受被试团体异质程度的影响。被试团体越同质，同一题目的区分度值越小；若被试团体越异质，同一题目区分度则越大。因此，在说明题目区分度时总是针对某个具体的被试团体而言，离开具体的被试团体，而进行一般地、抽象地谈题目的区分度是没有任何意义的。

用相关法计算题目区分度的可靠性受样本大小的影响。一般而言，样本量越大，区分度值越可靠；但样本量太大，反而增加计算量，也毫无实际意义，所以样本量应适可而止。

实践操作

通常，区分度用题总相关来衡量。题总相关可以通过 SPSS 计算相关矩阵得到。下面利用 Excel 的 CORREL 函数，快捷批量生成各题区分度。具体操作如下：

（1）打开"data12 区分度 .xlsx"数据文件，在光标移到"区分度"第一题的位置。在"公式生成器"中选择"常用函数 -CORREL"。

（2）单击"插入函数"，"公式生成器"弹出"CORREL"编辑对话框，如图 2-58 所示。光标自动落在"公式生成器"的第一组数值单元格区域（Array1），选择"总分"列的数值 (B2:B31)；然后将光标第二组数值单元格区域（Array2），选择"第 1 题"列的数值 (C2:C31)，如图 2-59 所示。

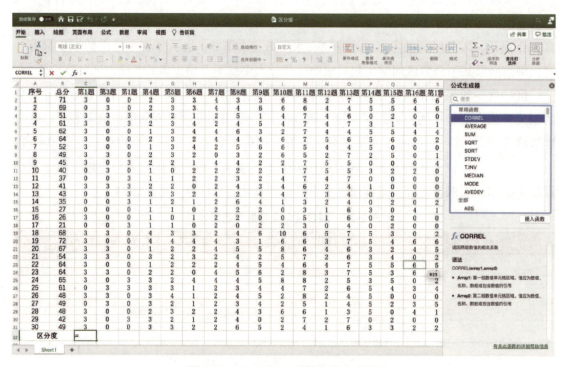

图 2-58　CORREL 函数公式生成器

第二章 怎样走出成绩分析报告的数据迷宫

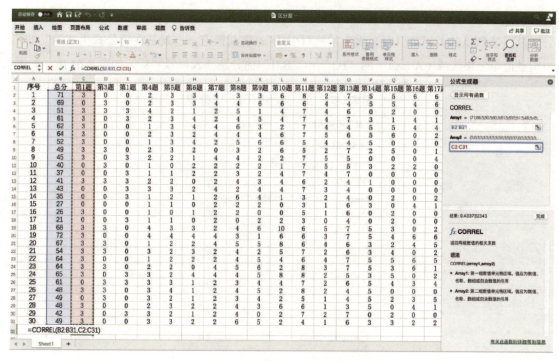

图 2-59　CORREL 函数数值选择

（3）单击"完成"按钮，即可在指定的单元格生成总分与第 1 题的相关系数，也就是第 1 题的区分度，如图 2-60 所示。

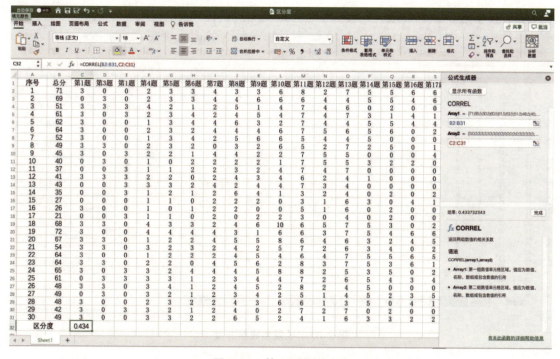

图 2-60　第 1 题的区分度

（4）若要批量生成各题区分度，不能用鼠标直接拖拽第 1 题区分度单元格，必须先将"总分"从系统默认的"相对引用"改为"绝对引用"，将其锁定。也就是在"公式生成器"的第一组数值单元格区域（Array1）的"B2"和"B31"前分别插入符号"$"，如图 2-61 所示。

图 2-61　总分绝对引用设置

（5）设置完毕，单击"完成"按钮，即可通过鼠标拖拽实现批量生成各题区分度，如图 2-62 所示。

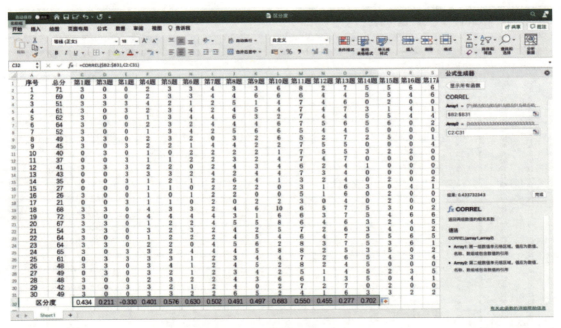

图 2-62　批量生成区分度

（6）操作完毕，保存文件备用。

第二章　怎样走出成绩分析报告的数据迷宫

📎 应用启示

1. 区分度的应用

在一次八年级科学测试中,各题的分值、平均分、难度与区分度,见表 2-25,我们根据区分度指数标准来评价题目的优劣。

表 2-25　各题的分值、平均分、难度与区分度

题号	分值	平均分	难度	区分度
1	3	2.791	0.930	0.334
2	3	1.075	0.358	0.227
3	3	2.558	0.853	0.225
4	3	2.588	0.863	0.369
5	3	1.764	0.588	0.324
6	3	1.451	0.484	0.398
7	3	2.720	0.907	0.451
8	3	2.328	0.776	0.353
9	3	2.234	0.745	0.460
10	3	1.933	0.644	0.417
11	3	2.435	0.812	0.479
12	3	2.380	0.793	0.508
13	3	2.623	0.874	0.319
14	3	1.971	0.657	0.537
15	3	2.510	0.837	0.561
16	3	1.463	0.488	0.188
17	3	1.951	0.650	0.432
18	3	2.064	0.688	0.551
19	3	1.569	0.523	0.417
20	3	1.603	0.534	0.252
21	4	2.692	0.673	0.669
22	5	3.045	0.609	0.738
23	4	2.971	0.743	0.734
24	4	3.231	0.808	0.584
25	4	2.896	0.724	0.782
26	4	3.445	0.861	0.669
27	6	4.594	0.766	0.656
28	8	5.640	0.705	0.776
29	10	6.692	0.669	0.799
30	8	6.797	0.850	0.715
31	6	3.518	0.586	0.718
32	8	6.063	0.758	0.672
33	5	4.215	0.843	0.764
34	6	4.486	0.748	0.814
35	6	4.667	0.778	0.828

(续)

题号	分值	平均分	难度	区分度
36	6	4.253	0.709	0.843
37	6	4.675	0.779	0.793
总分	160	115.890	0.724	0.550

由此可见：本次八年级科学测试整卷区分度为0.550，大多数题目区分度非常好：其中共27题区分度超过0.4，占总题量的73%；第2、3、20题区分度介于0.2～0.3之间，仅有第16题区分度不到0.2。如果是大规模测试的预试，第2、3、16、20题应该作为重点磨题的对象。

2. 点二列相关的应用

在教学测评中，点二列相关常作为选择题或判断题（二值计分的客观题）的区分度指标，取值范围在–1~+1。适用于计算两列变量中一列来自正态总体的等距或等比数据，另一列是真正的二分变量间的相关关系。所谓真正的二分变量即按事物的某一性质只能分为两类相互独立的变量，例如，男生与女生、及格与不及格、选择题各选项的应答状态等。利用点二列相关系数可以诊断选择题各选项设置的合理性，如果正确选项点二列相关大于0.4，干扰项点二列相关系数为负数，表明题目具有较好的区分功能，如图2-63所示。（据周世科）

答案	区分度	难度	各选项选择人数所占比例				各选项与总分的点二列相关			
			A	B	C	D	A	B	C	D
C	0.21	0.12	**70.96%**	14.88%	11.43%	2.54%	**0.02**	–0.14	**0.21**	–0.11

我们在食用橘子时，首先剥开橘皮，然后撕去橘瓣上的"筋络"，最后可以品尝酸甜可口的橘肉。橘子在结构层次上属于（　　）
A. 果实　　B. 组织　　C. 器官　　D. 细胞

图2-63　点二列相关对选择题选项质量的诊断

绿色开花植物的结构层次包含细胞、组织、器官和个体，本题中橘子的果实，结构层次属于器官。本题考查的能力是记忆层次，对认知要求不高。本题难度为0.12，区分度为0.21，题目难而不深，区分不理想。由于学生受到前概念的影响，A选项具有强烈的迷惑性，选择人数占比高达70.96%，点二列相关系数为正数。B、D两个选项选择人数占比有梯度，点二列相关系数均为负数，说明选项设计合理。如果将A选项"果实"改为"系统"，实现四个选项的同质性，测试结果数据有望更佳。

拓展延伸

区分度与难度的关系

题目的难度也会影响区分度。太容易的题目，不同层次的学生得满分概率都高，区分度不高；太难的题目，不同层次的学生都答得不理想，区分度也不高。现将本次测验的 37 道题的区分度设为 Y 轴，难度设为 X 轴，建立散点图，区分度与难度的关系，如图 2-64 所示。

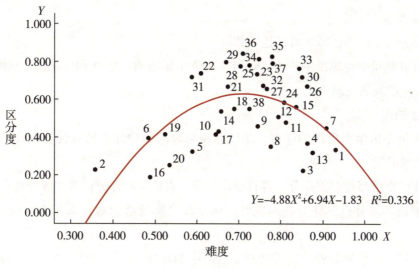

图 2-64　区分度与难度的关系散点图

从图 2-64 中可以清楚地看出：每个点的分布还是有一定规律的。与二次函数 $Y=-4.88X^2+6.94X-1.83$ 的拟合度 $R^2=0.336$。图中点 38 为区分度和难度的平均值，图中凭数据可以验证：图中点 38 上方的题目难度中等，区分度相对较好；图中点 38 左下方的题目难度系数小，区分度不高；图中点 38 右下方的题目难度系数大，区分度也不高。

专题 3　开放性题目以"采分点"评分的利与弊

为了测试学生的核心素养，通常根据测试目标设计一项具体任务，根据学生在特定情景下解决实际问题时的表现，来推断学生的能力水平及价值观念。"打铁还要自身硬"，首先要提升测试题目的质量，其次评分标准的制定也是关键要素。运用 SOLO 分类评价法来制定题目的评分标准，不失为一种较优选择。

问题驱动

开放性主观题一般通过"采分点"评分，测试学生的真实能力水平。基于"采分点"评分有哪些利与弊？

数据解读

例如一道开放简答题：为什么同一品种的新疆哈密瓜特别甜？（分值 4 分）

通常根据"采分点"评分制定评分标准，学生可以从气温、光照、降水量、土壤、植物光合作用、呼吸作用等方面进行答题。答对一点得 1 分；答对两点得 2 分；以此类推，答对四点及以上得满分 4 分。

★ 优点

（1）评分易于操作，师生容易达成共识。

（2）可以测量学生思维的广度，即可体现学生思维的广泛性和敏捷性等思维品质，有利于培养学生的发散性思维。

★ 缺点

（1）测量不出学生思维的深度，难以体现思维的深刻性、独立性、逻辑性、批判性、创造性等思维品质。

（2）往往出现写得多得高分，答得精得低分，直接影响评分信度和区分度。

为了解决"采分点"评分的局限性，国家教育质量监测通常采用 SOLO 分类评价法评分。

为什么同一品种的新疆哈密瓜特别甜？采用 SOLO 分类评价法评分，具体评分细则见表 2-26 所示。

表 2-26 评分细则

水平	特点	示例	赋分
水平 1	学生无法理解问题和解决问题，停留在前概念，同义反复	例如：因为新疆的哈密瓜品种好	0
水平 2	学生从一个因素或一个角度分析原因	例如：新疆气温高，全年日平均气温高于 10℃，累计温度为 5391℃	1
水平 3	学生从两个或两个以上个因素分析原因，各因素之间相互独立	例如：1. 新疆气温高，全年日平均气温高于 10℃，累计温度为 5391℃ 2. 新疆光照条件好，哈密瓜生长期中新疆每天日照平均达 10 小时 3. 新疆昼夜温差大，夏天白天的最高气温可达 40℃以上，而到了晚上，气温又会很快降下来 4. 新疆降水量少，空气干燥 5. 新疆土地肥沃 ……	2
水平 4	学生从多个解决问题的思路，并且能够把这些思路结合起来思考	例如：1. 哈密瓜生长期中，新疆白天气温高、光照强、哈密瓜光合作用强，合成有机物多 2. 哈密瓜生长期中，新疆夜间气温低、哈密瓜呼吸作用强，分解有机物少	3
水平 5	从理论的高度对问题进行抽象的概括，使问题本身的意义得到拓展	例如：新疆白天光照条件好，昼夜温差大，白天光合作用强，夜间呼吸作用弱，从而有利于有机物的积累和转化，因此糖含量高，味极香甜。新疆葡萄也是如此	4

原理简析

SOLO 分类评价法是一种以等级描述为基本特征的质性评价方法，由澳大利亚教育心理学家约翰·B.彼格斯（John B.Biggs）和凯文·F.科利斯(Kevin F. Collis)在1982年提出的。

SOLO 分类评价法的基本理念源于让·皮亚杰（Jean Piaget）的认知发展阶段论。皮亚杰认知发展阶段论指出，儿童在成长的过程中认知的发展是有阶段性的，不同的阶段之间的认知水平有质的区别。彼格斯和科利斯通过研究发现，人的认知不仅在总体上具有阶段性的特点，在对具体知识的认知过程中，也具有阶段性的特征。人在学习新知识过程中表现出来的思维阶段是可以观察到的，因此被称为"可观察的学习成果结构（Structure of the Observed Learning Outcome，SOLO）"。

他们认为，学习结果的复杂性主要包括两个方面：一是量的方面，即学习要点的数量；二是质的方面，即如何建构学习要点。也就是说，学生在具体知识的学习过程中，都要经历一个从量变到质变的过程，每发生一次跃变，学生在对于这一种知识的认知就会进入更高一级的阶段。可以根据学生在回答问题时的表现来判断他所处的思维发展阶段，进而给予合理的评分。这个理论与皮亚杰理论最大的不同在于：它不是根据学生总体上的思维水平对学生进行分类，而是对学生的每个反应进行分类。

根据这两方面的要求，彼格斯把学生的学习结果分为五个层次，如图 2-65 所示。

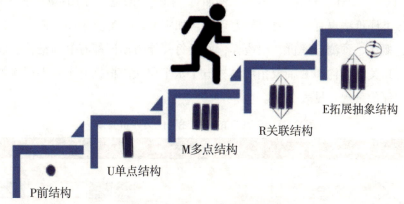

图 2-65 SOLO 五个层次结构

（1）P（Prestructural）前结构层次：学生基本上无法理解问题和解决问题，或者被材料中的无关内容误导，回答问题逻辑混乱，或同义反复。

（2）U（Unistructural）单点结构层次：学生在回答问题时，只能涉及单一的要点，找到一个解决问题的线索就立即跳到结论上去。

（3）M（Multistructural）多点结构层次：学生在回答问题时，能联系多个孤立要点，但这些要点是相互孤立的，彼此之间并无关联，未形成相关问题的知识网络。

（4）R（Relational）关联结构层次：学生在回答问题时，能够联想问题的多个要点，并能将这多个要点联系起来，整合成一个连贯一致的整体，这说明学生真正理解了这个问题。

（5）E（Extended Abstract）拓展抽象结构层次：学生在回答问题时，能够进行抽象概括，从理论的高度分析问题，而且能够深化问题，使问题本身的意义得到拓展。

从上述可以看出：SOLO 分类评价法的五个层次分别代表了学生对于某项具体知识的掌握水平，从学生对某个问题的回答中，教师可以参照上述标准就学生对该项知识内容的掌握情况做出判断。因此，这种评价方式一方面可以帮助教师进行教学诊断，同时也可以向学生提供有效的学习反馈，所以 SOLO 分类评价法可以用于形成性的学生学业评价。另一方面，如果将上述五个层次赋予不同的等级分数，那么学生对问题回答的质量就可以被量化，量化的分数又可以作为过程评价和结果评价的依据。

应用启示

在核心素养背景下，对学生高阶思维的培养与测试越来越得到大家的重视。在教学中，SOLO 分类评价不仅应用于测试题的评分标准制定，也可以应用于课堂教学中的问题设计、作业设计，还可以拓展到课堂教学设计、大单元教学设计以及课程与教学设计等环节。

在教学评价中，人们非常熟悉用布鲁姆认知目标分类评价法，它包括记忆、理解、应用、分析、评价、创新六个水平层次，教师根据学生的思维方式或行为来推断学生所处的水平。布鲁姆认知目标分类体系中的每个层次都有一系列的相应行为动词，如理解层次有说明、识别、描述、解释、区别、重述、归纳、比较等，例如对"描述"来说，属于理解层次，是低阶思维。

SOLO 分类评价法也有一系列的能力动词，如定义、分类、排序、描述、比较、分析、运用、归因、概括、预测、评价、创造等，而且每一能力动词都有 P 前结构、U 单点结构、M 多点结构、R 关联结构和 E 抽象拓展结构五个水平层次。根据五个水平层次的评价量规，如"描述"的评价量规，见表 2-27。

表 2-27　SOLO 的"描述"能力评价量规

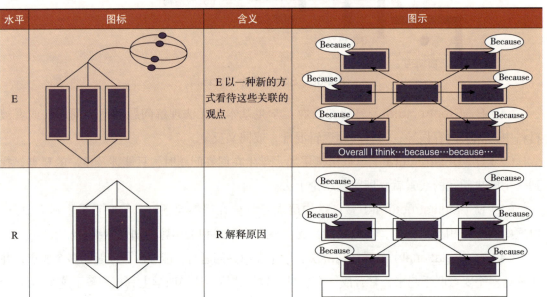

（续）

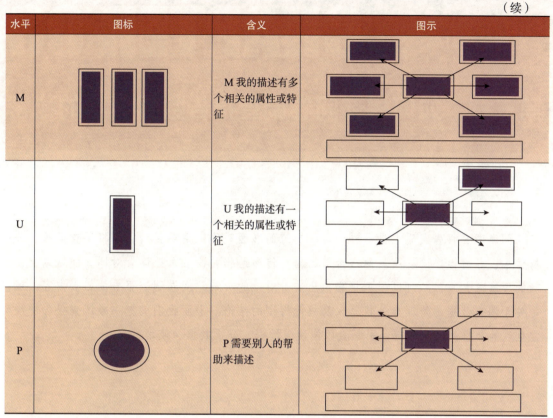

可见，关于 SOLO 的"描述"能力评价量规，可以用来自测或他评。在布鲁姆体系中的"描述"只能作为低级思维，在 SOLO 体系中，每种能力都可以根据思维的外显，区分各个水平。通常将 R 关联结构和 E 抽象拓展结构视为高阶思维。

> **拓展延伸**
>
> （1）根据 SOLO 分类评价理论，我们可以分析一份试卷中每道题的思维方式，将每名学生思维层次的思维含量分布进行研究，可以直观形象地观察学生高阶思维的表现。
>
> （2）将一道题目分别用布鲁姆认知目标分类体系和 SOLO 分类评价体系进行分析，比较两者的相关性。
>
> （3）将一组开放性主观题分别用采分点评分和 SOLO 分类评价评分，比较两者的难度、区分度、项目反应理论能力值等指标之间的差异。
>
> （4）尝试将 SOLO 分类评价理论用于品格行为、价值观念等领域，期待对学生发展核心素养的培养测评有新的突破。

CHAPTER 03

第三章　如何揭开问卷调查报告数据背后的秘密

> 问卷调查报告实质上是一种沟通、交流的书面载体，主要目的在于将调查问题、分析结果、可行性建议以及其他有价值的信息传递给相关读者，让读者对调查问题做出正确的理解与判断，并可以根据报告做出有针对性的决策。问卷调查报告的核心内容，就是关于调查数据的处理与分析，以及据此得到的结论。下面我们就把一般调查报告中经常呈现的数据做深度解剖，引领教师能读懂数据、分析数据、使用数据。

模块一　怎样读懂问卷调查报告的数据

成绩分析报告与问卷调查报告，是我们常用的两种数据分析报告。有很多分析方法是可以相互迁移的。第二章模块一中的10个专题，其数据分析方法完全可以用于问卷数据分析。但相比成绩分析报告，问卷调查由于涉及的变量更多，因此，数据分析方法要更加多样。

专题1　如何快速计算问卷各个选项的占比

问卷选项百分比分析是用来了解调查对象在问卷每道题目上作答的具体信息，与成绩分数段分布的分析方法有所不同。本专题主要介绍数据百分比的常规呈现方式、简单频率分布以及交叉表的制作。

📄 问题驱动

表3-1和表3-2是两个不同调查对象类型的人数比例信息表。从两个表中可以获得哪

第三章 如何揭开问卷调查报告数据背后的秘密

些信息？这两个表中的百分比数据为什么不一样？哪个表格更为合理？

表 3-1　调查对象基本信息（一）

对象	七年级		八年级		九年级		合计
	人数	占比	人数	占比	人数	占比	
学生	1946	55.2%	1434	40.7%	144	4.1%	3524
教师	272	36.9%	225	30.5%	241	32.7%	738
家长	1830	55.5%	1328	39.9%	153	4.6%	3311
总计	4048	53.45%	2987	39.44%	538	7.10%	7573

表 3-2　调查对象基本信息（二）

对象	学生		教师		家长		合计
	人数	占比	人数	占比	人数	占比	
七年级	1946	48.07%	272	6.72%	1830	45.21%	4048
八年级	1434	48.01%	225	7.53%	1328	44.46%	2987
九年级	144	26.77%	241	44.80%	153	28.44%	538
总计	3524	46.53%	738	9.75%	3311	43.72%	7573

数据解读

这是两个简单的复式统计表，两个表中参加调查的学生、教师、家长群体人数没有任何变化，但两个表的呈现方式不同，所占比例的计算结果就有了区别。表 3-1 中，七年级学生为 1946 人，占比为 55.2%，是指七年级学生人数占全部学生人数的 55.2%；而表 3-2 中，七年级学生仍为 1946 人，占比为 48.07%，是指七年级学生占七年级全部调查对象（包括学生、教师、家长）的 48.07%。统计数据都没有任何问题，关键在于，我们的阅读习惯或偏好决定我们使用哪一种表。一般而言，我们更建议使用表 3-1，将调查对象本身作为分类的主要依据，即把调查对象放置于表的纵列，把调查对象的属性放置于表的横行。

实践操作

在 SPSS 中，上述复式统计表非常容易制作出来。我们以一个简单的数据表为例（见图 3-1），想要了解每个学校学生的近视率情况，可以进行如下操作：

（1）打开"学生问卷 .sav"数据表，如图 3-1 所示。

图 3-1 学生近视率数据表（部分截图）

（2）选择"分析"→"描述统计"→"交叉表"，如图 3-2 所示。

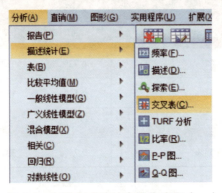

图 3-2 制作复式统计表操作流程（一）

3. 在"交叉表"对话框里，单击最左边一栏中的"学校"，再单击箭头符号，把它移入中间栏"行"框中。同样再把最左边一栏中的"是否近视"移入"列"框中，如图 3-3 所示。

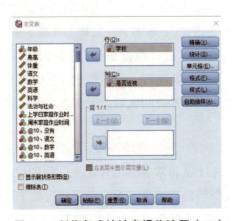

图 3-3 制作复式统计表操作流程（二）

（4）单击"交叉表"对话框（图3-3）右边的"单元格"按钮，在新出现的"交叉表：单元格显示"对话框（图3-4）中勾选"计数"栏下的"实测"和"百分比"栏下的"行"，然后单击"继续"按钮，返回到"交叉表"对话框，单击"确定"按钮，操作完成。

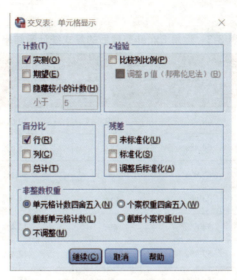

图3-4　制作复式统计表操作流程（三）

在SPSS结果输出窗口中，我们就能看到图3-5，它就是复式统计表的雏形。

学校 * 是否近视交叉表					
			是否近视		
			近视	不近视	总计
学校	A中学	计数	292	129	421
		占学校的百分比	69.4%	30.6%	100.0%
	B中学	计数	329	182	511
		占学校的百分比	64.4%	35.6%	100.0%
	C中学	计数	514	266	780
		占学校的百分比	65.9%	34.1%	100.0%
	D中学	计数	223	124	347
		占学校的百分比	64.3%	35.7%	100.0%
	E中学	计数	59	49	108
		占学校的百分比	54.6%	45.4%	100.0%
	F中学	计数	106	77	183
		占学校的百分比	57.9%	42.1%	100.0%
	G中学	计数	118	99	217
		占学校的百分比	54.4%	45.6%	100.0%
总计		计数	1641	926	2567
		占学校的百分比	63.9%	36.1%	100.0%

图3-5　SPSS结果输出窗口中交叉表分析结果

在 SPSS 结果输出窗口里把数据图表修改成我们想要的格式并不方便。一般情况下，我们会把这些数据图表导出或复制到 Excel 里去完成最后的数据可视化工作，其过程为：先在数据图表上单击右键，复制或剪切，然后放到指定的 Excel 里修改即可，最后就得到表 3-3 的结果。

表 3-3　运用 Excel 整理后的复式统计表结果

学校	近视		不近视		合计
	人数	占比	人数	占比	
A 中学	292	69.4%	129	30.6%	421
B 中学	329	64.4%	182	35.6%	511
C 中学	514	65.9%	266	34.1%	780
D 中学	223	64.3%	124	35.7%	347
E 中学	59	54.6%	49	45.4%	108
F 中学	106	57.9%	77	42.1%	183
G 中学	118	54.4%	99	45.6%	217
总计	1641	63.9%	926	36.1%	2567

📖 应用启示

频数分布或频率分布是问卷调查报告和成绩分析报告里最基础也最常用到的数据分析方法。将数据按一定规则划分为若干小组，落在各个小组内的数据的个数就叫作频数，每一小组的频数与数据总数的比值叫作频率。频数/频率分布表既可以清楚地显示各组频数/频率分布情况，又易于显示各组之间频数/频率的差别，它主要是为了将我们获取的数据直观、形象地表示出来，让我们能够更好地了解数据的分布情况。

📖 拓展延伸

在处理问卷数据的时候，我们一般有两种计算频率分布的方法：第一种是不分组别，直接把单个问卷题目各选项的百分比计算出来，进行分析。第二种是分组别，就是将问卷中每道题按照维度先做加总，计算出维度得分（就好比试卷成绩分析时，把相关题目加总得到某个知识模块分数一样），然后分析维度得分的频率分布。正如我们在成绩分析时，经常用两种方法给成绩划分组别，一种是原始分数按照一定的组距（如 10 分一个组）进行划分，一种是按照分数的相对位次（如前 10%，前 11%→20%，后 10% 等）进行划分，然后计算各组的频数和频率分析。问卷分析也是如此。这两种方法，在 SPSS 中做分析时操作步骤略有差异。

专题 2　怎么合成问卷结果的指标指数

近年来,指数的概念被越来越多地引入教育领域。将教育现象和问题指数化,既可以测定不能直接相加和不能直接对比的教育现象的总动态,又可以精细分析教育总平均指标中各级各类指标的水平与结构,还可以分析教育现象总指标变动中各指标因素变动的影响程度。本专题就介绍教育类指标指数合成的一种方法。

问题驱动

表 3-4 是某地区学生学习品质调查的一组数据,表中的学习策略、学习动力、学习毅力以及自主学习品质的平均值是怎么计算出来的?它们代表什么含义?和学生成绩计算方法一样吗?

表 3-4　学生自主学习品质发展水平

评价主体	学生		教师		家长		总计	
	平均值	标准差	平均值	标准差	平均值	标准差	平均值	标准差
学习策略	58.90	19.97	52.79	24.27	41.57	26.22	49.04	25.28
学习动力	60.58	21.67	54.46	23.02	59.62	22.26	59.36	22.22
学习毅力	68.64	19.20	45.57	24.10	44.22	25.69	53.06	26.10
自主学习品质	62.71	17.92	50.94	21.71	48.47	21.39	53.82	21.32

数据解读

在表 3-4 中,每列的平均值数据,每个指标满分都为 100 分。这相当于给学生学习策略等指标打了个"分数",学生、教师、家长分别对学生学习品质进行"打分",得到表 3-4 中数据。但是这种"打分"不是完全主观抽象地判定一个分数然后平均。而是把各个调查对象在问卷各道题目上的选择情况进行转化、赋值、计算得来的。

只要每个调查对象在问卷中题目上的选择不同,就会有不同的分值。因此,一个群体调查结果就会出现分值间的差异,衡量这种差异大小的统计量,就是标准差。

在表 3-4 中,我们不仅要看平均值,了解学生学习品质的整体水平,还要看标准差,了解不同调查对象对学生学习品质评价的差异程度。从平均值来看,无论是学生自己、还是教师抑或家长,对学生学习品质的评价在整体都上不及格,这反映了学生学习品质并不强。从标准差来看,家长和教师对学生学习品质评价差异程度都比较大,学生对自身评价差异程度较小。

原理简析

这里的平均值,相当于指数概念。指数也称统计指数,原本是分析社会经济现象数量变化的一种重要统计方法。如股票价格指数就是用以反映整个股票市场上各种股票市场价格的总体水平及其变动情况的指标，简称为股票指数，它是由证券交易所或金融服务机构编制的表明股票行市变动的一种供参考的指示数字。后来这一概念被引入到教育领域，用以监测教育宏观发展变化或学生个体成长动态。教育类指数也是将抽象的教育发展指标或学生发展状况用相对客观的数字来表示。这些教育类指数的编制，目前也没有一类大家公认的方法。考虑到学生成绩常用百分制分数，因此，一般情况下，教育类指数也采用百分制来转化，表3-4就是百分制指数的例子。

百分制指数计算方法

这里的百分制指数计算有个前提，就是问卷编制的题目选项是有一定梯度的。比如有这样一道题："我喜欢和同学一起玩。"选项如下："很不符合　不太符合　不一定　比较符合　非常符合"，分别赋值0、1、2、3、4，或1、2、3、4、5。如果调查对象选择其中一个选项，我们就可以赋予相应的分值。以这样选项编制出来的问卷，就叫李克特量表。李克特量表不是一个量表名称，而是这一类型量表的统称。

在编制问卷前，我们首先要明确调查的问题，第二步要把调查问题分解为一系列子问题，这一系列子问题就叫维度。比如我们要调查学生自主学习品质的问题，经过文献研究发现，学生自主学习品质包括学习策略、学习动力、学习毅力三个子问题，即三个子维度。然后根据三个子维度分别编制5道左右的具体问题。如学习策略子维度，我们编制如下几个问题：

> （1）我会利用画图、列表等方式，归纳整理以前学过的知识。
> 　　很不符合　　不太符合　　不一定　　比较符合　　非常符合
> （2）我经常用列提纲画图表的方式来总结学习内容。
> 　　很不符合　　不太符合　　不一定　　比较符合　　非常符合
> （3）我喜欢在学过一些知识之后，花一些时间去归纳整理，而不是大量做习题。
> 　　很不符合　　不太符合　　不一定　　比较符合　　非常符合
> （4）我常对做过的题型与解法进行归类。
> 　　很不符合　　不太符合　　不一定　　比较符合　　非常符合
> （5）我能够在学习中将相似的知识点通过分类、列提纲等方法进行识记，帮助自己理解。
> 　　很不符合　　不太符合　　不一定　　比较符合　　非常符合

百分制指数计算步骤是这样的：

我们以0、1、2、3、4给各个选项赋值，如某名学生5道题目分别选择了"比较符合、比较符合、非常符合、不一定、不一定"那就可以分别计分3、3、4、2、2。把5道题目得分加总：3+3+4+2+2=14，然后除以5道题目的满分值20，再乘以100：$14/20 \times 100 = 70$。

这样，就得到了这名学生学习策略指数为70。

相应地，我们可以用同样的方法计算出这名学生学习动力指数、学习毅力指数。然后，我们就可以把该学生的学习策略指数、学习动力指数、学习毅力指数按照一定的权重进行加权平均，如学习策略指数×0.4+学习动力指数×0.3+学习毅力指数×0.3=自主学习品质指数。这里的权重设计有多种方法，可根据实际需要来确定。最简单的方法，就是等权重，即取三个子维度指数平均值。

📒 应用启示

这种百分制指数的优点就在于，计算简便，也容易被广大教师理解。这种连续性数据既可以对调查对象的某些特征水平进行精准刻画，也可以根据预设的标准或常模划分成若干等级进行定性描述；既可以对学业成绩以及其他指数进行深入的统计分析，还可以进行多次调查结果的纵向比较。因此，这种方法被广泛运用于问卷数据分析的过程中。

📖 拓展延伸

这种李克特量表选项设计，可以是3个选项，也可以是7个选项。另外还有一种问卷设计，就是问题回答的选项设置一个连续的区间范围，如[0,10]，让调查对象根据自己的实际情况，在这个连续的区间范围内选填一个适当的数值，这种选项设计方式的量表类型叫瑟斯顿量表。也可以把这样的分值转化为百分制指数。

请大家思考一个小问题：如果李克特量表"很不符合　不太符合　不一定　比较符合　非常符合"5个选项分别计分为1、2、3、4、5，在转化为百分制指数时应注意什么？

专题3　同一次调查中不同群体的指标指数有差异吗

在第二章成绩数据分析中，我们介绍过成绩增量分析以及判断两次考试学生成绩的差异程度的方法。在调查问卷中，分析两次调查的指标指数差异，或者分析同一次调查不同指标的差异，除了成对样本T检验和独立样本T检验外，还有一种效应量分析方法。

📒 问题驱动

表3-5是对不同群体学生学习品质发展水平的比较。表中包含了城市、县城、乡镇农村三类学生学习品质水平比较和男女生学习品质水平的比较。细心的读者会发现，数据表中除了各群体学生学习品质三个子维度的平均指数和标准差外，不同类型学校数据表中还有一个 F 和 Cohen's f，而男女生数据表中还有一个 t 和 Cohen's d。这两个指标数据分别表示什么意思？

表 3-5　学生学习品质发展水平比较

群体类型		一般领域（M±SD）		
		学习动力	学习策略	学习毅力
学校区域	城市	71.5 ± 18.0	66.5 ± 16.7	55.3 ± 22.0
	县城	70.3 ± 17.8	65.9 ± 16.5	52.5 ± 22.0
	乡镇农村	66.8 ± 18.3	63.1 ± 16.8	48.2 ± 21.9
	F	136.832***	83.248***	190.099***
	Cohen's f	0.08	0.06	0.10
学生性别	男	69.4 ± 19.7	63.9 ± 18.0	50.7 ± 23.3
	女	68.6 ± 16.6	65.7 ± 15.4	51.7 ± 20.9
	t	2.999**	−10.267***	−3.149**
	Cohen's d	0.04	−0.11	−0.05
全省		69.0 ± 18.2	64.8 ± 16.8	51.2 ± 22.1

注：1. ***. 在 0.001 级别（双尾），相关性显著。

　　2. **. 在 0.01 级别（双尾），相关性显著。

数据解读

表 3-5 中的 71.5 ± 18.0，表示平均值和标准差，这也是一种描述性统计数据的呈现方式，通常见于学术期刊中。F 是三个以上群体方差分析结果的统计值，t 是两个独立样本 T 检验的统计值。"*"就是统计显著性的标识，"***"代表 $P < 0.001$，"**"代表 $0.001 < P < 0.01$，表示至少两个群体间平均值在统计学意义上差异极其显著；"*"代表 $0.01 < P < 0.05$，表示差异性显著；没有"*"代表 $P > 0.05$，表示差异性不显著。

Cohen's f 和 Cohen's d 就是效应量值。一般而言，对于方差分析，效应量（Cohen's f）绝对值小于 0.1 为实际差异较小，0.1~0.4 为差异中等，0.4 以上为实际差异较大。对于独立样本 T 检验，效应量（Cohen's d）绝对值小于 0.2 为实际差异极小，0.2~0.5 为实际差异较小，0.5~0.8 为存在中等程度的差异，0.8 以上为实际差异较大。

以学习动力一列数据为例，从表 3-5 中可以看出，城市、县城、乡镇农村学生学习动力存在极其显著的统计学差异（F=136.832***），但是实际差异较小（Cohen's f= 0.08 < 0.1）。同样，男女生学习动力也存在极其显著的统计学差异（t=2.999**），但实际差异极小（Cohen's d=0.04 < 0.2）。

为什么统计学上的差异显著性检验结果与实际差异结果会产生矛盾？是不是统计学的结果不可靠？

原理简析

前面提及，当数据服从或接近正态分布的前提下，三个及三个以上群体平均值比较用方差分析；两个群体同一指标数据比较，用独立样本 T 检验；同一群体前后两次数据比较，用成对样本 T 检验；部分数据与总体数据比较，如一个班级学生学习品质指数与全年级学生学习品质指数，用单样本 T 检验。但无论是哪种差异比较，其比较结果均受到样本量大小的影响，如果样本量很大（如省级、国家级质量监测，每个群体人数均超过 10000 人），即使群体指数平均值差异不大，但显著性检验结果却会达到极其显著或显著水平。因此，当样本量很大时（很大是多少，也没有一个确切的标准），有必要报告效应量大小，因为，效应量不受样本容量影响，更能客观地反映群体间差异的大小。效应量可以帮助我们知道观测到的差异是不是事实上的差异。当样本容量大时，效应量更能说明实践中我们所关心的差异，而不是数据上的差异显著问题。效应量太小，意味着即使统计上达到了显著水平，也缺乏实用价值。

实践操作

关于效应量的计算，方法有很多，由于 SPSS 中并没有现成的计算程序，因此，需要在方差分析、显著性检验等差异分析数据的基础上，再运用相应公式手动计算。由于比较对象不同，因此 Cohen's f 和 Cohen's d 的算法也不相同。但教师自己按公式计算真的容易出错，可能有的初学者连公式都看不懂，更理解不了。所以我们给出一个在线网站工具——效应量在线计算器 http://www.99cankao.com/statistics/effect-of-size-calculator.php，如图 3-6 所示。这个网站提供了两种效应量 Cohen's d 的计算方法，大家在计算机中打开这个网页，输入相应数据，很快就能得到 Cohen's d 效应量。虽然网页上没有提供 Cohen's f 的在线计算器，但网页下方给了方差分析（Cohen's f）的计算公式：ES=sqrt(F/n)，这个公式表示的意思是，Cohen's f= 方差分析得到的 F 除以所有样本数，然后开平方。

图 3-6　效应量在线计算器

我们以两个案例进行具体示范。

第一个案例：要比较下列数据表（图 3-7）中七、八、九三个年级学生学习动力的差异程度，可以做如下操作：

（1）打开“学生问卷 .sav”数据表，如图 3-7 所示。

	学校	年级	学习策略	学习动力	学习毅力	自主学习品质
1	B中学	七年级	60.00	75.00	91.67	75.56
2	D中学	九年级	55.00	50.00	50.00	51.67
3	C中学	八年级	70.00	83.33	75.00	76.11
4	C中学	九年级	35.00	25.00	41.67	33.89
5	B中学	八年级	70.00	75.00	75.00	73.33
6	C中学	八年级	75.00	75.00	83.33	77.78
7	C中学	九年级	40.00	25.00	91.67	52.22
8	D中学	八年级	70.00	58.33	75.00	67.78
9	F中学	九年级	50.00	66.67	75.00	63.89
10	F中学	九年级	60.00	33.33	58.33	50.56

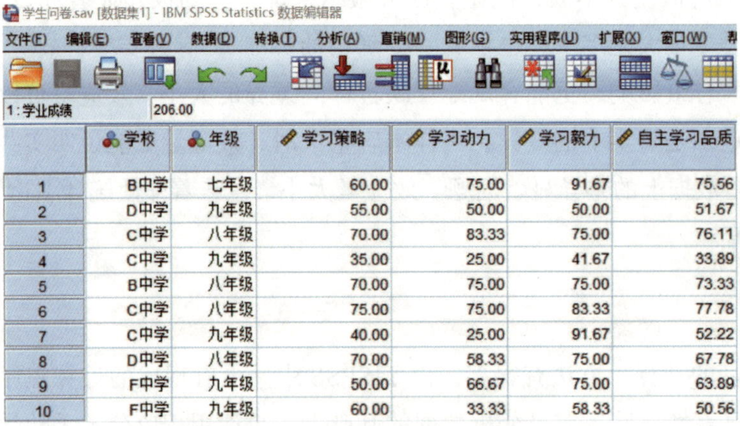

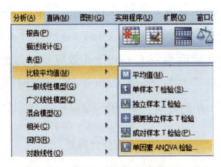

图 3-7 学生学习品质数据表样例

（2）选择“分析”→“比较平均值”→“单因素 ANOVA 检验”，如图 3-8 所示。

图 3-8 方差分析操作步骤（一）

（3）打开“单因素 ANOVA 检验”对话框后，单击最左边一栏中的“学习动力”变量，再单击箭头符号，把它移入中间栏“因变量列表”。同样再把最左边一栏中的“年级”变量移入“因子”框中，如图 3-9 所示。

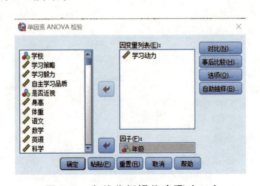

图 3-9 方差分析操作步骤（二）

（4）单击图 3-8 最右边一栏中的"选项"按钮，弹出"选项"对话框，勾选"描述"和"方差齐性检验"，然后单击"继续"，如图 3-10 所示，最后单击"确定"按钮。

图 3-10　方差分析操作步骤（三）

在结果输出窗口会出现三个数据表，第一个是各年级学生学习动力的个案数、平均值和标准差等信息，如图 3-11 所示。

描述								
学习动力								
	个案数	平均值	标准差	标准误差	平均值的 95% 置信区间		最小值	最大值
					下限	上限		
七年级	1366	61.3165	21.43360	.57992	60.1789	62.4541	.00	100.00
八年级	1091	63.5044	21.20374	.64195	62.2448	64.7640	.00	100.00
九年级	110	64.3939	21.85664	2.08395	60.2636	68.5243	16.67	100.00
总计	2567	62.3783	21.37684	.42192	61.5509	63.2056	.00	100.00

图 3-11　方差分析结果数据（一）

第二个是三个年级群体数据方差齐性检验结果，如图 3-12 所示。方差齐性检验其实就是检验三个年级学生学习动力数据的各自差异程度是否均等。如显著性一列，数据小于 0.05，就表明三组比较数据的方差不均等，不适合做方差分析；图 3-12 中显著性值为 0.69，大于 0.05，说明三组数据方差齐性。

方差齐性检验			
学习动力			
莱文统计	自由度 1	自由度 2	显著性
.372	2	2564	.690

图 3-12　方差分析结果数据（二）

接着看图 3-13 所示方差分析结果：F 为 3.696（F 是组间均方和组内均方的比值），显著性值为 0.025，小于 0.05，表明三个年级学生学习动力指数中，至少有两个群体之间有极其显著的统计学差异。

ANOVA

学习动力	平方和	自由度	均方	F	显著性
组间	3370.548	2	1685.274	3.696	.025
组内	1169212.937	2564	456.011		
总计	1172583.485	2566			

图 3-13　方差分析结果数据（三）

接下来，我们做效应量计算。由于前面用的是方差分析，因此这里的效应量应为 Cohen's f，根据公式 Cohen's f=sqrt(F/n)=$\sqrt{3.696/2567}$=0.038，该效应量值小于 0.1。这就意味着，尽管三个年级学生学习动力存在着统计学上的显著性差异，但实际差异并没有那么明显。

第二个案例：要比较数据表（图 3-7）中七、八两个年级学生学习动力的差异程度，可以做如下操作：

（1）打开"学生问卷.sav"，选择"分析"→"比较平均值"→"独立样本 T 检验"，如图 3-14 所示。

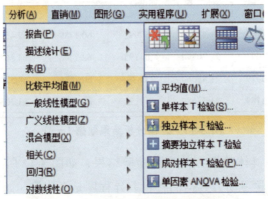

图 3-14　独立样本 T 检验操作步骤（一）

（2）弹出"独立样本 T 检验"对话框后，把"学习动力"变量移入"检验变量"框中，把"年级"变量移入"分组变量"框中，然后单击"定义组"按钮，出现如图 3-15 所示对话框，分别输入"1"和"2"，这里的组 1 和组 2，就是我们要比较的两个年级。然后单击"继续""确定"按钮。

为什么要输入"1"和"2"？输入别的数字行不行？关于这些问题，我们在本专题"拓展延伸"中详细讲解。

第三章 如何揭开问卷调查报告数据背后的秘密 117

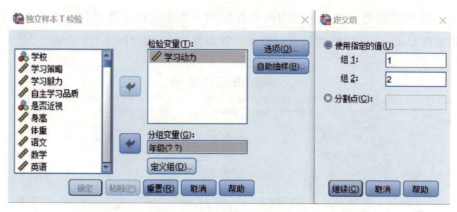

图 3-15 独立样本 T 检验操作步骤（二）

在结果输出窗口，我们就看到了图 3-16 所示的结果。

组统计					
	年级	个案数	平均值	标准差	标准误差平均值
学习动力	七年级	1366	61.3165	21.43360	.57992
	八年级	1091	63.5044	21.20374	.64195
独立样本 T 检验									
		莱文方差等同性检验		平均值等同性 t 检验						
		F	显著性	t	自由度	显著性（双尾）	平均值差值	标准误差差值	差值 95% 置信区间	
									下限	上限
学习动力	假定等方差	.254	.615	−2.526	2455	.012	−2.188	.866	−3.89	−.489
	不假定等方差			−2.529	2346.885	.012	−2.188	.865	−3.88	−.491

图 3-16 独立样本 T 检验的输出结果表

图 3-16 中的第一个表格是两个年级学生个案数及学习动力的平均值、标准差、标准误差平均值的信息，第二个表格是独立样本 T 检验的结果。两组数据平均值比较时，在 SPSS 系统中首先要自动进行两组数据的莱文方差齐性检验，然后再进行独立样本 T 检验。因此，首先要看莱文方差齐性检验的结果，如果两组数据方差均等，那么 F 检验的显著性值就大于 0.05，这种情况下要看第一行 T 检验的结果；如果两组数据方差不均等，那么 F 检验的显著性值就要小于 0.05，这种情况下则看第二行 T 检验结果。图 3-16 第二个表格中 F 检验的显著性值为 0.254>0.05，那就看第一行的 T 检验结果，即 t=−2.526，T 检验的显著性值为 0.012<0.05，表明七八年级学生学习动力具有显著的统计学差异。接下来，我们就可以把两组数据的平均值和标准差输入到效应量在线计算器页面 http://www.99cankao.com/statistics/effect-of-size-calculator.php 中。也可以把 t 值和自由度输入下面对话框中，如图

3-17 所示。两种算法略有差异是因为两组数据的平均值和标准差进行了四舍五入的缘故。这里只需要看 Cohen's d 的绝对值就可以了，效应量（r）值可以不看。

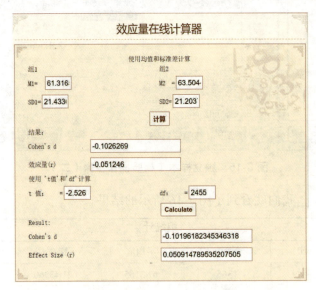

图 3-17　效应量 Cohen's d 计算页面及计算结果

> 📖 **拓展延伸**
>
> ### 变量的类型及其命名方法
>
> 　　变量类型的界定是数据分析的前提。在统计学中，将既可以表示事物的某种特征，又可以以不同数据体现其变化的因素称之为变量（variable）。比如性别、成绩、学习品质等测量指标都是变量，统计学就是研究变量和变量之间关系的学科。变量从形式上来看，常用的有两种类型，一类是字符型变量，一类是数值型变量。把数据导入 SPSS 系统的时候，SPSS 会自动根据数据的特征为变量定义类型。文字数据一般定义为字符型，数字数据一般自动定义为数值型。打开 SPSS 变量视图窗口，就可以看到每一列变量的属性，包括每个变量的名称、类型、宽度、小数位数、标签以及值等，如图 3-18 所示。在很多时候为了 SPSS 分析方便，我们会把尽可能多的变量设置成数值型，如年级，我们把七年级用数字"1"来代替，八年级用数字"2"来代替，九年级用数字"3"来代替，在 SPSS 数据视图表里就会看到年级变量一列是"1""2""3"这样的数字，如图 3-18 所示。这样虽然在数据分析时方便，但有一个缺点：就是除了操作者本人，别人并不明白年级数据的"1""2""3"分别代表什么意思，而且数据分析输出结果中年级变量显示的也是"1""2""3"，而不是七年级、八年级和九年级。所以，就要在变量视图中进行一步关键的操作：为变量数值所表示的含义进行命名。
>
> 　　以年级为例：
>
> 　　（1）打开"学生问卷.sav"数据文件，我们可以看到，在"数据视图"窗口里，学

校、年级等变量是数值,如图 3-18 所示。

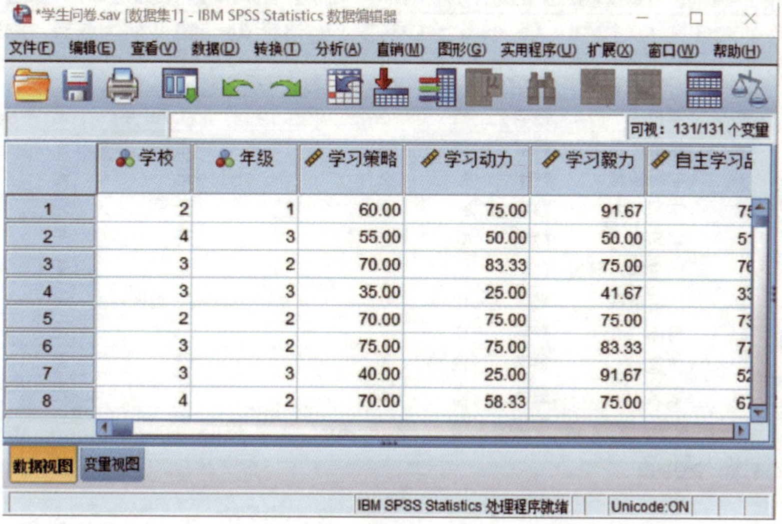

图 3-18　年级变量在数据视图中是数值

(2)单击左下角"变量视图","数据视图"窗口就切换为"变量视图"窗口,如图 3-19 所示。在"值"一列中,我们看到,变量"学校"一行中有{1,A 中学}的字样,而变量"年级"一行的"值"是"无"。这表示,"学校"变量中的数值已经赋予了特定的意义,即"1"表示"A 中学";而"年级"变量中还没有赋予数值特定的意义。

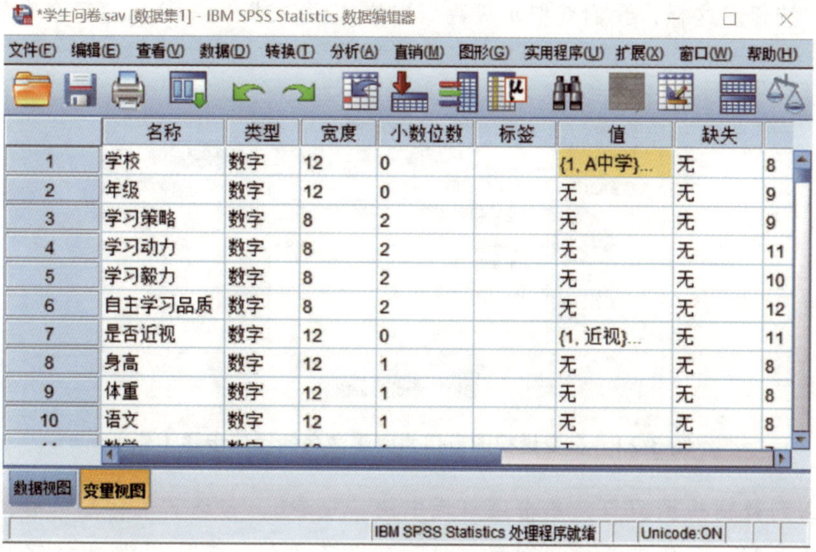

图 3-19　SPSS 变量视图中各变量的属性

(3)单击年级一行"值"的空格,空格右边会出现一个"…"按钮,如图 3-20 所示。

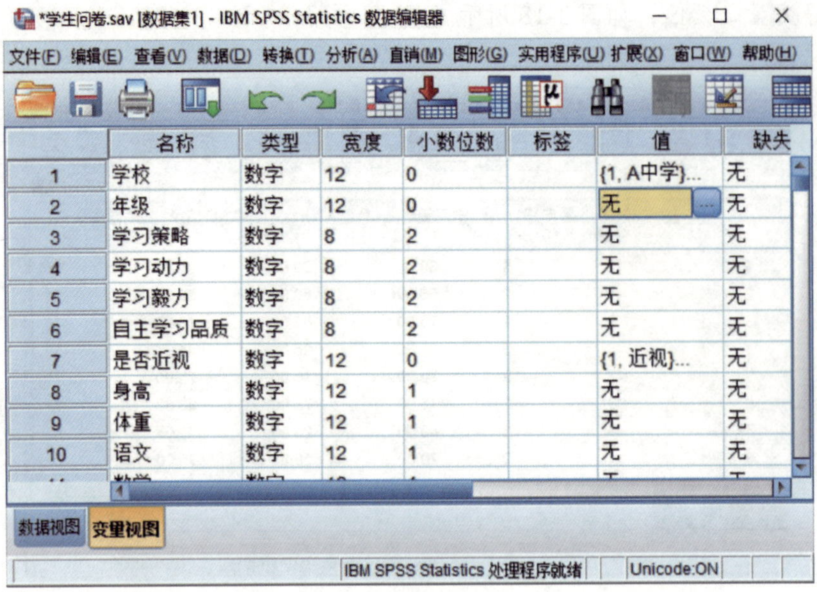

图 3-20 在变量视图窗口为变量命名的操作步骤（一）

（4）单击"…"按钮，就出现"值标签"对话框，如图 3-21 所示。因为我们在数据导入时，"年级"一列数据中"1"代表"七年级"，"2"代表"八年级"，"3"代表"九年级"，因此，在"值"后面输入"1"，"标签"后面输入"七年级"，然后单击"添加"按钮。接着如法炮制，把"2"和"3"分别定义为"八年级"和"九年级"，然后单击"确定"按钮。这样，我们就把年级数据中的"1""2""3"分别起了个名称。

图 3-21 在变量视图窗口为变量命名的操作步骤（二）

（5）回到数据视图窗口，单击菜单栏中的"查看"，勾选"值标签"后，如图 3-22 所示。就会看到，年级变量这一列里，"1"变成了"七年级"，"2"变成了"八年级"，"3"变成了"九年级"，如图 3-23 所示。这样操作后，虽然年级变量在数据视图里显示文字，但它在本质上是数据型变量。"值标签"的意思就是给数据值贴个标签，通俗地说，就是为这个数字起了个名字。

第三章 如何揭开问卷调查报告数据背后的秘密　121

图 3-22　勾选值标签

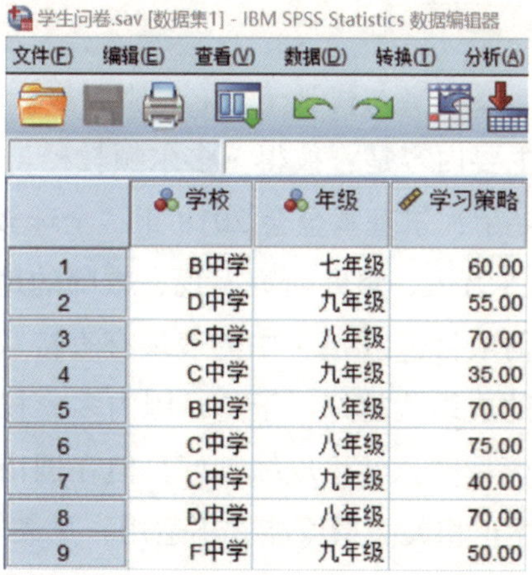

图 3-23　原来的数值显示变成了值标签显示（与图 3-18 对比）

这样，在做不同群组数据比较时，就方便多了。如我们要比较八年级和九年级学生学习策略的差异，选择"分析"→"比较平均值"→"独立样本 T 检验"，弹出"独立样本 T 检验"对话框，把"学习策略"移入"检验变量"中，把"年级"移入"分组变量"中，单击下面的"定义组"对话框，在弹出的"定义组"对话框中输入"2""3"，如图 3-24 所示。

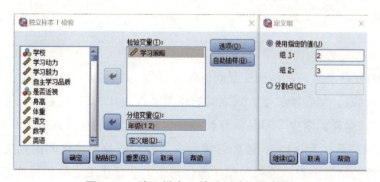

图 3-24　独立样本 T 检验时定义比较组

> 需要注意的是：做方差分析时，要比较的三个年级学生学习策略的差异，那么，"年级"这个变量必须是数值型变量，如果"年级"是字符型变量，就不会出现在左边待选择的变量框内，因此也就无法进行各年级之间的方差分析。

专题4 教师的教学水平与经济收入有关吗

在客观现实中，许多现象之间都存在着某种相互联系或相互依存的关系。在统计学中，现象与现象之间的关系如果使用数量来描述，就形成变量与变量之间的关系，这种关系就是相关分析。本专题从一个典型案例引入，介绍相关分析的基本原理与操作，以及它在实际中的运用。

问题驱动

前段时间，新华社新媒体援引澳大利亚《悉尼先驱晨报》的一篇报道在微信中被刷屏，并引发全社会热议。报道的主要内容是：彼得·多尔顿教授（Peter Dolton）是英国全国经济与社会研究所主任，他领导了瓦尔基基金会2018年"全球教师地位指数"项目。该指数调查了35个国家和地区的3.5万人，最终研究发现，教师的地位和工资同其国家在经济合作与发展组织的国际学生评估项目（PISA）中的表现有直接联系。多尔顿教授指出：教师的地位越高，这些孩子取得的成绩就越好。于是，国内多家权威媒体纷纷提出：教师地位与学生成绩正相关，教师工资越高，学生成绩越好！但在国内某一具体地区，学生成绩的取得，受各种因素影响，上述正相关关系可能并不适用，见表3-6。

表3-6 学生学业成绩、学习品质与教师教学方式的相关系数

相关性	学生学业成绩	学生学习品质	教师教学方式
学生学习品质	0.421**		
教师教学方式	0.295**	0.497**	
教师职业地位	0.105	0.127*	0.170**

注：**.在0.01级别（双尾），相关性显著。*.在0.05级别（双尾），相关性显著。

数据解读

表3-6中的数据是纵向和横向变量间的相关系数，学生学业成绩与学生学习品质之间的相关系数为0.421，与教师教学方式之间的相关系数为0.295，与教师职业地位之间的相关系数为0.105。同样，学生学习品质与教师教学方式之间的相关系数为0.497，与教师职业地位之间的相关系数为0.127，教师教学方式与教师职业地位之间的相关系数为0.170。从相关显著性检验结果来看，除教师职业地位与学生学业成绩之间相关性不显著外，其他变量之间相关性均显著。

原理简析

相关关系是指当一个变量变化时，另一个变量也可能随之变化，不论是这两个变量有没有必然联系。相关关系有可能是正相关也有可能是负相关，有可能是强相关也有可能是弱相关。如果变量之间存在相关关系，可能包含以下几种情况：

变量之间存在着因果关系。例如，学生学习策略、学习动力与学业成绩之间就存在一定的因果关系，学生学习策略和学习动力是因，学业成绩是果。

变量之间存在着相互依存的关系。例如，身高与体重这两个变量之间是相互依存的关系，不存在谁是因，谁是果。

变量之间只是存在数值的统计关系，或者说是虚假关系。比如，公鸡叫、太阳升，这两者的相关关系就是典型的虚假关系。因此，首先要定性分析，只有在科学理论上能够解释变量之间确实有联系，才能认为变量的数值之间存在着相关关系。否则，不能使用这种虚假的相关关系做任何的推测或预测。

在实际生活中，一个事物的变化往往会受到多个事物的影响，而非完全的二元相关关系。因此，这就使得二元变量相关系数不能真实反映两个变量间的线性相关程度。那么当两个变量的取值受到其他变量影响时，可以利用偏相关分析对其他变量进行控制，计算控制其他变量影响后的相关系数，这就是偏相关分析过程。偏相关分析就是在分析两个变量之间的线性相关关系时控制可能对其产生影响的变量，以便于使分析结果更准确可靠。

变量的相关分析用相关系数来表示。具体而言，两个数值型连续变量间的相关性用皮尔逊（Pearson）相关系数来判定，两个顺序型或类型变量间的相关性用斯皮尔曼（Spearman）等级相关系数和肯德尔（Kendall's tau-b）等级相关系数来判定。相关系数 r 的取值范围在 $-1\sim1$。相关系数为负，代表负相关；相关系数为正，代表正相关。相关系数 r 有以下性质：当 $|r|\geq 0.8$ 时，可视为高度相关；当 $0.5\leq|r|<0.8$ 时，可视为中度相关；当 $0.2\leq|r|<0.5$ 时，视为低度相关；当 $|r|<0.2$ 时，说明两个变量之间的相关程度极弱。

相关系数右上角的"**"，表示两个变量间相关性极其显著；"*"表示两个变量相关性显著；没有"*"表示两个变量间相关性不显著。在 SPSS 相关性分析结果中都会给出两个变量的相关系数以及显著性指标。我们看这个相关系数表时，先看有没有"*"号，再看相关系数大小。通俗地说，就是先看两者有没有相关性，再看相关性大小。

实践操作

以某县初中学校为例，在研究学校管理状况、教师工作状况与学生综合素质之间的关系时，研究者通过问卷调查，收集到某校 166 位老师的数据。经过前期数据加工，提炼出如表 3-7 的指标体系，数据样例如图 3-25 所示。

表 3-7 学校管理状况、教师工作状况与学生综合素质调查问卷指标体系

维度	指标
学校管理状况	校长领导力、学校组织文化、学校运行机制、学校管理效能
教师工作状况	教师课堂教学、教师精神状况
学生综合素质	学生学习素质、道德素质、心理素质、社会素质

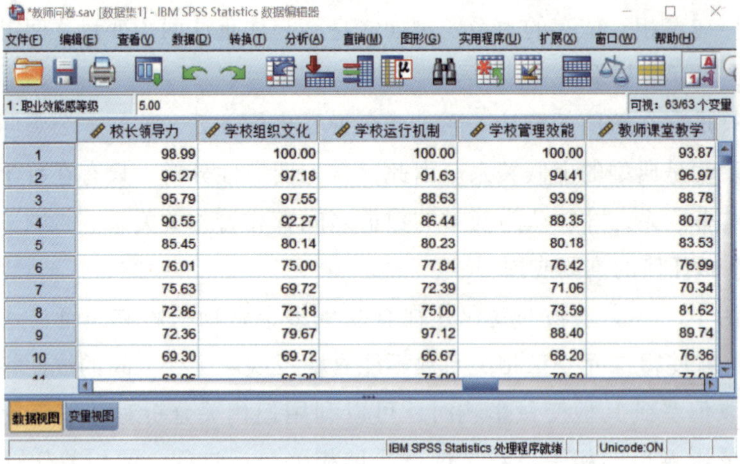

图 3-25 学校管理状况、教师工作状况与学生综合素质调查数据样例

1. 单相关分析

以学生综合素质和教师课堂教学相关分析为例。由于上述指标数据都是数值型连续变量，故采用皮尔逊（Pearson）相关分析，分析流程如下：

（1）打开"教师问卷.sav"数据表，先做散点图观察变量简单关系。选择"图形"→"旧对话框"→"散点图/点图"，如图 3-26 所示。

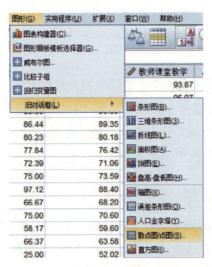

图 3-26 绘制简单散点图操作步骤（一）

（2）在弹出的"散点图/点图"对话框中单击"简单散点图"按钮后，单击"定义"按钮，然后在出现的"简单散点图"对话框中，Y轴选入"教师课堂教学"，X轴选入"学生综合素质"，如图 3-27 所示，然后单击"确定"按钮。

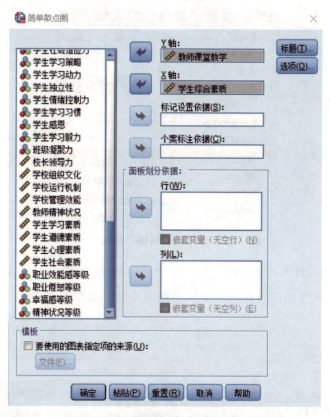

图 3-27　绘制简单散点图操作步骤（二）

（3）在输出页面，就出现图 3-28 的散点图。

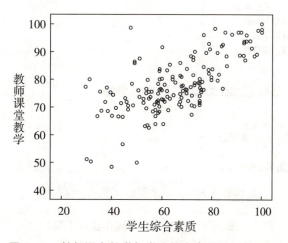

图 3-28　教师课堂教学与学生综合素质关系散点图

从图 3-28 中可以看出，教师课堂教学方式与学生综合素质之间存在一条近似的直线关系。因此，第二步，就可以计算两个变量的相关系数了。方法如下：

（4）菜单栏中，选择"分析"→"相关"→"双变量"如图 3-29 所示。

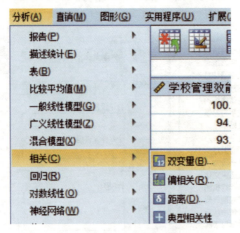

图 3-29　单相关分析操作步骤（一）

（5）"双变量相关性"对话框弹出后，将"教师课堂教学"和"学生综合素质"选入右边"变量"框中，系统默认的方法是皮尔逊相关系数，如图 3-30 所示，然后单击"确定"按钮。

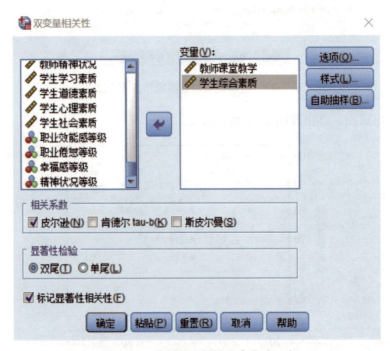

图 3-30　单相关分析操作步骤（二）

结果输出页面就会出现图 3-31 的分析结果。

第三章 如何揭开问卷调查报告数据背后的秘密

相关性

		教师课堂教学	学生综合素质
教师课堂教学	皮尔逊相关性	1	.709**
	显著性（双尾）		.000
	个案数	166	166
学生综合素质	皮尔逊相关性	.709**	1
	显著性（双尾）	.000	
	个案数	166	166

注：**. 在 0.01 级别（双尾），相关性显著。

图 3-31 学生综合素质与教师课堂教学方式单相关分析输出结果表

从图 3-31 输出的结果可知，学生综合素质与教师课堂教学方式的相关系数为 0.709，为高度相关，且相关性极其显著（显著性双尾检验结果为 0.000<0.01，在 0.01 的水平上极其显著，用 ** 表示）。

2. 复相关分析

复相关分析与单相关分析操作流程相同，只要重复单相关分析流程即可，只是选入分析的变量多一点，如图 3-32 所示。

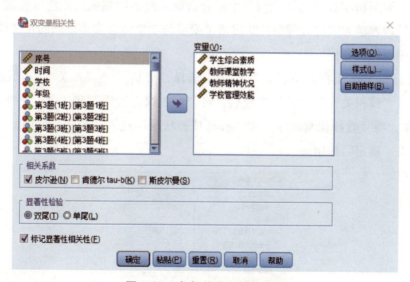

图 3-32 复相关分析操作步骤

结果输出页面（图 3-33）呈现的是各个指标两两相关的分析结果，对角线上下结果是一样的，只需阅读和呈现一半的相关系数即可。

相关性

		学生综合素质	教师课堂教学	教师精神状况	学校管理效能
学生综合素质	皮尔逊相关性	1	.709**	.620**	.579**
	显著性（双尾）		.000	.000	.000
	个案数	166	166	166	166
教师课堂教学	皮尔逊相关性	.709**	1	.672**	.570**
	显著性（双尾）	.000		.000	.000
	个案数	166	166	166	166
教师精神状况	皮尔逊相关性	.620**	.672**	1	.539**
	显著性（双尾）	.000	.000		.000
	个案数	166	166	166	166
学校管理效能	皮尔逊相关性	.579**	.570**	.539**	1
	显著性（双尾）	.000	.000	.000	
	个案数	166	166	166	166

注：**. 在 0.01 级别（双尾），相关性显著。

图 3-33　学生综合素质等四个指标复相关分析结果

3. 偏相关分析

从上面的复相关分析结果可知，学校管理效能与学生综合素质之间相关系数为 0.579，且相关性极其显著。前面已指出，在实际生活中，一个事物的变化往往会受到多个事物的影响，而非完全的二元相关关系。因此，这就使得二元变量相关系数不能真实反映两个变量间的线性相关程度。事实上，学校管理效能一方面可以与学生综合素质之间发生直接的关联；另一方面，也可以通过影响教师的教学方式和精神状况与学生综合素质发生间接的关联。因此，要分析学校管理效能与学生综合素质之间的净相关，就应该控制"教师"这个因素，将教师教学方式与教师精神状况两个变量与学生综合素质之间的相关性加以排除，这就需要采用偏相关分析。

偏相关分析操作流程如下：菜单栏中，选择"分析"→"相关"→"偏相关"，如图 3-34 所示，"偏相关性"对话框出现后，将"学生综合素质"和"学校管理效能"选入"变量"框中，将"教师课堂教学"和"教师精神状况"选入"控制"框中，如图 3-35 所示，然后单击"确定"按钮。

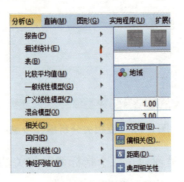

图 3-34　偏相关分析操作步骤（一）

第三章 如何揭开问卷调查报告数据背后的秘密

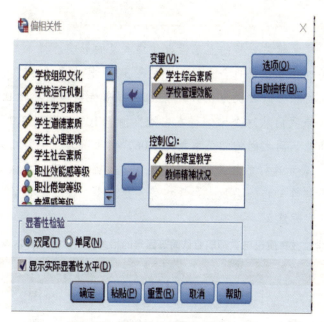

图 3-35 偏相关分析操作步骤（二）

输出页面就出现了图 3-36 的分析结果。从分析结果来看，控制了教师课堂教学和教师精神状况两个因素后，学校管理效能和学生综合素质之间的相关性依然显著，但相关系数降低为 0.250，这就是学校管理与学生综合素质之间的净相关系数。

相关性				
控制变量			学生综合素质	学校管理效能
教师课堂教学 & 教师精神状况	学生综合素质	相关性	1.000	.250
		显著性（双尾）	—	.001
		自由度	0	162
	学校管理效能	相关性	.250	1.000
		显著性（双尾）	.001	—
		自由度	162	0

图 3-36 偏相关分析结果

应用启示

依据变量与变量之间的联系或依存的类型不同，一般将变量之间的关系划分为相关关系和因果关系两种。相关分析与回归分析有着密切的联系，它们不仅具有共同的研究对象，而且基础理论也具有一致性，在对变量研究时经常需要它们相互补充。相关分析要为变量之间建立回归模型提供依据；回归分析揭示出变量相关的具体形式。只有当变量之间存在着高度相关时，进行回归分析才可能是正确的。同理，只有通过回归模型掌握了变量之间关联的具体形式，相关分析才有意义。

📖 拓展延伸

和差异分析一样，相关分析的显著性也受样本量的影响。样本很大的时候，即使相关系数很小，相关性检验结果也会很显著，见表3-8，样本量为5777，学校教育质量与教师职业认同之间的相关系数仅为0.079，但相关显著性检验值小于0.001，表示两者相关性极其显著。如果我们从这个大的样本中随机抽取10%，见表3-9，就会发现，学校教育质量与教师职业认同之间的相关系数为0.06，变化不大，但是相关显著性检验值为0.144，大于0.05，表示这样的相关性已经不显著了。因此，我们在做大样本分析时，也要综合考虑相关显著性与相关系数。如果相关系数较小，但相关性显著，也仅仅具有统计学意义，而没有实际意义。

表3-8 学校教育质量与教师职业认同等因素的相关分析结果（样本量为5777）

	相关性	教师职业认同	教师满意度	学校教学管理	教师研修发展
学校教育质量	皮尔逊相关性	0.079**	0.141**	0.151**	0.105**
	显著性（双尾）	0.000	0.000	0.000	0.000
	个案数	5777	5777	5777	5777

注：**. 在0.01级别（双尾），相关显著。

表3-9 学校教育质量与教师职业认同等因素的相关分析结果（样本量为587）

	相关性	教师职业认同	教师满意度	学校教学管理	教师研修发展
学校教育质量	皮尔逊相关性	0.06	0.119**	0.160**	0.133**
	显著性（双尾）	0.144	0.004	0.000	0.001
	个案数	587	587	587	587

注：**. 在0.01级别（双尾），相关显著。

专题5 师生关系指数提升10个百分点，学业水平提升多少

专题4中，我们简要提及了相关分析与回归分析的区别与联系。事实上，回归分析是数据分析的核心，它能够通过挖掘数据获取背后的本质性关系，发现各因素间的影响机制，从而进行比较精确的事后归因和未来预测。本专题重点介绍简单一元线性回归分析的基本理论、操作方法、数据解读以及使用时的注意事项。

📝 问题驱动

在很多教育质量监测报告中，大家经常会看到如表3-10这样的表格，或者一个简单的

直方图（图 3-37）。在表 3-10 中，非标准化系数 B、标准化系数 Beta、t、显著性及 R^2，都是非常重要的信息来源，它们分别表示什么意思？另外，在图 3-37 中，三个因素的数值又表示什么？

表 3-10　影响学生学业成绩因素的一元线性回归分析

回归模型	非标准化系数 B	标准化系数 Beta	t	显著性	R^2
（常量）	449.207		296.913	0.000	0.037
师生关系	0.678	0.192	34.817	0.000	

因变量：学生学业成绩

（常量）	401.784		213.589	0.000	0.083
教师教学	1.271	0.288	53.429	0.000	

因变量：学生学业成绩

（常量）	372.819		184.082	0.000	0.115
学习策略	1.625	0.339	64.029	0.000	

因变量：学生学业成绩

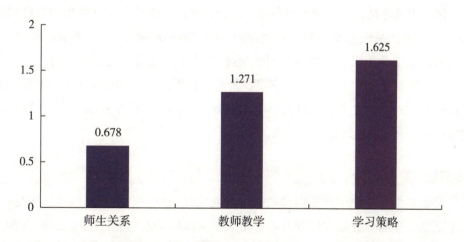

图 3-37　师生关系等指标指数（百分制）提升一个百分点后，学生成绩提升值（百分制）

数据解读

从表 3-10 中，大家可以看到，实际上有三个回归分析，三个回归分析都是分析一个自变量对学生学业成绩的影响。因此，这三个表都叫一元线性回归分析。这里的"一元"是指一个自变量,"多元回归"是指多个自变量对因变量地影响。一般而言,回归分析模型中的常量一行可忽略不去解读。以师生关系对学生学业成绩影响为例,主要看自变量师生关系对学生学业成绩影响的非标准化系数 B、标准化系数 Beta、t、显著性以及 R^2。非标准化系数 B 就是自变量对因变量影响大小,表 3-10 中的非标准化系数 B 为 0.678,可以做如下解释:师生关系对学生学业成绩的回归系数为 0.678。也就是说,师生关系每上升 1 个点,学生学业成绩就提高 0.678 分,图 3-37 就是三个自变量分别上升 1 个点,对应学生学业成绩提高的幅度。但这种影响是否显著,还要看后面的 t 和显著性,如果显著性值大于 0.05,就意味着该自变量对因变量影响不显著。我们看到这里的 t 为 34.817,显著性值小于 0.001,这就意味着师生关系对学生学业成绩的影响极其显著。

标准化系数 Beta 一般在多元回归分析时用到。它是将各个自变量数据进行无量纲化(标准化)处理后,用来比较各个自变量影响大小的。很多时候,各个自变量的阈值并不相同,如师生关系阈值为 [0,100],而学生家庭社会经济地位的阈值可能是 [1,5],这时把多个自变量一起纳入回归分析时,就会出现非标准化系数之间不具有可比性。所以,标准化系数就是将不同自变量进行无量纲化,使自变量对因变量的影响进行直接比较成为可能。自变量的标准化系数越大,说明该自变量对因变量的影响越大。事实上,在一元线性回归分析时由于自变量只有一个,因此可以不看标准化系数。

R^2 是决定系数,也叫拟合优度,是衡量回归方程中的自变量解释因变量变化的百分比,可以说明所建立模型与实际数据的拟合程度好坏。R^2 值越大,说明回归方程中自变量解释因变量变化的比例越高,自变量的解释能力越强,该回归方程与实际数据的拟合程度越好。表 3-10 中,师生关系作为单一自变量建立的回归方程,R^2 为 3.7%,表示该回归方程中师生关系能解释学生学业成绩 3.7% 的变化,还有 96.3% 变化是不能够解释的。也就意味着,师生关系作为影响学生学业成绩的自变量,所起的作用仅占全部潜在影响因素的 3.7%。同理,教师教学方式对学生学业成绩的影响占全部潜在影响因素的 8.3%,学生学习策略对学业成绩的影响占全部潜在因素的 11.5%。

📄 原理简析

因果关系是指当一个作为原因的数据出现变化时,另一个作为结果的数据在一定程度上会发生变化,这两个数据之间存在着必然联系。因果关系可能是线性关系,也可能是非线性关系。通过一个或多个自变量对因变量进行解释和预测的统计分析方法,就叫回归分析。在回归分析中,设 X 为自变量,设 Y 为因变量,对一因一果的现象,可以建立一元回归模型;对多因一果的现象,可以建立多元回归模型;对一因多果的现象,可以建立路径分析等模型;对多因多果的现象,可以建立联立方程等模型。

如果自变量 X 与因变量 Y 是直线型关系,则可以通过建立一元线性模型来描述它们之间的关系。而将所建立的一元线性模型称为一元回归模型或简单线性回归模型,可以表示为

$$Y_i=\beta_0+\beta_1X_i+\varepsilon_i(i=1,2,3,\cdots,n)$$

β_0 为截距；β_1 为斜率；ε_i 为随机变量；n 为样本数量。

回归模型是从总体的角度描述自变量 X 与因变量 Y 之间的关系。它们的数值在实际中是不可能得到的，只能通过样本数据得到它们的估计值。所以，通过它们得到的 Y 与实际的 Y 之间存在随机误差 ε_i。回归模型分成两部分：一部分是由线性函数 $\beta_0+\beta_1X_i$ 构成的确定性数值；另一部分就是随机误差 ε_i。但在回归方程中，误差项是不呈现的。$E(Y_i)=\beta_0+\beta_1X_i$ 称为一元回归方程，通俗地理解，实际上就是一个一元一次函数（$y=kx+b$）。β_0、β_1 称为回归系数，其中 β_0 就是回归方程中的常量，也就是一次函数的截距；β_1 就是回归方程中的非标准化系数，也就是一次函数的斜率。回归分析的任务就是用恰当的方法估计出一元一次方程的截距 β_0 和斜率 β_1。“问题驱动”中的案例，其回归方程就可以写成：

学业成绩 =449.207+0.678 × 师生关系

实践操作

以上述一元线性回归分析为例。做回归分析之前，首先要做相关分析，如果相关分析结果显示两个变量的相关性不显著，就没有必要做回归分析了，即使做出来也没有什么实际意义。相关分析的操作步骤前面已经做过介绍，这里不再重复。下面仍以学生问卷调查数据（图 3-38）为例，以学生自主学习品质为因变量，教师教学方式为自变量，进行一元线性回归分析。

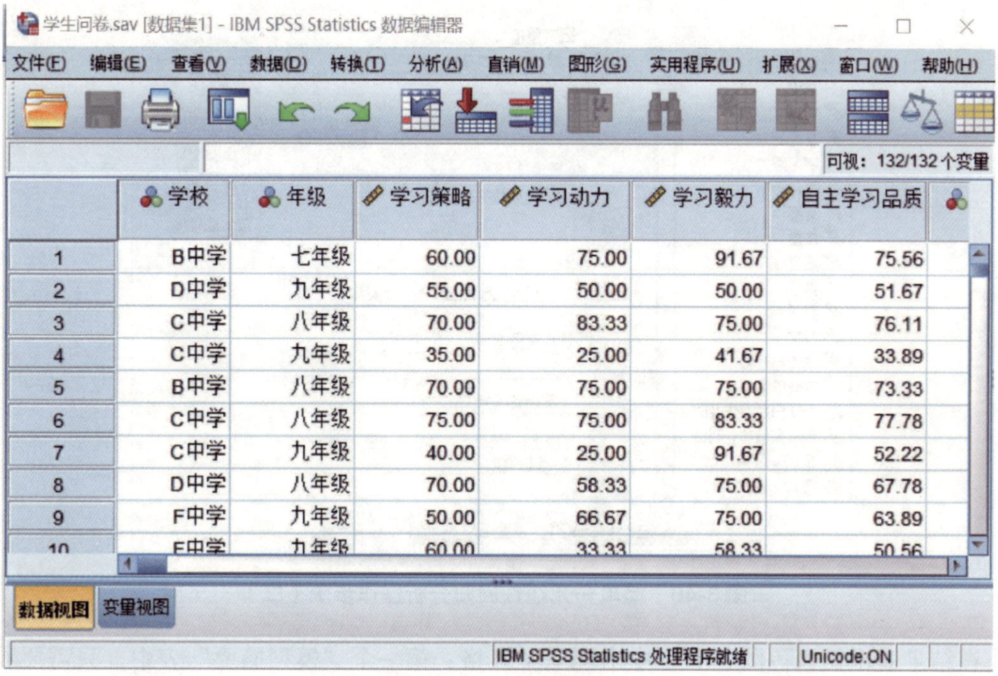

	学校	年级	学习策略	学习动力	学习毅力	自主学习品质
1	B中学	七年级	60.00	75.00	91.67	75.56
2	D中学	九年级	55.00	50.00	50.00	51.67
3	C中学	八年级	70.00	83.33	75.00	76.11
4	C中学	九年级	35.00	25.00	41.67	33.89
5	B中学	八年级	70.00	75.00	75.00	73.33
6	C中学	八年级	75.00	75.00	83.33	77.78
7	C中学	九年级	40.00	25.00	91.67	52.22
8	D中学	八年级	70.00	58.33	75.00	67.78
9	F中学	九年级	50.00	66.67	75.00	63.89
10	F中学	九年级	60.00	33.33	58.33	50.56

图 3-38　回归分析数据样例

操作步骤如下：

（1）打开"学生问卷.sav"数据表，选择"分析"→"回归"→"线性"，如图3-39所示。

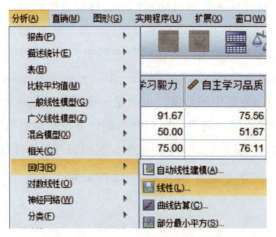

图3-39　简单一元线性回归分析操作步骤（一）

（2）在"线性回归"对话框中，将"自主学习品质"移入"因变量"框中，将"教师教学方式"移入"块"框中。其余暂不用操作，如图3-40所示，然后单击"确定"按钮。

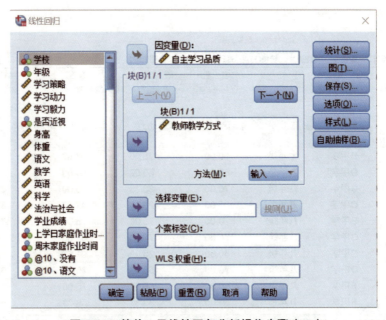

图3-40　简单一元线性回归分析操作步骤（二）

在结果输出窗口（图3-41）中出现三个表格：第一个"模型摘要"表中，只需要看R，即$R^2=0.120$，表示教师教学方式能解释学生自主学习品质12%的变异，可以通俗地理解为，影响学生自主学习品质的因素有许多,其中教师教学方式占所有影响因素的12%。第二个"ANOVA"表中,F是方差检验量,是用于判断自变量和因变量的线性关系是否成立,如果显著性值小于0.05,就说明该回归分析有实际意义。第三个"系数"表是最关键的,未标准化的B值就是回归系数,为0.371。t是对每一个自变量的逐个检验,看它的回归系数有没有意义,即对因变量的影响是否显著。t的显著性值也小于0.05,表示教师教学方式这个自变量对学业自主学习品质的影响显著。

模型摘要

模型	R	R方	调整后R方	标准估算的误差
1	.347[a]	.120	.120	16.74093

a. 预测变量: (常量), 教师教学方式

ANOVA[a]

模型		平方和	自由度	均方	F	显著性
1	回归	98462.169	1	98462.169	351.326	.000[b]
	残差	718863.322	2565	280.259		
	总计	817325.492	2566			

a. 因变量: 自主学习品质
b. 预测变量: (常量), 教师教学方式

系数[a]

模型		未标准化系数		标准化系数	t	显著性
		B	标准误差	Beta		
1	(常量)	32.612	1.753		18.607	.000
	教师教学方式	.371	.020	.347	18.744	.000

a. 因变量: 自主学习品质

图3-41　简单一元线性回归分析结果

然后,把"模型摘要"表和"系数"表复制粘贴到Excel里进行合并,就可以呈现类似表3-10的统计结果。这里需要说明一下:两个表的因变量选择不一样,表3-10的因变量是学生学业成绩,图3-41的因变量是学生自主学习品质,所以回归系数不一样,但操作方法是完全一致的。至于图3-41中教师教学方式提升一个百分点后,学生自主学习品质提升值,就是把非标准化系数单独拿出来,做一个简单直方图即可。

应用启示

一元线性回归分析比相关分析前进了一步,增加了因果性,它可以解释数据之间作用机制和作用的大小。在运用回归分析时,需要注意两点:

(1)在回归分析中,因果关系的确定要依赖于事先的定性分析。相关分析中两个变量的关系是双向的,而回归分析是单向的,就是指这种因果关系不能颠倒。回归模型即使通

过了各种统计检验，也可能只在一定程度上说明事物之间的因果关系，x 与 y 之间事实上的因果关系是否成立，还要由应用领域的专家来判断，并从大量的实践中进行检验。

（2）做一元线性回归分析之前，一般要先做相关分析，并绘制散点图，如果两个因素之间连相关性都不显著，那就没有必要再做回归分析了。散点图可以直观地看出两个变量之间的关系接近于一条直线还是一条曲线，进而确定回归分析的方法。

事实上，在数据分析中，一元线性回归运用较少。这是因为在现实中很少会有一因一果的简单关系，更多的是多种因素交互作用的结果。因此，只分析一个因素对另一个因素的影响作用，无论从理论角度还是实际角度，可能会忽略或屏蔽更重要的影响因素，导致回归分析的结果没有多少实际参考价值。故而在回归分析家族中，运用更多的还是下个专题中介绍的多元线性回归分析。

> **拓展延伸**
>
> ### 回归分析的家族谱系
>
> 回归分析是数据分析的大家族，种类有很多，如图3-42所示。根据自变量的个数来分类，可以分为一元线性回归分析和多元线性回归分析；根据因变量和自变量的函数表达式来分类，可以分为线性回归分析和非线性回归分析。
>
>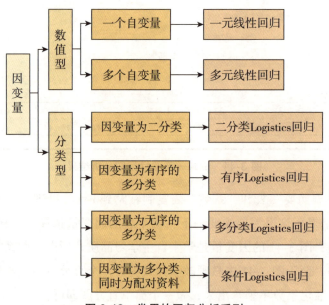
>
> 图 3-42　常用的回归分析系列
>
> 除此之外，还有多项式回归、岭回归、套索回归等分析方法。当你只知道一个或两个方法时，数据分析往往很简单。然而，在我们处理的过程中，可选择的越多，选择正确的一个就越难。类似的情况下也发生在回归模型中。在多类回归模型中，基于自变量和因变量的类型，以及数据的其他基本特征，选择最合适的方法非常重要。大家若有兴趣，可做进一步的研究学习。

专题6 学校要提升教学质量，应优先考虑哪些因素

众所周知，教学质量受学校教学管理、教师专业素养、学生学习品质、家庭教育方式等多种因素的影响。那么，具体到一所学校或者一个班级，提升教学质量是需要在各个方面平均发力？还是优先考虑其中某几个因素重点攻关？其依据从何而来？经验固然是很重要的一个依据，但是如果能采用更加科学的数据分析方法辅助决策，定然事半功倍。本专题所介绍的多元回归分析方法，正是这把辅助决策的金钥匙。

问题驱动

表3-11是一个多元线性回归分析表。根据一元线性回归分析的知识，大家对非标准化系数、标准化系数以及 t 和显著性都可以进行比较准确的解读。但该表中有一列共线性统计，它是什么意思？

表3-11 多元线性回归分析表

模型	非标准化系数		标准化系数	t	显著性	共线性统计		R^2
	B	标准差	Beta			容差	VIF	
（常量）	51.82	0.784		66.091	0.000			
教师教学方式	0.016	0.009	0.026	1.757	0.079	0.674	1.484	
学生学习品质	0.247	0.011	0.343	23.176	0.000	0.681	1.469	0.137
学校教学管理	0.054	0.008	0.085	6.937	0.000	0.985	1.016	
学生学业负担	−0.052	0.006	−0.109	−8.640	0.000	0.935	1.069	

因变量：教学质量

数据解读

在表3-11中，我们以教师教学方式、学生学习品质、学校教学管理以及学生学业负担作为自变量，分析其对教学质量的影响。再次提及一下：非标准化系数主要表示自变量对因变量的影响是否存在或是否显著，标准化系数主要表示自变量对因变量影响的大小或重要性，这里影响的大小是看绝对值。如 A 自变量对因变量影响的标准化系数为 −0.42，而 B 自变量的标准化系数为 0.13，那么 A 自变量的影响大于 B 自变量，只不过 A 对因变量为负向影响。

根据回归分析中非标准化系数结果显示，教师教学方式对教学质量的影响系数为 0.016，影响作用并不显著（显著性值为 0.079>0.05），而学生学习品质、学校教学管理对教学质量的影响系数分别为 0.247 和 0.054，影响作用显著（显著性值 <0.001）。这就意味着其他变量不变的情况下，学生学习品质每上升 1 个点；教学质量提高 0.247 个点；学校教学管理每上升 1 个点，教学质量提高 0.054 个点。学生学业负担对教学质量的影响也显著，但这种影响是负向的，这就意味着学生学业负担下降 1 个点，教学质量提升 0.052 个点。

根据回归分析中标准化系数结果显示，影响学校教学质量的最重要因素是学生学习品

质（0.343），其次是学生学业负担（-0.109），再次是学校教学管理（0.085）。因此，可以得出结论：要想提升该学校的教学质量，工作重心必须从"研教"向"研学"转变，首要改进的因素是提升学生学习品质，其次是减轻学生学业负担，再次是优化学校教学管理，而教师教学方式保持稳定即可。

表 3-11 中的共线性统计，在多元线性回归中很重要。何为共线性？在选择自变量的时候，如果自变量之间的相关性很高，达到 0.7 以上，这个时候，如果把这两个自变量一起纳入回归分析，那么它们的回归系数就会出现很大的偏误。例如，这两个相关性很高的自变量与因变量的相关系数都为正，他们的回归系数有可能变成负值。依据这样的回归分析结果做决策，显然会误导实践。因此，在做回归分析之前，要先做相关分析。做相关分析有两个作用：第一就是把与因变量相关性不显著或相关系数很低的自变量剔除，不纳入回归分析；第二就是检查自变量之间是否高度相关，如果自变量之间高度相关，但又有必要把这些高相关的自变量纳入回归分析，则要在回归分析时做共线性统计检验。

共线性统计有两个值：一个是容差，一个是 VIF（方差膨胀因子），两者互为倒数。如果两个自变量的 VIF 大于 5，基本可以判定，这两个自变量之间存在共线性问题，要将两个自变量加以合并，成为一个自变量，或删除其中一个自变量。

实践操作

多元线性回归的操作方法与一元线性回归方法相同，只是需要外加一些选项。以学生问卷数据为例，要分析教师教学方式、学生责任感、幸福感与学习倦怠对学生自主学习品质的影响，首先要做这 5 个指标之间的相关分析，结果见表 3-12。从这个表中我们可以看到，这 5 个变量之间都有显著性相关，故可把这 4 个因素全部作为自变量纳入回归分析中。

表 3-12　自主学习品质与其他几个因素之间的相关分析

		相关性				
		自主学习品质	教师教学方式	责任感	幸福感	学习倦怠
自主学习品质	皮尔逊相关性	1	0.347**	0.531**	0.428**	-0.475**
	显著性（双尾）		0.000	0.000	0.000	0.000
	个案数	2567	2567	2567	2567	2567
教师教学方式	皮尔逊相关性	0.347**	1	0.419**	0.363**	-0.298**
	显著性（双尾）	0.000		0.000	0.000	0.000
	个案数	2567	2567	2567	2567	2567
责任感	皮尔逊相关性	0.531**	0.419**	1	0.580**	-0.378**
	显著性（双尾）	0.000	0.000		0.000	0.000
	个案数	2567	2567	2567	2567	2567
幸福感	皮尔逊相关性	0.428**	0.363**	0.580**	1	-0.390**
	显著性（双尾）	0.000	0.000	0.000		0.000
	个案数	2567	2567	2567	2567	2567

（续）

相关性		自主学习品质	教师教学方式	责任感	幸福感	学习倦怠
学习倦怠	皮尔逊相关性	−0.475**	−0.298**	−0.378**	−0.390**	1
	显著性（双尾）	0.000	0.000	0.000	0.000	
	个案数	2567	2567	2567	2567	2567

注：**. 在 0.01 级别（双尾），相关性显著。

操作步骤如下：

（1）打开"学生问卷.sav"数据表，选择"分析"→"回归"→"线性"，如图 3-43 所示。

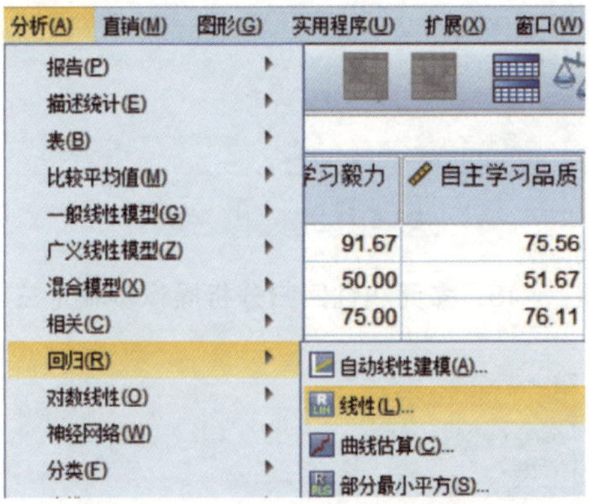

图 3-43　多元线性回归分析操作步骤（一）

（2）在弹出的"线性回归"对话框中，将"自主学习品质"移入"因变量"框中，将"教师教学方式""责任感""幸福感""学习倦怠"移入"块"框中，如图 3-44 所示。

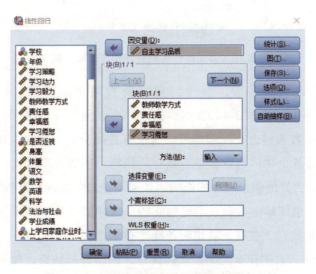

图 3-44　多元线性回归分析操作步骤（二）

（3）单击右侧的"统计"，弹出"线性回归：统计"对话框，"估算值"和"模型拟合"是系统自动勾选的，我们只需要再勾选"共线性诊断"与"德宾-沃森"，如图3-45所示。然后单击"继续"，返回"线性回归"对话框后，继续单击右侧的"图"按钮，弹出"线性回归：图"对话框，勾选"直方图"，如图3-46所示，单击"继续"按钮返回到"线性回归"对话框，单击"确定"按钮。

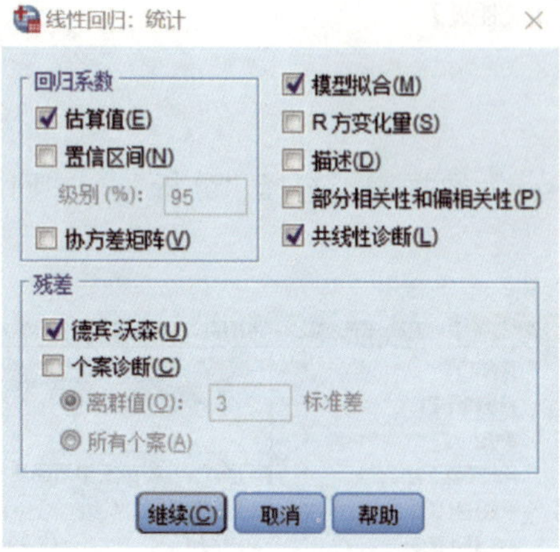

图3-45　多元线性回归分析操作步骤（三）

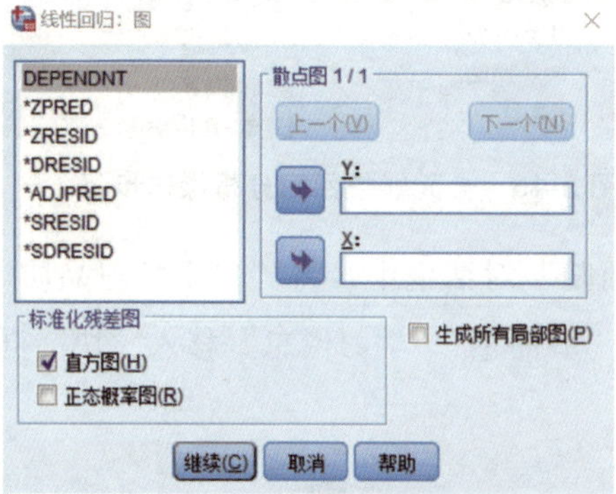

图3-46　多元线性回归分析操作步骤（四）

输出结果中会出现很多表，但我们只需要看两个表即可。一个是模型摘要表（图3-47），一个是系数表（图3-48）。然后把这两个表复制、粘贴到Excel表中，把模型摘要表里的R方和系数表整合在一起即可。这里有教师会问：德宾－沃森是什么？德宾－沃森系数是用来检验各个体样本数据是否独立的指标。通俗地理解就是，调查对象之间在填答问卷时，是否受到其他调查对象的影响。如果调查对象之间相互抄袭或受到外部暗示，导致答案雷同，那么个体样本数据就不是独立的，这样回归分析结果就是不可靠的。一般来说，德宾－沃森系数在2左右，就说明各样本数据之间相互独立。这里的德宾-沃森系数为1.560，接近于2，表明样本之间独立性良好，回归分析结果比较可靠。至于残差分布直方图（图3-49），大家只需要看一下是否为正态分布即可。如果是正态分布，就表示残差是随机分布的，也是相互独立的，回归分析结果就是比较可靠的。何谓残差？实际上就是测量误差，这里不做详细阐述。

模型摘要[b]					
模型	R	R 方	调整后 R 方	标准估算的误差	德宾 - 沃森
1	.619[a]	.383	.382	14.03031	1.560
a. 预测变量：(常量)，学习倦怠，教师教学方式，幸福感，责任感					
b. 因变量：自主学习品质					

图 3-47　多元线性回归分析模型摘要表

系数[a]								
模型		非标准化系数		标准化系数	t	显著性	共线性统计	
		B	标准误差	Beta			容差	VIF
1	（常量）	30.779	2.023		15.218	.000		
	教师教学方式	.095	.019	.089	5.100	.000	.788	1.269
	责任感	.353	.021	.333	16.568	.000	.598	1.673
	幸福感	.071	.015	.091	4.590	.000	.619	1.616
	学习倦怠	−.209	.013	−.288	−16.557	.000	.799	1.252
a. 因变量：自主学习品质								

图 3-48　多元线性回归系数表

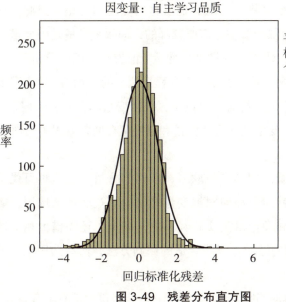

图 3-49　残差分布直方图

> 📌 应用启示

回归分析是数据分析中最重要的一种方法，也是数据分析中最常用的预测建模技术之一。它依据事物内部因素变化的因果关系来预测事物未来的发展趋势。它能够精准地分析出各个因素之间的影响作用以及影响大小,更有助于我们在经验的基础上做出更明智的决策。具体而言,回归分析需要重点思考的几个地方如下:

(1)确定因变量与自变量之间的回归模型,并依据样本观测值对回归模型中的参数进行估计,给出回归方程(判断采用何种回归方法)。

(2)对回归方程中的参数和方程本身进行显著性检验(关注 R^2、F、德宾 - 沃森系数、残差分布状况)。

(3)评价自变量对因变量的贡献并对其重要性进行判别(关注非标准化系数及 T 检验结果、标准化系数)。

(4)利用所求得的回归方程,并根据自变量的给定值对因变量进行预测,对自变量进行控制(决策与实际运用)。

大家在使用回归分析时,一定要注意以下几点,否则就容易失之毫厘谬以千里哦!

1. 定性分析是前提

在应用相关和回归分析时,一般分为定性分析和定量分析两个阶段,其中定性分析虽然并不复杂,但也尤为重要。通过定性分析,我们来分辨清楚分析的变量之间是否存在相互依存关系,而后才能转入定量分析。需要说明的是,不能不加分析就将两个变量凑在一起进行定量分析,这样往往会得出虚假相关的结论。

2. 确定变量是关键

回归分析是用于分析一个事物如何随其他事物的变化而变化。因此,在进行回归分析时,十分关键的一步就是确定哪个事物是需要解释的,即哪个变量是因变量(记为 y);哪些事物是用于解释其他变量的,即哪些变量是自变量(记为 x)。回归分析正是要建立 y 关于 x 的回归方程,并在给定 x 的条件下,通过回归方程预测 y 的平均值,这点是有别于相关分析的。一般来说,只需要进行相关分析时,可以不区分因变量和自变量。但是,当进行回归分析时,一定要区分因变量和自变量,并且因变量和自变量在回归方程中的地位不可倒置。

3. 选用函数有讲究

为了反映自变量和因变量之间的有机联系,在回归分析中有多种可供选择的函数,即定量分析数学表达式。这里就涉及如何根据变量之间的客观联系来选用正确的函数这个问题。通常,我们在专业知识和理论以及实践经验的基础上,还需借助相关图法(比如观察散点图),来判断相关和回归的性质,寻找合适的回归方法,然后选用正确的数学表达式。

4. 外推预测需谨慎

我们利用统计软件所取得的回归方程,均是通过一定范围内的有限资料计算得到的。理论上来说,其有效性只适用于该范围内,不适用于该范围外,即只适用于内插推算,不宜用作外推预测。当然,通过客观联系建立起来的回归方程,如果通过相关系数的显著性检验,在一定的概率保证程度下,可用作近期预测。需要提醒的是,预测越远,可能误差就越大哦!

拓展延伸

Logistic 回归

在本章模块一专题 5 的"拓展延伸"里，我们介绍了回归分析的家族谱系，提到了如果因变量不是连续型变量，而是类别变量（如高考就分为考上大学和考不上大学两种类型）时，需要运用另外一种回归分析方法：Logistic 回归。

Logistic 回归与多重线性回归分析有很多相同之处。它们的模型形式基本上相同，其区别在于它们的因变量不同。Logistic 回归的因变量可以是二分类的，也可以是多分类的，但是二分类的更为常用，也更加容易解释，实际工作中最为常用的就是二分类 Logistic 回归。

二分类 Logistic 回归实质是将因变量的发生概率（如考上大学）除以没有发生概率（考不上大学），得到一个比值，再取这个比值的对数。这样，就把一个二分类的因变量转化为一个连续型的因变量，这种转换往往使得因变量和自变量之间呈线性关系，这样便可以参照多元线性回归的方法进行分析，这是根据大量实践而总结的。所以，Logistic 回归从根本上解决因变量不是连续变量时怎么办的问题。还有，Logistic 回归应用广泛的原因是许多现实问题跟它的模型吻合。

Logistic 回归模型也有其适用条件：

（1）因变量为二分类的分类变量或某事件的发生概率，并且是数值型变量，如将考上大学和考不上大学两种类型变量分别赋值"1"和"0"。

（2）残差和因变量都要服从二项分布。二项分布对应的是分类变量，所以不是正态分布，进而不是用最小二乘法，而是用最大似然估计法来解决方程估计和检验问题。

（3）自变量和 Logistic 概率是线性关系。

（4）各个被调查对象样本间相互独立，也就是调查对象 A 在作答时不受调查对象 B 的影响。

在 SPSS 中，操作方法与多元线性回归基本相似，如图 3-50 和图 3-51 所示。但其数据解读比较复杂一点，这里仅作拓展性介绍，有兴趣的教师可参阅相关书籍。

图 3-50　SPSS 中二元 Logistic 回归的操作界面（一）

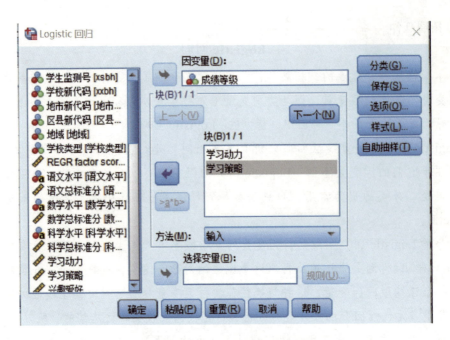

图 3-51　SPSS 中二元 logistic 回归的操作界面（二）

专题 7　家庭社会经济地位对学生学业成绩到底有多重要

1964 年，美国詹姆斯·科尔曼教授带领一个研究小组收集了美国各地共 4000 所学校 60 万学生的数据，进行了美国教育领域最大规模的调研。然后他们对这些调研材料进行了分析。到了 1966 年，科尔曼向国会递交了《关于教育机会平等》的报告，这就是美国社会学史和教育史上著名的《科尔曼报告》。这份报告提出，学生家庭社会经济因素与学生学业成绩息息相关，造成黑人学生学习水平低的原因，主要不是学校条件，而是学生的家庭社会经济地位。当对这些因素进行统计控制时，学校之间的差异似乎只对学生成绩差异产生了很小的影响。那么，家庭社会经济地位对学生学业成绩到底有多重要？

问题驱动

我们看下面某省教育质量监测报告中的两个回归分析表。表 3-13 与表 3-14 的区别在于，表 3-14 引入了一个新的自变量：学生家庭社会经济地位，导致学习品质等自变量的影响大小发生了变化，同时 R^2 也从 13.7% 提升到了 20.4%。增加的"学生家庭社会经济地位"这个自变量，并不是我们学校和教师可以改变的，但它又会对学生学业成绩产生显著影响。因此，这种既对因变量产生影响，但又不是我们所研究的变量，我们把它称之为控制变量。

表 3-13　学生学业成绩影响因素的回归分析（未控制学生家庭社会经济地位）

模型	非标准化系数		标准化系数	t	显著性	共线性统计		R^2	德宾–沃森
	B	标准误差	Beta			容差	VIF		
（常量）	51.824	0.784		66.091	0.000				
学生学习品质	0.247	0.011	0.343	23.176	0.000	0.681	1.469		
学校教学管理	0.054	0.008	0.085	6.937	0.000	0.985	1.016	0.137	1.755
教师教学方式	0.016	0.009	0.026	1.757	0.079	0.674	1.484		
学生学业负担	−0.052	0.006	−0.109	−8.64	0.000	0.935	1.069		

因变量：学业成绩

表 3-14　学生学业成绩影响因素的回归分析（控制学生家庭社会经济地位）

模型	非标准化系数		标准化系数	t	显著性	共线性统计		R^2	德宾–沃森
	B	标准误差	Beta			容差	VIF		
（常量）	54.558	0.764		71.434	0.000				
学生学习品质	0.216	0.010	0.301	20.961	0.000	0.669	1.496		
学校教学管理	0.036	0.007	0.056	4.738	0.000	0.972	1.028		
教师教学方式	0.016	0.009	0.027	1.920	0.055	0.674	1.484	0.204	1.832
学生学业负担	−0.036	0.006	−0.077	−6.260	0.000	0.921	1.085		
学生家庭社会经济地位	3.037	0.139	0.264	21.906	0.000	0.953	1.050		

因变量：学业成绩

数据解读

表 3-13 的数据解读可参见本章模块一专题 6 中回归分析的内容。表 3-14 的数据解读如下：在控制了学生家庭社会经济地位的影响后，学生学习品质对学业成绩的非标准化系数 B 为 0.216，且极其显著。即在排除所有学生家庭社会经济地位的影响后，学生学习品质每提升 1 个百分点，学生学业成绩提升 0.216 个百分点；学校教学管理每提升 1 个百分点，学生学业成绩提升 0.036 个百分点；学生学业负担每下降 1 个百分点，学生成绩也提升 0.036 个百分点；而在排除所有学生家庭社会经济地位的影响后，教师教学方式对学生学业成绩影响仍然不显著。学生学习品质对学生学业成绩的影响最大（标准化回归系数为 0.301），学生学业负担次之（标准化回归系数为 −0.077），学校教学管理第三（标准化回归系数为 0.056）。这三个因素可以解释学生学业成绩变化的 20.4%（表 3-14 中的 R^2），即这三个因素占所有影响学生学业成绩因素的 20.4%。

事实上我们也发现，学生家庭社会经济地位这个控制变量对学生学业成绩的影响还是很大的，甚至超过了学校教育教学因素对学生学业成绩的影响，这个结论与《科尔曼报告》的结论有惊人的一致性。

原理简析

控制变量是指与特定研究目标无关的非研究变量，即除了研究者重点研究的自变量和因变量之外的变量，是研究者不想研究，但会影响研究结果，需要想办法施加控制或采用统计方法排除干扰的因素。因为除了要研究的因素外，其他因素对因变量也是有影响的，而且不同水平下影响不同。这样，在不同水平下比较同一事物就不合适，而将控制因素固定后，不同自变量对因变量的影响就可以在同一水平下比较了。所谓影响因素和控制因素也是相对的，都是自变量，也就同时进入回归分析。如果只有影响因素而没有其他控制因素存在（这些因素确实对因变量有影响），那么这个模型对客观事物的描述自然是不完全的，这种情况下的解释就只能是：在不考虑其他控制因素的前提下，因变量对自变量的影响如何。由于控制变量可以视为是自变量，在 SPSS 操作中，把控制变量当作自变量一并纳入分析即可，只是在结果解释上，就要变成：在控制了其他因素的影响下，影响因素的作用如何变化。

控制变量可以是定量数据也可以是定类数据。其中更多是定类数据，如：性别、年龄、工作年限等人口统计学变量。控制变量一般是依据主观判断，结合研究目的进行选择，或过往的研究中曾使用过该变量作为控制变量，或有理论依据支持。控制变量实质上就是自变量，分析时一般不会过多地关注在控制变量上。分析时一般直接放入回归模型中即可。

实践操作

我们来分析学生责任感、学习倦怠、自主学习品质、教师教学方式对学业成绩的影响，同时，也把学生家庭社会经济地位作为控制变量一起作为自变量。

打开"学生问卷.sav"数据表，选择"分析"→"回归"→"线性"，该步骤与图 3-39 相同。把"学业成绩"移入"因变量"框中，"责任感""学习倦怠""自主学习品质""教师教学方式"和"家庭社会经济地位"移入"块"框中，如图 3-52 所示。这样，我们就直接把"学生家庭社会经济地位"与其他自变量放在一起进行回归分析。

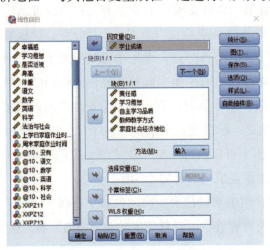

图 3-52　引入新的控制变量

也可以使用分层回归分析。"第一层"全部放入控制变量,"第二层"放入核心自变量,如图3-53和图3-54所示。首先,第一"块"框中放"家庭社会经济地位",如图3-53所示,然后单击"下一个"按钮,第二"块"框中放"责任感""学习倦怠""自主学习品质""教师教学方式",如图3-54所示,最后在"统计"选项里,勾选"共线性诊断"和"德宾－沃森",单击"继续""确定"按钮,即可输出回归结果。

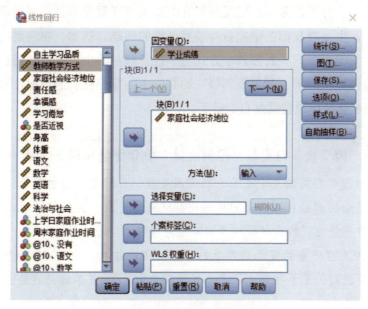

图3-53 分层回归分析操作步骤(一)

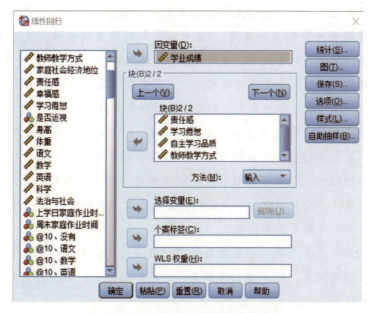

图3-54 分层回归分析操作步骤(二)

应用启示

在科学研究中，我们通常采用统计方法排除控制变量对因变量的影响。然而在现实生活中，我们很难做到这种"统计排除"。所以，理解控制变量实际上就是让我们分析因果（自变量影响因变量）关系时，留意是否有需要控制的因素没有被控制，如果没有被控制，那我们就有理由怀疑这种因果关系是否存在。

值得强调的是，并不是除了自变量外所有能影响因变量的都是控制变量，控制变量是一个相对的概念，主要看我们的研究目的或要弄清的问题。例如，在前面的案例中，如果我们研究的是学生学习品质、教师教学方式与学校管理对学生学业成绩的影响，就要控制学生家庭社会经济地位因素；如果我们研究的是学生的家庭社会经济地位对学生成绩的影响，那学生家庭社会经济地位就是自变量了。

拓展延伸

因变量、自变量、控制变量、中介变量和调节变量

与回归分析密切相关的几个变量分别是因变量、自变量、控制变量、中介变量和调节变量。其实整个回归分析家族里面绝对不只这五种变量，例如常说的内生变量和外生变量，但这五种变量足以构成解释和预测事实的框架。

因变量是因为自变量的变化而产生的现象变化或结果，它通常是研究者的关注点。研究的目的就是找到因变量的影响因素（另外四个变量），并搞清楚这些因素是如何影响因变量的。

自变量是研究者可以主动操纵或主动干预的变量。我们研究自变量如何影响因变量，实际上是说在自变量的各种情况下，因变量有何变化。因此，我们必须通过几组实验对象来分别呈现自变量的各种情况。"主动操纵"或"主动干预"就体现为将观察对象按照对象原有的属性分到各组中，理想状态下这几组实验对象仅在自变量上存在差异，其他一切属性都是同质的。在真实的研究中，一般存在实质上的分组，而在日常情景下，我们用实验思维分析问题时一般只是在脑海里进行假想分组。

控制变量是自变量之外能够影响因变量的因素，这些会影响因变量的因素是研究者不愿意看到的，它们的存在会干扰研究者分析自变量对因变量的影响。但这些影响因素我们是无法人为调控的，就像家庭社会经济地位对学生学业成绩的影响，我们很难去人为改变学生的家庭社会经济地位。因此控制变量又称为"额外变量"，是必须想办法施加控制或采用统计方法排除干扰的因素。

值得强调的是，并不是除了自变量外所有能影响因变量都是控制变量。中介变量和调节变量都能影响因变量，因此控制变量是一个相对的概念，主要看我们的研究目的或要弄清的问题是什么。

调节变量和中介变量是两个重要的统计概念，它们都与回归分析有关。相对于人们

关注的自变量和因变量而言，调节变量和中介变量都是第三者变量，经常被人混淆。中介变量介于自变量和因变量之间，帮助解释自变量如何影响因变量，中介变量也是能够影响因变量的因素，但由于中介变量会受到自变量的影响，所以它实际上解释了自变量为什么会影响因变量——通过某因素产生间接影响，这个因素就是中介变量。例如，教师教学方式会直接影响学生学业成绩，但也会通过影响学生学习品质间接地影响学生学业成绩。那么，学习品质就是一个中介变量。其实自变量和因变量之间，可能有很多个中介变量。我们一般是根据研究目的去探索一个目标因素是否有中介作用，因而并不需要把所有中介变量都考虑到。而理解中介变量的意义在于，帮助我们发现日常生活中的"隐藏的因果关系"。

调节变量能够改变自变量对因变量的影响，即在调节变量不同的条件下，自变量对因变量影响不同。调节变量的存在，使得我们能够分析自变量对因变量的影响方向和作用强弱。在一些科研实验中，调节变量才是主角。自变量对因变量的影响简单直接，但是却发现，实验的意义都没有一个存在调节作用的因果关系大。主要有以下两种原因：

自变量对因变量的关系明确，但结论难以利用；

社会科学领域没有完美的因果推论，自变量解释的内容，必然没有自变量和调节变量一起解释的内容丰富。

例如，有一个调节作用的研究指出，财富主要影响那些为钱而工作的人的幸福感，而那纯粹按自己的兴趣生活的人，钱对他们幸福感的影响不大。于是，虽然我们赚不了那么多钱，但是我们可以通过选择自己喜欢的生活来增加幸福感。这里，按照自己的兴趣生活，就是调节变量。

还有一个很重要的思维逻辑，就是当自变量对因变量的影响作用非常大时，我们就不要过于在意调节变量的作用。就好比我们在比较清华大学、北京大学毕业生与三本院校毕业生的就业情况时，我们都知道有学生干部经历能增加求职砝码，但由于"清北"与"三本"的差距太大，此时其他因素的影响作用就十分有限了。但是，如果自变量对因变量的影响非常小，我们就可以重点考虑用调节变量来细化自变量对因变量的影响，也许就能发现那些"局部因果"。如果一个变量与自变量或因变量相关不大，它不可能成为中介变量，但有可能成为调节变量。理想的调节变量是与自变量和因变量的相关都不大。

专题 8　在教师的专业成长过程中，是自身努力重要还是学校培养重要

在第二章模块一专题 10 中，提出了这样一个问题："方差分析的基本思想是：通过分析研究不同来源的变异对总变异的贡献大小，从而确定可控因素对研究结果影响的大小。"

这句话与"用来比较多个独立样本平均值之间是否有显著性差异"相比，似乎离题万里。究竟是怎么回事？本专题试图在回答这个问题的基础上，更深入地介绍方差分析的功能及其操作方法。

问题驱动

众所周知，与学生学业成绩一样，教师专业成长水平的差异也是客观存在的事实。教师专业成长，一方面源于教师个体努力等因素，另一方面源于学校培养等环境因素。唯物辩证法中认为：事物的内部矛盾（即内因）是事物自身运动的源泉和动力，是事物发展的根本原因。外部矛盾（即外因）是事物发展、变化的第二位原因。内因是变化的根据，外因是变化的条件，外因通过内因而起作用。那么，具体到某一学校、某一地区，究竟是哪种因素对教师专业发展的影响更大？

表 3-15 中的这两个数据表，就是针对这个问题进行分析的结果。我们从中可以获取什么信息？该数据分析结果，是否支持上述哲学观点？

表 3-15　接受不同培养力度的教师专业成长差异分析

表一　ANOVA

	平方和	自由度	均方	F	显著性
组间	22211.177	2	11105.589	108.824	0.000
组内	16634.357	163	102.051		
总计	38845.534	165			

表二　S-N-K

学校培养力度	个案数	Alpha 的子集 = 0.05		
		1	2	3
培养力度较小	58	50.0334		
培养力度中等	66		62.0178	
培养力度较大	42			80.2162
显著性		1.000	1.000	1.000

数据解读

表 3-15 中表一数据表（ANOVA）叫方差分析表。我们根据一定的评价标准，把学校对教师专业成长的培养按照力度大小划分为三个等级，分别是"培养力度较小""培养力度中等"和"培养力度较大"。然后比较这三个等级的学校之间教师专业发展水平的差异度。经 F 检验，显著性 P 小于 0.001，表明这三个组之间至少有两个组的教师专业发展水平存在极其显著的差异。

关于表 3-15 中表二，是 S-N-K 事后检验。通过表 3-15 我们知道了三个类型学校教师专业发展水平存在着显著性差异，但究竟是哪几类学校存在差异呢？S-N-K 事后检验就是具体问题具体分析的一种方法。通过 S-N-K 事后检验，我们发现，三个类型学校教师专业发展水平分属三个不同的等级水平。"培养力度较小"的学校，教师专业发展指数平均值为 50.0334；"培养力度中等"的学校，教师专业发展指数平均值为 62.0178；"培养力度较大"的学校，教师专业发展指数平均值为 80.2162。分属三个不同的等级水平，表明培养力度不同的学校，教师专业发展水平都存在着极其显著的差异。

原理简析

教师专业发展水平的差异，包括两个层次：一是每个等级中的教师个体之间本来就存在的专业发展水平的差异，我们称之为组内差异；二是因学校培养力度不同而导致的教师专业发展水平的差异，我们称之为组间差异。方差分析的基本思想是：通过分析不同来源的差异（组内差异与组间差异）占研究变量总差异的大小，从而确定组间因素对研究变量影响的大小。在研究变量总离差平方和中，如果组间离差平方和所占比例较大，则说明研究变量的变动主要是由组间差异引起的，可以主要由组的变量来解释分组因素给研究变量带来的显著影响；反之，如果组间离差平方和所占比例小，则说明研究变量的变动不是主要由分组因素引起的，组别的不同水平没有给研究变量带来显著影响，研究变量值的变动是由个体层面的随机因素引起的。从表 3-15 可知，这里的组间平方和为 22211.177，就是表示因学校对教师专业发展培养力度不同而产生的差异；组内平方和为 16634.357，表示教师个体之间本来就存在的差异。两个值相加，就是教师专业发展水平的全部差异。

这里我们可以看到，教师个体本就存在的差异小于三类培养力度不同的学校组之间的差异。实际上，方差分析的组间数量一般都会小于组内样本数量，如果直接比较"组间平方和""组内平方和"所占总平方和的比例就不够精确。因此，引进了均方这个概念。

均方是组间平方和与组内平方和分别除以自身的自由度，就得到各自的均方。用"组间均方"和"组内均方"来相互比较，这样就消除了组间数量和组内样本数量的影响。两个均方比较的结果就是 F。方差分析就是用"组间均方"去除"组内均方"的商（即 F）与"1"相比较。若 F 接近 1，则说明各组平均值间的差异与组内的差异基本接近，组间差异就没有统计学意义，即组间差异不显著；若 F 远大于 1，则说明各组平均值间的差异有统计学意义，也即组间差异显著。表 3-15 中，在经过均方计算后我们发现，"组间均方"远大于"组内均方"，两者相除得到的 F 为 108.824，远远超过了"1"。根据 F，SPSS 已经自动为我们统计出各组间平均值的差异显著性了，该显著性值小于 0.001。这里的差异显著性与 T 检验时一样的标准，即显著性 P（Sig）小于 0.05 为差异显著，小于 0.01 为差异极其显著。因此，可以说，不同教师培养力度的学校，教师专业发展水平存在极其显著的差异。这个数据分析告诉我们，学校培养力度的差异才是教师专业发展水平差异的主要原因。

因此，我们可以得出结论，在教师专业成长过程中，教师自身的努力虽然很关键，但学校对教师培养的重视程度和支持力度才是主要影响因素。

运用方差分析有两个前提条件：一是研究变量值符合正态分布；二是组间方差齐性，也就是说，各个组（如各类型学校教师专业发展指数）的数据差异程度大致相同，不能有显著性差异。如果不满足上述两个条件，就要使用另一种方法：非参数检验。

实践操作

方差分析的 SPSS 操作步骤在本章模块一专题 3 中已经做过部分介绍，这里以一份数据为例，再完整演示如下：

（1）打开"教师问卷.sav"数据表，如图 3-55 所示，该数据案例中"学校培养力度"是数值型变量，我们勾选了"查看"菜单中的"值标签"，故显示为汉字。

图 3-55　方差分析数据案例

（2）选择"分析"→"比较平均值"→"单因素 ANOVA 检验"，如图 3-56 所示。

图 3-56　方差分析操作步骤（一）

（3）弹出"单因素 ANOVA 检验"对话框后，将"教师专业成长"移入"因变量列表"框中，将"学校培养力度"移入"因子"框中，如图 3-57 所示。

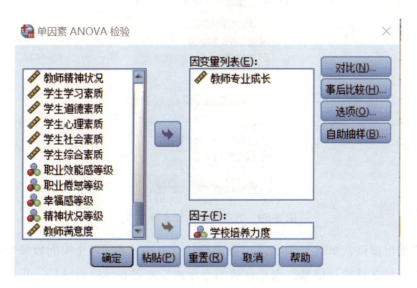

图 3-57　方差分析操作步骤（二）

（4）单击右边的"事后比较"按钮，弹出"单因素 ANOVA 检验：事后多重比较"对话框后，勾选"LSD"和"S-N-K"两种常用的组间平均值比较方法，如图 3-58 所示，单击"继续"按钮。

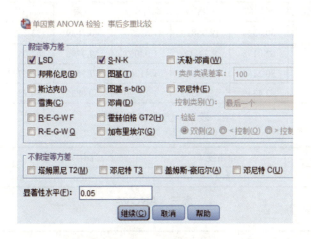

图 3-58　方差分析操作步骤（三）

返回到图 3-57 后，单击"选项"按钮，弹出"单因素 ANOVA 检验：…"对话框后，勾选"描述"和"方差齐性检验"，如图 3-59 所示，单击"继续"按钮。返回到图 3-57 后，单击"确定"按钮。

图 3-59　方差分析操作步骤（四）

在结果输出窗口，如图 3-60 所示，就出现如下表格：表一各个组间教师专业成长指数及其标准差的描述性统计信息。表二是教师专业成长方差齐性检验结果，我们发现，这四组教师专业成长指数的方差齐性（显著性值 =0.018>0.05）。表三是教师专业成长方差分析结果，在前面的"数据解读"中已经有过详细说明。

描述

表一　教师专业成长

	个案数	平均值	标准差	标准误差	平均值的 95% 置信区间		最小值	最大值
					下限	上限		
培养力度较小	58	50.0334	12.35815	1.62270	46.7839	53.2828	26.97	88.76
培养力度中等	66	62.0178	8.29117	1.02057	59.9796	64.0560	44.02	86.46
培养力度较大	42	80.2162	9.18744	1.41765	77.3532	83.0792	59.67	90.21
总计	166	62.4349	15.34365	1.19090	60.0835	64.7862	26.97	90.21

表二　方差齐性检验

教师专业成长

莱文统计	自由度 1	自由度 2	显著性
4.122	2	163	.018

表三　ANOVA

教师专业成长

	平方和	自由度	均方	F	显著性
组间	22211.177	2	11105.589	108.824	.000
组内	16634.357	163	102.051		
总计	38845.534	165			

图 3-60　方差分析输出结果

图 3-61 是用 LSD 法对各组平均值进行比较后的结果，实际上我们在图 3-58 中已经看到，SPSS 给了我们许多种事后多重比较方法，我们常用的也就是这两种。

事后检验

多重比较

因变量：教师专业成长

	（I）学校培养力度	（J）学校培养力度	平均值差值（I-J）	标准误差	显著性	95% 置信区间	
						下限	上限
LSD	培养力度较小	培养力度中等	−11.98443*	1.81817	.000	−15.5746	−8.3942
		培养力度较大	−30.18288*	2.04678	.000	−34.2245	−26.1413
	培养力度中等	培养力度较小	11.98443*	1.81817	.000	8.3942	15.5746
		培养力度较大	−18.19845*	1.99400	.000	−22.1358	−14.2611
	培养力度较大	培养力度较小	30.18288*	2.04678	.000	26.1413	34.2245
		培养力度中等	18.19845*	1.99400	.000	14.2611	22.1358

注：*. 平均值差值的显著性水平为 0.05。

图 3-61　方差分析事后检验：运用 LSD 法对各组平均值两两比较结果

LSD 法称为最小显著性差异（Least Significant Difference）法，是把其中任意一组的平均值与其他几组分别两两比较，各组的平均值只要存在一定程度的微小差异就可能被检验出来。"平均值差值"一列，就是该组平均值与其他组平均值的差，如第一行"培养力度较小"的教师与"培养力度中等"的教师专业成长指数的差值为 −11.98443，显著性为 0.000<0.001，表示两组数据的平均值差异极其显著。其他数据解读，以此类推。

LSD 法呈现的结果比较复杂，也不够一目了然，S-N-K 法则较为简洁清晰。图 3-62 是用 S-N-K 法对各组平均值比较结果，该表在前面已经做过详细的解读。

齐性子集

教师专业成长

	学校培养力度	个案数	Alpha 的子集 =0.05		
			1	2	3
S-N-K[a,b]	培养力度较小	58	50.0334		
	培养力度中等	66		62.0178	
	培养力度较大	42			80.2162
	显著性		1.000	1.000	1.000

将显示齐性子集中各个组的平均值。
a. 使用调和平均值样本大小 =53.378。
b. 组大小不相等。使用了组大小的调和平均值。无法保证 I 类误差级别。

图 3-62　方差分析事后检验：运用 S-N-K 法对各组平均值比较结果

LSD 法和 S-N-K 法使用的条件略有差异，LSD 法适用于各总体方差相等的情况；S-N-K 法是一种有效划分相似性子集的方法，该法适合于各组样本个数相等的情况。但在实际运用中，只要各组间方差均衡，样本数也大致相同，上述两种方法均可使用。

📋 应用启示

爱思考的教师看到这里，头脑中隐隐约约会产生些疑问：既然方差分析也是寻找对研究变量起显著影响的因素，那它与线性回归分析有什么不同？实际上，方差分析中的研究变量实际上就是线性回归中的因变量，方差分析中的分组变量就是线性回归中的自变量，这两种方法的目的都是为了看自变量（分组变量）对因变量（分析变量）的影响，它们都可以统一到一个大的范畴中，即一般线性模型。但区别在于，线性回归和方差分析的自变量不一样，方差分析中的自变量是分组变量，这里的组间一般是有渐次递进的定序变量（如本案例中的培养力度），当然分类变量也可以。而线性回归中的自变量是连续型变量。因此，我们在运用各种分析方法来解决问题时，要重点考虑其使用的条件与范围。

📖 拓展延伸

多因素方差分析

当有两个或者两个以上的因素对因变量产生影响时，可以用多因素方差分析的方法来进行分析。多因素方差分析用来研究两个及两个以上因素是否对因变量产生显著影响。它不仅能够分析多个因素对因变量的独立影响，更能够分析多个因素的交互作用能否对因变量产生显著影响，最终找到利于因变量的最优因素组合。

多因素方差分析原理与单因素方差分析基本一致，也是利用方差比较的方法，通过假设检验的过程来判断多个因素是否对因变量产生显著性影响。在多因素方差分析中，由于影响因变量的因素有多个，其中某些因素除了自身对因变量产生影响之外，它们之间也有可能会共同对因变量产生影响。在多因素方差分析中，把因素单独对因变量产生的影响称之为"主效应"；把因素之间共同对因变量产生的影响，或者因素某些水平同时出现时，除了主效应之外的附加影响，称之为"交互效应"。多因素方差分析不仅要考虑每个因素的主效应，往往还要考虑因素之间的交互效应。此外，多因素方差分析往往假定因素与因变量之间的关系是线性关系。从这个方面来说，方差分析的模型也是如下一个一般化线性模型的延续：因变量 = 因素1主效应 + 因素2主效应 + ⋯ + 因素 n 主效应 + 因素交互效应1+ 因素交互效应2+ ⋯ + 因素交互效应 m + 随机误差。所以多因素方差分析往往选用一般线性模型进行参数估计。

专题9 教师讲得好等于学生学得好吗

建构主义认为，教育不是一件"告诉"与"被告诉"的事情，而是一个主动的建设性的过程。学习不是由教师把知识简单地传递给学生的过程，也不是学生机械地复制知识的过程，而是学生调动、综合、重组、改造头脑中已有的知识经验，对所接受到的信息进行理解、解释和吸收消化，生成自己的理解和意义，进而达成自己主动建构知识的过程。因而，从研教到研学的转变，成了当前教育改革的一个主流方向。如果教师只是研究如何吃透教材、如何设计与实施教学，而忽视了学生的学习动力、学习方式等学习品质的培养，那么教师的努力可能会事倍功半。下面所介绍的结构方程模型，用数据分析结果再一次有力地证明了建构主义理论的正确性。

问题驱动

2018年某省教育质量监测，采用如图3-63所示数据模型来分析教师教学方式、师生关系、家长参与、亲子关系等因素对学生学习品质以及学业水平的影响机制。这种数据分析方法对于广大教师来说是比较陌生的，但它对于教学改进的指导意义十分重大。这种分析方法，就是结构方程模型。它是用一个专门的数据分析软件制作而成的，这个软件就是我们前面提到的AMOS软件。我们关心的是，图3-63中箭头上的数据以及表3-16、表3-17、表3-18的数据分别表示什么意思？

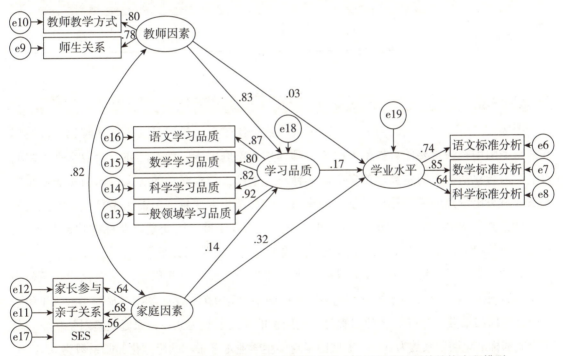

图3-63 教师因素、家庭因素对学生学习品质及其学业水平影响机制的结构方程模型

表3-16 结构方程模型拟合度指标数据表

模型拟合度指标	CMIN	DF	CMIN/DF	GFI	AGFI	CFI	RMSEA
估计值	3297.46	192	17.17	0.95	0.91	0.83	0.03
建议值	越小越好	越大越好	<3	>0.9	>0.9	>0.9	<0.08
拟合结果			不理想	良好	良好	可接受	良好

表 3-17　结构方程模型的估计值与显著性表

自变量	因变量	非标准化回归系数	标准误差	Z	显著性	标准化回归系数
教师因素	学习品质	0.75	0.03	25.44	***	0.83
家庭因素	学习品质	0.15	0.03	4.4	***	0.14
教师因素	学业水平	0.11	0.28	0.4	0.69	0.03
家庭因素	学业水平	1.55	0.18	8.71	***	0.32
学习品质	学业水平	0.73	0.28	2.62	0.01	0.17

注：***. 在 0.001 级别（双尾），相关显著。

表 3-18　结构方程模型的中介效应检验

中介路径	点估计	系数		bootstrap 1000 times 95% CI					
				偏差矫正法			百分位数法		
		SE	z-value	Lower	Upper	P	Lower	Upper	P
教师→学习品质→学业水平	0.55	0.26	2.12	0.02	1.1	0.05	0	1.08	0.05
家庭→学习品质→学业水平	0.11	0.06	1.83	0.01	0.23	0.03	0	0.22	0.05

数据解读

图 3-63 与表 3-16、表 3-17、表 3-18 中的数据比较多，我们择其要点来解读。该结构方程模型图中，最重要的数据是椭圆（教师因素、家庭因素、学习品质、学业水平）之间的单箭头与双箭头上的系数。首先我们解释一下单箭头与双箭头的含义：单箭头表示影响关系，箭头出发点的椭圆是自变量，箭头指向的椭圆是因变量，单箭头是直线，箭头上的系数就是路径系数，相当于我们前面回归分析中的自变量、因变量以及标准化回归系数；双箭头表示相关关系，双箭头线是曲线，曲线上的系数就是相关系数。

如此，就不难理解，在图 3-63 中，教师因素对学生学习品质影响的标准化回归系数为 0.83，教师因素对学生学业水平影响的标准化回归系数为 0.03，学生学习品质对学业水平影响的标准化回归系数为 0.17；教师因素与家庭因素的相关系数为 0.82，家庭因素对学生学习品质影响的标准化回归系数为 0.14，家庭因素对学生学业水平影响的标准化回归系数为 0.32。

我们知道标准化回归系数表示的是自变量影响的大小，但标准化回归系数是没有所谓的显著性的。那么，这些影响作用是否显著，在哪里可以看到？答案在结构方程模型的估计值与显著性表（表 3-17）中，该表中既有非标准化回归系数，也有标准化回归系数，我们只需要看显著性即可，显著性 P 大于 0.05，意味着这条路径上的影响不显著。从表 3-17 中我们可以看出，除了教师因素对学业水平的影响不显著（显著性 $P=0.69>0.05$）外，其他路径的非标准化回归系数均显著，意味着这些路径的影响存在。

从上述数据解读中，我们就可以明确地得出一个结论：教师教学并不能直接对学生成绩产生正向影响，但可以通过影响学生学习品质，进而间接地提高学生学业水平。这也就回应了我们提出的问题：教师教得好，不等于学生学得好，要想提升学生学业水平，教师必须首先培养学生的学习品质。

那么表 3-16 的结构方程模型拟合度指标数据表是什么意思？我们知道，在回归分析时有个指标叫 R 方（或写作 R^2），即回归方程的拟合优度，该指标是判断回归方程质量的一个指标，即回归方程所选择的自变量能解释因变量变化的比例。在结构方程中，也有一系列拟合度指标，这些指标通过计算所建立的结构方程模型与收集的数据之间的吻合程度或差异程度来判断该结构方程模型质量的高低，像 GFI（拟合优度指数）、AGFI（修正拟合优度指数）、CFI（比较拟合指数）等指标越接近"1"越好，意味着该结构方程模型与实际数据之间的吻合程度越高，而 RMSEA（近似误差均方根）越接近"0"越好，意味着该结构方程模型与实际数据之间的差异程度越小。至于 CMIN（卡方值）、DF（自由度）、CMIN/DF（卡方自由度比）等指标与样本量以及估计的参数数量有关，样本量非常大的情况下，即使你的模型非常好，卡方值也会很大。所以，CMIN/DF 一般不必拘泥于"3"的上限标准，要具体问题具体分析。

至于表 3-18 的结构方程模型的中介效应检验，是检验"教师因素"→"学习品质"→"学业水平"与"家庭因素"→"学习品质"→"学业水平"这两条路径的影响是否显著。这里又涉及一个中介效应概念，简而言之，就是"教师因素"对"学业水平"所产生的影响是直接影响，"教师因素"通过影响"学习品质"进而影响"学业水平"，这叫间接影响。这里的间接影响，指有一个"学习品质"的中介变量，它介于自变量和因变量之间，我们在本章模块一专题 7 中简单介绍过中介变量。这里的中介效应检验，就是检验"教师因素"或"家庭因素"能否通过"学习品质"这个中介变量对"学业水平"产生显著影响。中介效应检验的方法也有很多，现在比较流行 bootstrap 法，在 AMOS 中 bootstrap 法下面又设计了两种检验程序：一种是偏差矫正法，另一种是百分位数法。只要两种方法检验的 P 小于 0.05，就意味着中介效应显著。表 3-18 中两种检验方法的检验结果略有差异，P 均在 0.05 及以下，表示"教师因素"与"家庭因素"都能通过"学习品质"这个中介变量对学生"学业水平"产生显著影响。

原理简析

在社会、心理、教育、经济、管理、市场等领域研究的数据分析中，当今称得上前沿的几个统计方法中，应用最广、研究最多的非结构方程模型莫属。我们知道，线性相关是用来分析两个随机变量之间的统计联系，两个变量地位平等，没有因变量和自变量之分。因此相关系数不能反映变量间的因果关系。线性回归是比线性相关更复杂的方法，它在模型中定义了因变量和自变量，但它只能提供变量间的直接效应而不能显示可能存在的间接效应，而且会因为共线性的原因，导致出现单项指标与总体出现负相关等无法解释的数据分析结果。而结构方程模型是一种建立、估计和检验多重因果关系的方法。它能同时处理多个自变量和多个因变量之间的关系，而且都能把自变量和因变量的测量误差考虑进去，得到的统计结果会比单纯的相关分析、回归分析更精确。它包含了相关分析、方差分析、回归分析、路径分析和因子分析，弥补了传统回归分析和因子分析的不足，不仅可以分析多因多果的联系、潜在变量的关系，还可以处理多水平数据和纵向数据，是非常重要的多元数据分析工具。

一个完整的结构方程模型，包括两个部分：测量模型（图 3-64）和结构模型（图 3-65），测量模型会在本章模块二专题 3 中详细介绍，这里仅做一点说明。

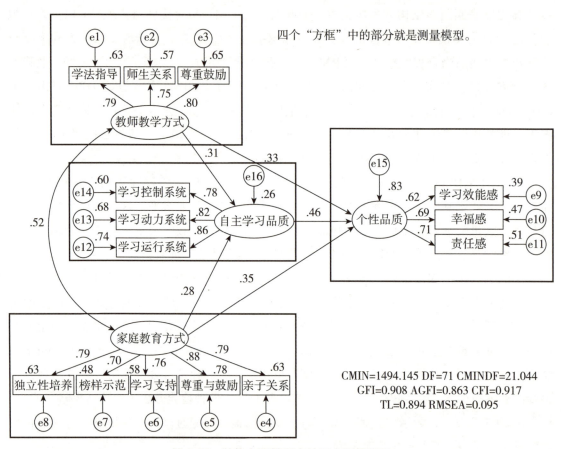

图 3-64　结构方程模型中的四个测量模型

测量模型里包括三部分：一是潜在变量，二是观察变量，三是测量误差。潜在变量就是无法直接观察或不能直接测量的能力、态度等，需要由观察变量测量的数据来进行推断，潜在变量用"椭圆"表示，如图 3-54 中的"教师教学方式"。观察变量就是可以直接观察或直接测量的行为、事实，在结构方程模型中用"方框"表示，如图 3-64 中的"学法指导"。由于测量会有误差，所以每个潜在变量并不能百分之百由观察变量测得的数据来反映，因此，若干观察变量数据加上测量误差，如小圆圈中的"e1""e2"，才能等于潜在变量的真实数据。因此，理想的情况是，观察变量的因素负荷量越大而测量误差越小越好。

测量模型实际上就是检验若干观察变量在多大程度上能反映潜在变量，或者说，潜在变量所包含的若干观察变量是否有足够的代表性。例如，新课程改革背景下的"教师教学方式"这个指标，我们在设计量表时，经过理论研究，假设它包括了差异教学、探究教学、合作教学三个维度，按照这三个维度分别编制量表题目。数据收集回来后，将数据进行整理加工，计算出每个调查对象在三个维度上的指数得分。然后将三个维度指数代入测量模型中，通过 AMOS 的运算，获得测量模型的各维度的因素负荷量参数和拟合度参数，进而判断该测量模型是否与测量数据吻合。如果吻合度高，说明我们原来设计的维度或题目比较合理，可以进行进一步的统计分析；如果吻合度不高，则要对维度或题目进行修订，重新试测。这个分析过程，就叫验证性因子分析。

严格来说，图 3-64 中的"学法指导""师生关系"等，也是潜在变量，它们下面还有具体的量表题目，这些量表题目才是真正意义上的观察变量。但在一些层级比较复杂的数据分析中，我们会将潜在变量的子维度作为观察变量来处理。

结构模型就是潜在变量间因果关系的分析，这里的因果关系，比回归分析要复杂得多。如图 3-65 所示的结构模型中，带"箭头"的直线（e15、e16 是估计误差，除外）都是一条回归方程。直线的出发点是自变量，箭头的指向是因变量。直线上的数字（0.33、0.31 等）就是标准化回归系数，即影响大小；"教师教学方式"与"家庭教育方式"之间的曲线是相关分析，曲线上的数字（0.52）就是相关系数。结构模型的主要功能就在于，首先通过理论研究或实践经验，建立各种影响机制的假设模型，通过真实数据的代入验证，寻找多个自变量与多个因变量之间的最佳影响路径，从而对复杂的现实问题做出最有说服力的回答，以此作为行动改进的科学依据。

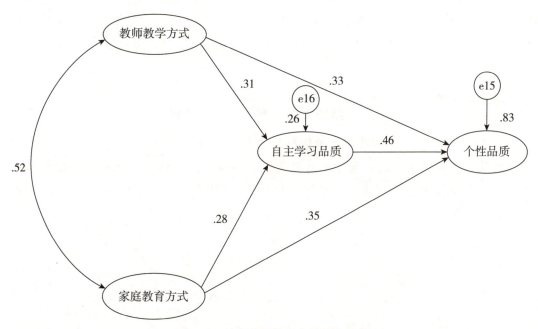

图 3-65　结构方程模型中的结构模型

📌 应用启示

结构方程模型的应用，首先是基于理论的推导，如果没有理论作为指导，结构方程模型的运用就很可能变成一种数据游戏而失去了它的价值。无论是测量模型还是结构模型，首先是基于一定的理论而建立假设，然后通过真实数据进行验证，检验这些模型是否与真实数据相吻合，从而决定接受还是拒绝这些模型；或者基于不同的理论，建构不同的结构方程模型，通过分析不同模型对同一数据的拟合指标，从而判断哪一个模型与事实数据的吻合度更好，进而决定哪个模型更可取；或者先提出一个基本模型，然后检查这些模型是否拟合样本数据，基于理论或样本数据，分析找出模型拟合不好的部分，据此修改模型，然后再检验。不断重复这个过程，直至最终获得一个模型与数据拟合度较高、同时各个参数估计值也有合理解释的模型。

同时，结构方程模型的运用，需要至少 200 个样本数据，最佳的数据量是 500~800 个。数据量太少，则分析结果不可靠。

如果说，前面所讲的差异显著性检验、方差分析、相关分析、回归分析属于第一代数据分析技术。那么，结构方程模型就是第二代数据分析技术。在未来必将大行其道，成为替代第一代统计学的主要数据分析方法。结构方程模型的分析软件有很多，包括 Lisrel、Mplus、R 语言、EQS、AMOS 等，这些软件中，AMOS 是最容易学习的，它是 SPSS 的家族系列之一。两者数据文件完全可以互通，而且它完全以画图为主，各种结构方程模型都可以用直观简单的图形表示，大家只要熟悉工具箱中各种图像按钮的使用，就可以快速画出各种假设模型。此外，AMOS 的输出报表也相对浅显易懂。

但由于结构方程模型涉及一套复杂的统计学原理与技术，本书不可能做详细的介绍，大家若有兴趣可参阅《结构方程模型——AMOS 的操作与运用（第 2 版）》（吴明隆著，重庆大学出版社）一书；或者网上搜索一些视频教程和微信公众号文章来自行学习。

📖 拓展延伸

读懂结构方程模型的图表与数据

图 3-66 是初中学生学习品质影响机制的结构方程模型，我们先不看四个测量模型，而就结构模型而言，大家可以从中得到哪些结论？该模型是否可靠？在表 3-19、表 3-20、表 3-21 中，"学生个性品质"是影响"学生学习品质"的中介变量吗？如果是，中介效应是否显著？

第三章 如何揭开问卷调查报告数据背后的秘密

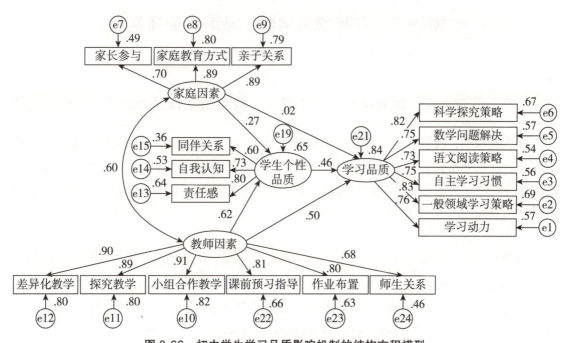

图 3-66 初中学生学习品质影响机制的结构方程模型

表 3-19 初中学生学习品质影响机制模型拟合度指标

拟合度指标	卡方值	自由度	GFI	CFI	TLI	NFI	RMSEA
值	10854	129	0.945	0.933	0.908	0.928	0.06

表 3-20 初中学生学学习品质影响的路径参数估计与显著性检验

因变量	自变量	非标准化回归系数	标准误差	Z	显著性	标准化回归系数
学生个性品质	教师因素	8.642	0.156	55.239	***	0.619
学生个性品质	家庭因素	0.289	0.013	22.513	***	0.27
学习品质	教师因素	7.271	0.203	35.835	***	0.504
学习品质	家庭因素	0.022	0.009	1.311	0.21	0.02
学习品质	学生个性品质	0.471	0.017	27.243	***	0.456

注：***. 在 0.001 级别（双尾），相关显著。

表 3-21 初中学生学习品质影响机制结构方程模型的中介效应检验

中介效应	点估计	标准误差	bootstrap 1000 times 95% CI					
			偏差矫法			百分位数法		
			Lower	Upper	P	Lower	Upper	P
教师教学方式→学生个性品质→学习品质	4.072	0.266	3.566	4.578	0.01	3.579	4.594	0.002
家庭教育方式→学生个性品质→学习品质	0.136	0.011	0.116	0.159	0.03	0.115	0.158	0.002

模块二 如何检验问卷（量表）的质量

专题 1 如何判断问卷（量表）收集的数据是否可靠

同试卷一样，问卷也是一种数据收集的主要工具，也要保证工具的质量。无论试卷还是问卷，其质量指标主要包括难度、区分度、信度和效度四个类型。我们在第二章模块二专题 1 里介绍了试卷质量检测的"难度"和"区分度"指标，本专题我们结合问卷，介绍"信度"和"效度"两个指标。

问题驱动

表 3-22 是运用 SPSS 对一份学生学习动力问卷数据可靠性的分析结果，该学习动力问卷一共有 7 道题目，这里的可靠性统计中，"克隆巴赫 Alpha"系数 0.907 是什么意思？"修正后的项与总计相关性"以及"删除项后的克隆巴赫 Alpha"又是什么意思？

表 3-22 学生学习动力问卷数据可靠性的分析结果

可靠性统计	
克隆巴赫 Alpha	项数
0.907	7

项总计统计				
	删除项后的标度平均值	删除项后的标度方差	修正后的项与总计相关性	删除项后的克隆巴赫 Alpha
12. 我喜欢挑战新奇而且有难度的学习内容。	15.57	22.544	0.630	0.902
20. 学习本身是一件很有趣的事情。	15.33	22.517	0.650	0.900
24. 在学习中我喜欢刨根问底，把问题弄明白。	15.54	21.588	0.731	0.891
29. 我喜欢更有挑战性的学习任务。	15.61	20.877	0.807	0.883
32. 学习时碰到难题我总是要钻研出结果来。	15.58	21.899	0.758	0.889
34. 我喜欢用难度高的学习任务来挑战自己的能力极限。	15.79	21.224	0.764	0.888
37. 在学习中我能获得很多乐趣。	15.38	22.274	0.705	0.894

数据解读

表 3-22 中的克隆巴赫 Alpha，叫内部一致性信度，也就是问卷收集到的数据的总体信度系数。信度（reliability），即可靠性，就是指测量数据的可靠程度。一般来说，克隆巴赫 Alpha 系数在 0.8~0.9 之间最为理想，小于 0.7 或大于 0.95 都不够理想。

表 3-22 中第一列是问卷题号和题目；第二列表示，如果删除该题目，其他 6 道题目的平均分；第三列表示，如果删除该题目，其他 6 道题目的方差，这两列可基本不看；第四列表示，该题目与其他 6 道题目平均分的相关系数，该数值越高，说明该题目与其他题目的一致性越高；第五列表示，如果删除该题目，其他 6 道题目的克隆巴赫 Alpha 系数。这里主要看第五列，如果删除了该题目，其他题目的克隆巴赫 Alpha 系数（如删除 12 题后，其他 6 题组成的问卷信度为 0.902）小于原来问卷总的克隆巴赫 Alpha 系数（0.907），那么说明，删掉这道题目后问卷的总体信度会下降，意味着该题目的信度较高，需要保留，反之，则该题目的问卷信度较低。但这仅仅是保留或删除题目的参考，如果问卷题目数本来就不多（如只有 6 题），删掉该题目，问卷的信度略有下降但不明显，则也保留。

原理简析

信度是数据可靠性的重要指标，是数据的真实可靠程度。真实可靠指的是测量结果的一致性和稳定性程度。所谓一致性表现为在不同时间使用同一测验，或者在同一时间使用它的不同版本、抑或在不同的测试条件下，测量同一组受测者的同一个心理特质所得的分数都相同或接近。通常把测量结果的这种一致性、稳定性称之为信度，或可靠性。一个好的测量工具，对同一事物反复多次测量，其测量结果应该保持一致，否则它的测量结果便不可信。例如，一名学生在连续三次数学考试中，第一次得 80 分，第二次得 95 分，第三次却得 60 分，到底他的成绩如何，似乎其中哪一个也不能代表他的水平，因为测量的结果不稳定，或者说该数学考试是不可靠的。在实践中，不可靠的考试是没有意义的。

依据经典测量理论得出：实测分数 = 真实分数 + 误差。要检验测量结果可靠与否，实质上就是判断在被调查者实得分数中有多大成分是真实分数。若真实分数比例偏低，则表明真实分数对测量结果起的作用不大，实测分数的变化中的大部分是由测量误差变化引起的，因此测量结果并未很好地反映出测量对象的真实水平，即信度较低；反之则表明测验的信度较高，结果较为可靠。

内部一致性信度：对于反映相同特质的若干个测量题目，其测量结果之间应该存在真实的相关性。因此，可以通过检验反映相同特质的若干个测量题目之间的一致性水平，来判断数据的信度水平。这个测试指标就是克隆巴赫系数，简称为 α 系数。内部一致性信度用起来最方便，也是 SPSS 统计软件中最常用的信度分析指标。

实践操作

以"学生问卷"数据（图 3-67）为例，XXPZ11 → XXPZ40 是测量学生学习品质的 30 道题目。其中，我们编制的 XXPZ12、XXPZ20、XXPZ24、XXPZ29、XXPZ32、XXPZ34、XXPZ37 是测量学生学习动力的题目，我们对学习动力所包含的 7 道题目所收集的数据进行信度检验，以此判断这些数据的可靠性。操作步骤如下：

（1）打开"学生问卷.sav"数据表，如图 3-67 所示。

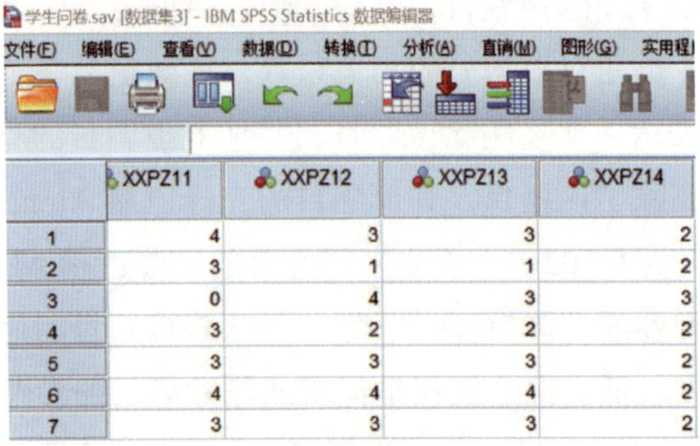

图 3-67　信度分析数据案例

（2）选择"分析"→"标度"→"可靠性分析"，如图 3-68 所示。

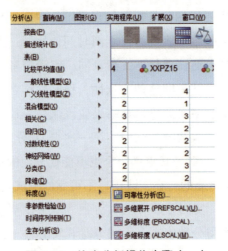

图 3-68　信度分析操作步骤（一）

（3）在弹出的"可靠性分析"对话框中，把"XXPZ12""XXPZ20""XXPZ24""XXPZ29""XXPZ32""XXPZ34""XXPZ37"移入"项"框中，如图 3-69 所示。如果显示页面与图不符，请先进行"编辑"→"选项"→"显示名称"操作。

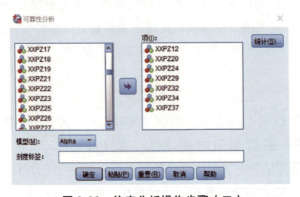

图 3-69　信度分析操作步骤（二）

第三章 如何揭开问卷调查报告数据背后的秘密

（4）单击"统计"按钮，在弹出的"可靠性分析：统计"对话框中，勾选"删除项后的标度"，然后单击"继续"按钮，如图 3-70 所示。返回到"可靠性分析"后，单击"确定"按钮。

图 3-70 信度分析操作步骤（三）

在输出页面窗口中就出现信度分析的数据结果，如图 3-71 所示。

可靠性统计	
克隆巴赫 Alpha	项数
.907	7

项总计统计			
	删除项后的标度平均值	删除项后的标度方差	修正后的项与总计相关性	删除项后的克隆巴赫 Alpha
12. 我喜欢挑战新奇而且有难度的学习内容。	15.57	22.544	.630	.902
20. 学习本身是一件很有趣的事情。	15.33	22.517	.650	.900
24. 在学习中我喜欢刨根问底，把问题弄明白。	15.54	21.588	.731	.891
29. 我喜欢更有挑战性的学习任务。	15.61	20.877	.807	.883
32. 学习时碰到难题我总是要钻研出结果来。	15.58	21.899	.758	.889
34. 我喜欢用难度高的学习任务来挑战自己的能力极限。	15.79	21.224	.764	.888
37. 在学习中我能获得很多乐趣。	15.38	22.274	.705	.894

图 3-71 学生学习动力问卷数据信度分析结果表

应用启示

信度与效度是社会调查及项目评价中关键的两个概念。教育研究的问卷设计、教育评价的评价指标体系设计都必须以信度和效度理论为基础。信度和效度的高低，直接决定着教育实证研究与评价的成败。信度是效度的前提，数据的信度高，效度不一定高，但是如果效度高，信度必然高。通过信度分析，可以将不真实的数据清洗掉，留下真实的数据，便于后续分析。

对问卷收集到的数据做信度分析，不是整份问卷一起做信度分析，而是对问卷的各个维度所包含题目的数据分别做信度分析。如前面的学习品质问卷，包括学习动力、学习策略和学习毅力三个维度，就要分别对这三个维度包含题目的数据做信度分析，在问卷报告撰写时也要分别报告各个维度的信度。

> **拓展延伸**
>
> ### 信度的类型
>
> 数据信度分析的方法，除了内部一致性信度外，还有以下几种：
>
> **重测信度**：利用同一份问卷或试卷，对同一组被调查者间隔一定时间重复施测，然后检查几次测量数据之间的相关系数。如果几次测量数据之间的相关系数非常高，则说明调研数据的信度比较高，否则，则说明调研数据的信度不高。由于重测信度法需要对同一样本试测两次，被调查者容易受到各种事件、活动和他人的影响，而且间隔时间长短也有一定限制。因此，在实施过程中有一定困难。
>
> **复本信度**：让同一组被调查者一次填答两份问卷复本，计算两个复本的相关系数。复本信度属于等值系数。复本信度法要求两个复本除表述方式不同外，在内容、格式、难度和对应题项的提问方向等方面要完全一致。而在实际调查中，很难使调查问卷达到这种要求。因此，采用这种方法者较少。
>
> **折半信度**：如果限于调研条件的限制，无法实施重复测量或者复本测量，也就无法借助重测信度或者复本信度的技术进行信度检验。在这种条件下，可以把测量中围绕某个问题的若干个测量项划分为两组，检查由这两组测量项所获得数据的相关系数。如果两组变量之间的相关系数非常高，则说明调研数据的信度比较高，否则，则说明调研数据的信度不高。
>
> 当然，问卷信度分析最常用的方法就是内部一致性克隆巴赫 a 系数了，其他几种了解即可。

专题2 如何判断问卷（量表）包含几个维度

问卷质量最重要的检测指标是效度。效度，顾名思义，就是问卷的有效性。效度的类型有很多，内容效度和结构效度是常用的两种。检验问卷效度的方法也有很多，本专题重点介绍检验问卷结构效度的一种方法，叫探索性因子分析。

第三章 如何揭开问卷调查报告数据背后的秘密

问题驱动

表 3-23~ 表 3-25 是运用 SPSS 对一份学生学习品质问卷数据进行探索性因子分析的结果。大家可能会问：探索性因子分析是什么？它和问卷效度有什么关系？为什么要分析问卷的效度？KMO 和巴特利特检验是做什么用的？它们的数据如何解读？总方差解释又是什么意思？其数据如何解读？旋转后的成分矩阵是什么意思？它们的数据又如何解读？

表 3-23 探索性因子分析的 KMO 和巴特利特检验

KMO 和巴特利特检验		
KMO 取样适切性量数		0.977
巴特利特球形度检验	近似卡方	49866.516
	自由度	406
	显著性	0.000

表 3-24 探索性因子分析的主成分总方差解释率

成分	总方差解释								
	初始特征值			提取载荷平方和			旋转载荷平方和		
	总计	方差百分比	累积(%)	总计	方差百分比	累积(%)	总计	方差百分比	累积(%)
1	14.549	50.170	50.170	14.549	50.170	50.170	6.986	24.088	24.088
2	1.549	5.342	55.513	1.549	5.342	55.513	6.556	22.607	46.695
3	1.236	4.263	59.776	1.236	4.263	59.776	3.793	13.080	59.776
4	0.874	3.015	62.790						
5	0.819	2.823	65.614						
6	0.759	2.617	68.231						
7	0.674	2.324	70.555						
8	0.617	2.127	72.683						
9	0.570	1.965	74.647						
10	0.558	1.925	76.573						
11	0.508	1.752	78.325						
12	0.504	1.738	80.063						
13	0.489	1.685	81.748						
14	0.465	1.602	83.350						
15	0.444	1.530	84.880						
16	0.423	1.460	86.340						
17	0.399	1.376	87.715						
18	0.373	1.287	89.002						
19	0.366	1.263	90.265						

（续）

成分	初始特征值			提取载荷平方和			旋转载荷平方和		
	总计	方差百分比	累积（%）	总计	方差百分比	累积（%）	总计	方差百分比	累积（%）
20	0.355	1.224	91.489						
21	0.348	1.201	92.690						
22	0.324	1.116	93.806						
23	0.304	1.048	94.854						
24	0.279	0.964	95.818						
25	0.266	0.917	96.735						
26	0.255	0.879	97.615						
27	0.248	0.857	98.471						
28	0.229	0.791	99.263						
29	0.214	0.737	100.000						

提取方法：主成分分析法。

表3-25 探索性因子分析的问卷因子结构

旋转后的成分矩阵[a]			
	成分		
	1	2	3
23. 我经常用列提纲画图表的方式来总结学习内容	0.792		
18. 我会利用画图、列表等方式，归纳整理以前学过的知识	0.780		
40. 我能够在学习中将相似的知识点通过分类、列提纲等方法进行识记，帮助自己理解	0.759		
28. 我喜欢在学过一些知识之后，花一些时间去归纳整理	0.734		
19. 我经常把学习内容按照自己的想法重新编排组织	0.697		
36. 我常对做过的题型与解法进行归类	0.693	0.418	
38. 考试前我总会制定复习计划	0.656		
22. 我经常根据自己的上课、作业或考试情况，来总结自己学习方面的优势和不足	0.586		
39. 若发现自己学习方法效率低下，我能及时换用其他学习方法去尝试	0.574		
17. 为了更完整深入地理解一个问题，我习惯于查阅相关的信息资料	0.501		
29. 我喜欢更有挑战性的学习任务		0.797	
34. 我喜欢用难度高的学习任务来挑战自己的能力极限		0.763	
32. 学习时碰到难题我总是要钻研出结果来		0.748	
12. 我喜欢挑战新奇而且有难度的学习内容		0.676	

（续）

旋转后的成分矩阵[a]	成分		
	1	2	3
24. 在学习中我喜欢刨根问底，把问题弄明白		0.674	
35. 解题的过程中，我总会思考自己所采用的解题方法是否简捷有效	0.468	0.597	
16. 如果在解题中思路受阻，我就重新分析题意，尝试考虑另一种思路		0.572	
27. 上课听不明白的地方，在课后我会向老师或同学请教		0.551	
37. 在学习中我能获得很多乐趣	0.403	0.546	
33. 我经常能意识到自己的学习方法是否科学有效	0.476	0.536	
21. 即使一道难题做出来了，我也会去尝试看还有没有更好的解决方法	0.490	0.534	
20. 学习本身是一件很有趣的事情		0.491	
31. 上课时我很难长时间集中注意力			0.747
26. 上课时我能长时间集中注意听讲			0.677
13. 上课时我一般不会走神，能紧跟老师的教学进度			0.625
25. 上课前即使玩得很兴奋，上课后我也能马上静下心来学习			0.586
14. 我感觉自己学习的自控力			0.557
15. 在嘈杂的环境里我也能静下心来读书或学习			0.515
30. 在学习上，我从来不用家长、老师和同学催促	0.425		0.442

提取方法：主成分分析法。
旋转方法：凯撒正态化最大方差法。

a. 旋转在 6 次迭代后已收敛。

数据解读

表 3-23、表 3-24 和表 3-25 是问卷探索性因子分析的三个关键信息表。

我们在进行问卷分析时，不可能对每道具体的题目进行分析，探索性因子分析就是从具体题目群中提取共同因素（也叫主成分）的统计技术。因子分析是将多个题目转换为少数几个维度（或称因子），通过降维将相关性高的题目聚在一起，从而减少需要分析的题目数量，减少问题分析的复杂性。

表 3-23 的 KMO 和巴特利特检验是想了解该问卷所收集到的数据是否适合做因子分析。在因子分析前，首先进行 KMO 检验和巴特利特球形度检验。KMO 检验用于检查变量间的相关性和偏相关性，取值在"0~1"之间。KMO 统计量越接近于"1"，变量间的相关性越强，偏相关性越弱，因子分析的效果越好。实际分析中，KMO 统计量在"0.7"以上时效果比较好；当 KMO 统计量在"0.5"以下，此时不适合应用因子分析法，应考虑重新设计变量结构或者采用其他统计分析方法。表 3-23 中 KMO 值为 0.977，大于"0.9"，表示问卷

数据适合做因子分析。巴特利特球形度检验 Sig<0.05（即 $P<0.05$）时，说明数据呈球形分布，各个变量在一定程度上相互独立，适合做因子分析。

表 3-24 的总方差解释率是指选取出的共同因素能够解释所有题目信息的比例，方差解释率越大，解释能力越强，越能体现问卷信息的关键因素，提取的主成分或因子越有效。在表 3-24 中，我们只需要看最后一部分旋转载荷平方和中的方差百分比和累积百分比。我们可以看到，这里的 29 道题目，提取了 3 个特征值（可以理解为因子对问卷整体的贡献）大于"1"的因子。每个因子的方差解释率代表该因子对于这 29 道题目的信息提取程度。第一个因子的方差解释率（方差百分比）为 24.088，表示该因子提取出 29 道题目中 24.088% 的信息量。累计百分比中是将各个因子提取出的信息量逐个累加，这里的 3 个因子总的方差解释率为 59.776，代表 3 个因子提取出这 29 道题目中 59.776% 的信息量。该指标越高越好，但一般大于 0.5 即可。

表 3-25 旋转后的成分矩阵表，是表示这 29 道题目分别归属于 3 个因子中的哪一个。成分系数叫因子载荷量，或因素负荷量，它反映了各道题目在提取出来的因子上的相对重要性。该系数在相应维度上也是越大越好，一般要大于 0.4。我们在做因子分析时，可以屏蔽掉小于 0.4 的因子载荷。但是如果一道题目在两个或三个维度上的因子载荷都大于 0.4，且相对均衡（如第 35、37、33、21 题），就表示这些题目的指向比较模糊，归属任何一个维度都不合适，因此效度不高，在数据分析前一般要删掉。如果题目数量充足，删掉因子载荷量不高和指向模糊的题目是比较容易的。一般而言，一个维度上保留 3～5 道效度较高的题目就可以了；如果题目数量较少的情况下，需要结合专业判断，来决定题目的删除或保留。

可以看到表 3-25 中，根据第 1 个因子所包含的题目，该因子可以命名为认知策略，第 2 个因子可以命名为学习动力，第 3 个因子可以命名为元认知策略。

📌 原理简析

简言之，效度就是测量结果与测量目标之间的匹配程度，可以理解为问卷的有效性，是对测量性质准确性和测量结果正确性的评价。在具体的调查或评价类项目中，效度是反映调查、评价类项目最终效益和价值的重要指标。对于任何一个调查和评价项目，都以获得有效的、有价值的研究结论作为最终目标。如果一份问卷的效度不好，那么，这份问卷可能调查不到你需要研究的内容。因此可以说，效度是定量研究成败的决定因素。严格来说，效度是衡量测评工具质量的指标，也可以作为数据分析前数据清洗的必要步骤。

因子分析的基本思想是要寻找公共因子，以达到降维的目的。探索性因子分析一般是事先不知道问卷或量表因子的数量，完全依据样本数据，利用统计软件以一定的原则，把题目进行归类汇总，找出问卷所包含的维度或因子个数，使得问卷包含的维度或因子清晰化，达到探索问卷结构效度的目的。

第三章　如何揭开问卷调查报告数据背后的秘密　173

实践操作

以前述数据为例。该数据表（图 3-72）中，XXPZ12~XXPZ40 是关于学生学习品质问卷的 29 道题目。我们想知道，这 29 道题目具体包括哪些维度，操作如下：

（1）打开"学生问卷.sav"数据表，如图 3-72 所示。

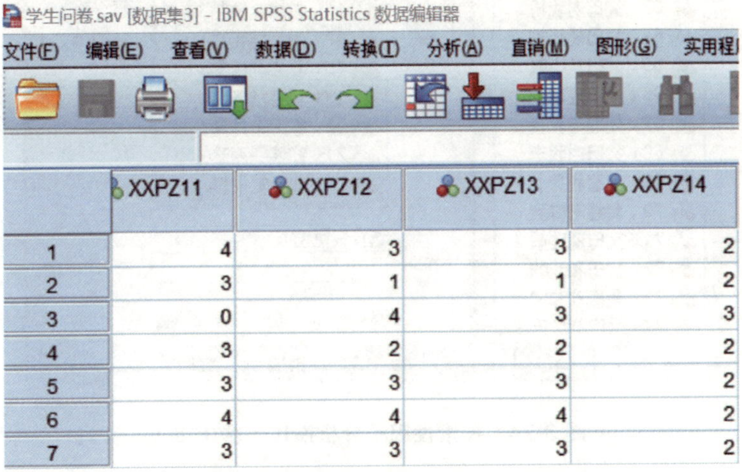

图 3-72　探索性因子分析数据案例

（2）选择"分析"→"降维"→"因子"，如图 3-73 所示。

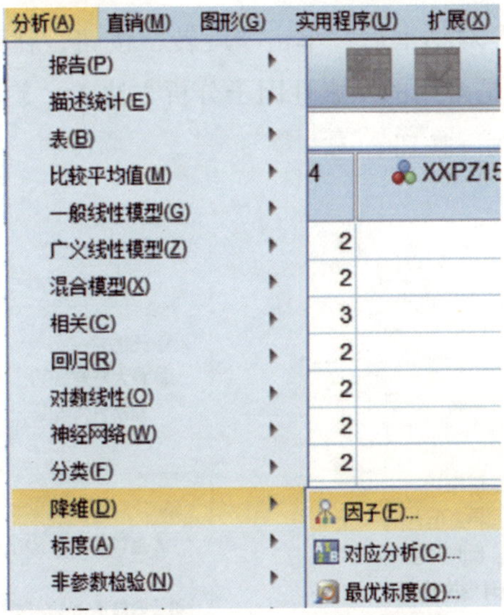

图 3-73　探索性因子分析操作步骤（一）

（3）在弹出的"因子分析"对话框中，将左框中的 12~40 题选入右边"变量"框中，如图 3-74 所示，如显示页面与图不符，请先进行"编辑"→"选项"→"显示标签"操作。

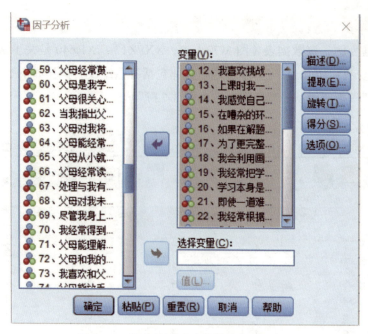

图 3-74 探索性因子分析操作步骤（二）

（4）单击最右边的"描述"按钮，在弹出的"因子分析：描述"对话框中，"初始解"是系统默认的，再默认"KMO 和巴特利特球形度检验"，如图 3-75 所示，然后单击"继续"按钮。

（5）返回"因子分析"对话框后，单击"旋转"按钮，在弹出的"因子分析：旋转"中勾选"最大方差法"（这是常用的探索性因子分析方法），"旋转后的解"是系统默认的，如图 3-76 所示，单击"继续"按钮。

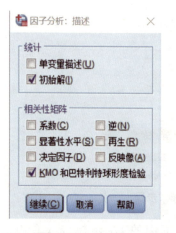

图 3-75 探索性因子分析操作步骤（三）

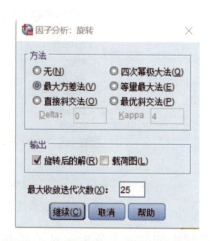

图 3-76 探索性因子分析操作步骤（四）

（6）返回"因子分析"对话框，再单击"选项"按钮，在弹出的"因子分析：选项"中勾选"按大小排序"和"排除小系数"，把"绝对值如下"中右边小方框里的 0.10 改为

第三章　如何揭开问卷调查报告数据背后的秘密

0.40，如图 3-77 所示。然后单击"继续"。返回"因子分析"对话框，单击"确定"按钮。探索性因子分析完毕。

这里说明一下，"按大小排序"是把各道题目按照因子载荷量的大小从高到低排序，我们就能在结果输出页面的"旋转后的成分矩阵"表（表 3-25）中直观看到因子载荷量大的题目优先保留。"排除小系数"就是把因子载荷量 0.4 以下的数据屏蔽掉，不显示在结果输出表（表 3-25）中，使得"旋转后的成分矩阵"表清晰简洁。

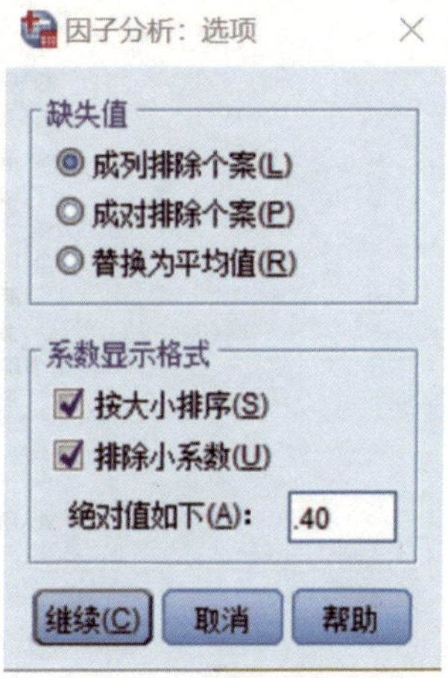

在输出页面中，就会出现本专题"问题驱动"中表 3-23、表 3-24 与表 3-25 的结果，系统还会输出其他几个数据表，我们只需要读懂这三个表就足够了。

图 3-77　探索性因子分析操作步骤（五）

当然，SPSS 的因子分析也可以近似地进行验证性因子分析。例如，我们在编制学生学习品质问卷中，在编制之前已经做了相应的文献研究，学习品质问卷预设了 3 个维度，每道题目也明确了维度归属。那么，可以在"因子分析"对话框的右面单击"提取"按钮，如图 3-78 所示。在弹出"因子分析：提取"对话框后，将系统默认的"基于特征值大于 1"换成"因子的固定数目"，我们要提取 3 个因子，就输入"3"。然后单击"继续"按钮，如图 3-79 所示。返回"因子分析"对话框后，单击"确定"按钮，也会出现前述输出表 3-25 中的数据。我们只需要根据预设的维度与题目，对照因子分析结果，选择保留或删除相应题目。

图 3-78　验证性因子分析操作步骤（一）

图 3-79 验证性因子分析操作步骤（二）

应用启示

探索性因子分析没有先验信息。探索性因子分析是在事先不知道影响因子的基础上，完全依据样本数据，利用统计软件以一定的原则进行因子分析，最后得出因子的过程。在进行探索性因子分析之前，不必知道要用几个因子，以及各因子和观测变量之间的关系。在进行探索性因子分析时，由于没有先验理论，只能通过因子载荷凭知觉推断数据的因子结构。

在 SPSS 中，探索性因子分析需要遵循以下几个步骤：①运用问卷（量表），收集研究变量数据；②看 KMO 和巴特利特球形度检验结果，确定问卷数据是否适合进行因子分析；③看总方差解释表，确定因子个数：可以按照特征值大于 1 的准则来确定因子个数，也可根据实际情况事先假定因子个数；④解释因子结构：可以根据实际情况及因子载荷大小对因子进行具体解释，并为提取出的因子命名。

拓展延伸

效度检验的方法

效度检验，一般包括如下三种方法：内容效度、效标效度和结构效度。

1. 内容效度

内容效度反映的是问卷内容与广度的适合程度，即测验题目的内容对被测范围内容的代表性程度，再通俗一点，就是研究者设计的问卷是否能够测量到研究内容，有没有存在跑题的现象。例如，测试者欲了解个体的自信心水平，需要编制自信心测验，如果测验中的每一道题目都能够反映出自信心的特征，则这些题目从内容上讲是适当的，是有代表性的，我们就说，它有较好的内容效度。

一个测量工具要有较好的内容效度必须具备以下两个条件：

（1）要有定义得完好的内容范围。内容范围可以是具体的知识，也可以是复杂的行为。例如，要编制逻辑推理能力测验，则先要对逻辑推理能力的概念及其范畴进行清晰的界定，然后确定抽取反映逻辑推理能力水平的行为样本以构成逻辑推理能力测验。

（2）测验题目应是所界定的内容范围的代表性取样。如上述构成逻辑推理能力测验的行为样本（题目）一定要体现所测逻辑推理能力的主要方面，并使各方面题目比例适当。

内容效度常用的评价方法是专家评定法，即寻找多位该领域的专家对设计的问卷进行评价，并提出意见。专家评定法是在问卷调查之前进行的。

2. 效标效度

效标效度，又称实证效度，指测量的结果与某种外在效标之间的一致性程度。所谓效标，就是衡量评价有效性的参照标准，如学业成绩等。相关法是确定效标关联效度的常用方法之一，效标是问卷测量结果有效性和意义的参照标准，其必须能够反映测量内容的内涵。例如，要调查学业自我效能感，可以采用一般自我效能感作为效标。因为学业自我效能感属于具体领域的概念，而一般自我效能感属于一般领域的概念，一般领域的概念包含了具体领域的概念。同时，效标的测量工具还需要是被普遍认可的，这样才具有权威性。

效标可以分为两类：内容效标和关联效标。内容效标主要是针对测量内容，关联效标主要是针对结果。如上面的一般自我效能感就是学业自我效能感的内容效标，如果选用学业成绩作为学业自我效能感的效标，那么学业成绩就是关联效标。

效标效度的量化计算方法是计算两个问卷数据的相关系数，即问卷测量得到的数据与效标测量数据之间的相关系数。相关系数越大，说明问卷或测量工具的效标效度越好。

3. 结构效度

结构效度是指测量结果与测验的理论假设之间的一致性程度。在心理学上，结构是指心理学理论所涉及的抽象的假设性的概念或特质，它们常常是不可直接观察而需经过推断得知的，如智力、焦虑、情绪稳定和管理绩效等。因素分析法是检验结构效度的常用方法之一，研究者预先提出某种特质的理论构想，如假设学生责任意识是由六个维度构成的特质，研究者编制了包含六个维度题目的责任意识测验对测试者进行施测，并对测量数据进行因素分析，看是否能得到与理论构想相吻合的六个因素，以此来确定所编制的责任意识量表的结构效度。结构效度的分析通常使用探索性因子分析和验证性因子分析来实现。在 SPSS 中可以实现探索性因子分析，而验证性因子分析我们一般借助结构方程模型软件（如 AMOS）来实现。

成就测验或学科测验（以检测知识为主的考试）较容易获得较高的内容效度，而对这类测验也往往注重考查它们的内容效度。对于能力测验、个性测验、态度测验和品德评价等，其内容效度的考查往往比较困难，而采用效标效度和结构效度分析较多。效度的检验不是一次就能完成的，往往要通过累积证据的方法不断积累效度资料来证实它的有效性，结构效度在根据某一理论结构模型（智力、个性等）编制测验时特别注重有效性，它也是通过累积证据的方法来获得效度支持的。

专题 3 如何判断问卷（量表）能否收集到想要的信息

本章模块二专题 2 主要介绍了检验问卷结构效度的探索性因子分析方法。探索性因子分析一般是事先不知道问卷或量表因子的数量，完全依据样本数据找出问卷所包含的维度或因子个数。但一般情况下，我们编制一份问卷或量表，首先要建构问卷（或量表）的框架，即问卷维度，这个问卷框架实际上是基于调查目的或某种理论为依据的。因此，在收集到数据后，我们需要运用这些数据来验证事先确定的框架是否科学有效，进而判断这份问卷收集的数据是否是我们想要的。这种方法，就是本专题所介绍的验证性因子分析。它与探索性因子分析的原理有所不同，使用的统计软件也不同。

问题驱动

图 3-80 和表 3-26 是针对一份学生学习品质问卷数据，运用 AMOS 进行验证性因子分析的结果。前面提及，AMOS 结构方程模型中一般包括两个部分：一部分叫结构模型，用来分析潜在变量之间的比较复杂的因果或相关关系；另一部分叫测量模型，用来验证潜在变量的维度结构是否与测量数据吻合。测量模型部分，实际上就是在做验证性因子分析。但是图 3-80 和表 3-26 中的数据如此复杂，该从哪里入手解读？

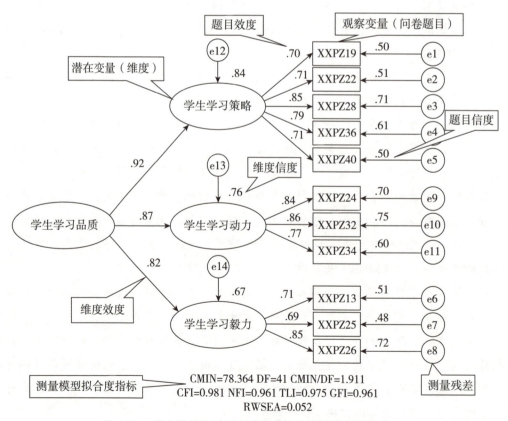

图 3-80 学生学习品质问卷结构验证性因子分析结果（一）

表 3-26　学生学习品质问卷结构验证性因子分析结果（二）

维度	题目	信度		效度				
		题目信度	维度信度	题目效度	收敛效度	区别效度		
						学习策略	学习动力	学习毅力
学生学习策略	XXPZ19	0.50	0.84	0.70	0.57	0.75		
	XXPZ22	0.51		0.71				
	XXPZ28	0.71		0.85				
	XXPZ36	0.61		0.79				
	XXPZ40	0.50		0.71				
学生学习动力	XXPZ24	0.70	0.76	0.84	0.68	0.80***	0.83	
	XXPZ32	0.75		0.86				
	XXPZ34	0.60		0.77				
学生学习毅力	XXPZ13	0.51	0.67	0.71	0.57	0.75***	0.71***	0.75
	XXPZ25	0.48		0.69				
	XXPZ26	0.72		0.85				

注：***. 在 0.001 级别（双尾），相关性显著。

数据解读

这里的数据解读，我们要结合前面探索性因子分析、信度分析以及结构方程模型中的一些概念。就图 3-80 而言，"椭圆"中的变量"学生学习品质""学生学习策略""学生学习动力"和"学生学习毅力"都是潜在变量，"方框"中的"XXPZ19"等都是观察变量，即问卷题目，"e1""e2"和"e3"等都是测量误差，也叫测量残差。这里有两层结构：一层是学生学习策略、学生学习动力和学生学习毅力与其所包含的题目构建的测量模型，我们称之为一阶测量模型；而学生学习品质包含了学生学习策略、学生学习动力和学生学习毅力三个变量，我们称之为二阶测量模型。

我们在问卷设计时，根据已有理论，认为学生学习品质这个潜在变量包括学生学习策略、学生学习动力和学生学习毅力三个潜在变量，每个潜在变量又可以通过不同的行为特征做出推断。在图 3-80 中，学生学习策略所指向 5 个方框内题目的每个箭头上各有一个数值，如指向"XXPZ19"的题目上标有 0.70，这个数值，就是这道题目的因子载荷，这里叫标准化因素负荷量，也就是"XXPZ19"这道题目在"学生学习策略"维度中的相对重要性，这个值一般在 0.7 以上是比较理想的，这个标准化因子载荷，在表 3-26 中就是每道题目的效度。由测量残差"e1""e2"等指向于"方框"内题目的箭头上也各有一个数值，如"e1"指向"XXPZ19"的箭头上标有0.50，这个值就是该题目的信度，这里叫多元相关平方，由各题效度值平方而得，也就是表3-26中的题目信度。同理，潜在变量"学生学习品质"指向潜在变量"学生学习毅力"的箭头上也有一个值0.82，这个值也就是"学生学习毅力"的维度效度，也即它作为"学生学习品质"子维度的相对重要性，而"e13"指向"学生学习动力"维度的箭头旁也有一个数字0.76，也就是"学生学习动力"维度信度。

但我们一般不直接采用二阶测量模型上的信效度作为维度的信效度，而是通过一阶测量模型中的数据进行手工计算，来得到二阶模型的信效度。

表3-26中的维度信度叫组合信度，比克隆巴赫α信度稍高一点。收敛效度叫平均方差萃取量，该值越大，说明问卷维度的这些题目聚合性越强，维度的收敛效度高，一般要大于0.5为宜。区别效度是指各个维度之间的区分度，维度之间的区分度用收敛效度的开平方与维度间的相关系数来比较，或者说，就是用维度内部的聚合性与维度之间的相关性进行比较，如果维度内部的聚合性大于维度间的相关性，就说明维度的区别效度高，反之，说明维度的区别效度低。表3-26中，学生学习品质三个维度的收敛效度分别为0.57、0.68和0.57，说明收敛效度都比较理想；区别效度中，学生学习策略的收敛效度开平方为0.75（有下划线的数据），小于它与学生学习动力的相关系数0.80***，见表3-26说明学生学习策略的区别效度不理想。而学生学习动力的区别效度就比较好，它的收敛效度开平方为0.83，既大于它与学生学习策略的相关系数，也大于它与学生学习毅力的相关系数。

维度（或潜在变量）的收敛效度与区别效度比较难以理解，我们用一幅草丛图来形象地表示，如图3-81所示。

图3-81 维度（或潜在变量）收敛效度与区别效度的形象化比喻

在图 3-81 里，每根草相当于每道题目（即观察变量），每一丛草相当于一个问卷维度（即潜在变量）。一丛一丛相似的草聚合在一起，相当于维度内部的聚合性好，维度的收敛效度较高；而一丛草与另一丛草之间泾渭分明，区别明显，相当于维度内部的一致性大于维度之间的相关性，维度的区别效度高。

至于图 3-80 中的 CMIN、DF、CFI、GFI、RMSEA 等数值，是指该测量模型与数据本身的拟合度。拟合度指标有许多，AMOS 都会在统计结果中报告。在结构模型中我们也曾提及过，有些指标值越接近"1"，表明模型与数据的拟合度越好；有些指标值越接近"0"，表明模型拟合度越好。我们列出一个参照标准，见表 3-27，大家可自行对照。

表 3-27　结构方程模型的拟合度指标及其建议标准

绝对拟合度指标	临界值	增值拟合度指标	临界值	综合拟合度指标	临界值
卡方值	>0.05	NFI	>0.90	PNFI	>0.50
GFI	>0.90	RFI	>0.90	CN	>200
AGFI	>0.90	IFI	>0.90	卡方自由度比	1~3
RMR	<0.05	TLI	>0.90		
SRMR	<0.05	CFI	>0.90		
RMSEA	<0.05	PGFI	>0.50		

📙 应用启示

探索性因子分析和验证性因子分析是因子分析的两个不可分割的重要组成部分。在实际应用中，两者只有结合运用，才能相得益彰，使研究更有深度。一般来说，如果我们编制的量表没有坚实的理论基础支撑，则一般先用探索性因子分析，建构一个问卷的维度结构，再在此基础上用验证性因子分析验证其合理性，这样的做法是比较科学的，但这必须要用两组分开的数据来进行。如果研究者直接把探索性因子分析的结果放到同一数据的验证性因子分析中，研究者就仅仅是拟合数据，而不是检验问卷的结构效度。如果样本容量足够大的话，可以将数据样本随机分成两半，合理的做法就是先用一半数据做探索性因子分析，然后把分析取得的因子用在剩下的一半数据中做验证性因子分析。如果验证性因子分析的拟合效果非常差，那么还必须用探索性因子分析来找出数据与模型之间的不一致。

📖 拓展延伸

读懂验证性因子分析的图表与数据

图 3-82 和表 3-28 是另一个学生学习品质测量模型的验证性因子分析结果，根据图表中的数据观察，你觉得这个学习品质测量模型的结构效度怎么样？

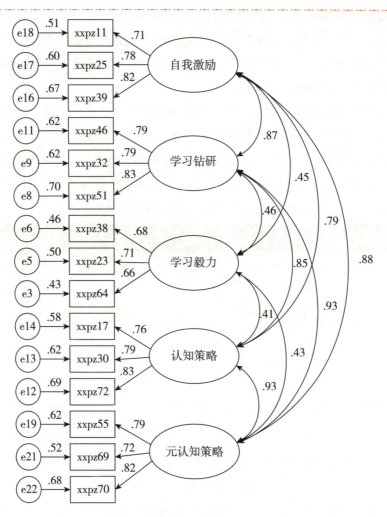

卡方值=177.105 自由度=80 卡方自由度比=2.214
GFI=0.972 AGFI=0.959 CFI=0.939 RMSEA=0.027

图 3-82　学生自主学习品质测量模型

表 3-28　学生自主学习品质测量模型效度分析

自主学习品质	收敛效度	区分效度				
	AVE	自我激励	学习钻研	学习毅力	认知策略	元认知策略
自我激励	0.595	0.77				
学习钻研	0.646	0.87	0.8			
学习毅力	0.467	0.45	0.46	0.68		
认知策略	0.63	0.79	0.85	0.41	0.8	
元认知策略	0.605	0.88	0.93	0.43	0.93	0.78

CHAPTER 04

第四章　教育测评数据分析典型案例

> 本书第二章和第三章介绍了教师在成绩分析与问卷分析中常用的数据分析方法。本章提供了一个典型的成绩分析报告案例、一个问卷分析报告案例及一个问卷编制与质量检验报告案例，以便于我们能看到整个数据分析的全貌，也供大家在今后的实践运用中作为模板参考。

模块一　成绩分析报告案例

2020学年第一学期××区九年级语文学业水平抽测分析报告⊖

一、抽测背景

（一）测试目的

面向2021年中考，旨在通过对全区九年级学生的语文学习情况分析，了解目前学生在语文基础知识、阅读能力、写作素养等核心知识与技能方面的掌握状况，以衡量全区学生的语文相应水平，分析影响相关水平的主要因素，寻找改进教学的主要路径。更好地发挥评价对教与学的改进作用，提升复习效率，对教师后期的复习教学提供一定的参考。

（二）测试依据

以《义务教育语文课程标准（2011年版）》（后简称"课标"）和统编教材九年级上册

⊖ 引用了朱奕晴、丁海霞撰写的《2020学年第一学期××区九年级语文学业水平抽测分析报告》，略有删改。

语文教科书（后简称"教材"）为主要依据。

（三）命题特点

本次测试面向全体学生，以教材为基础，以课标为原则，力求凸显语文的基本元素，着眼于学生核心素养、学科能力的检测；从结构、题型到分值，参照中考试卷结构特征。努力创设真实情境，考查学生运用语文知识分析和解决问题的能力。突出基于问题解决，关注学生立场；注重过程方法，导引学教优化；倡导真实阅读，注重能力检测。

（四）测试对象

全区九年级学生全样本。

二、结果分析

（一）学科整体表现

语文学科最高分 111.0（满分值 120），平均分 90.64，试卷难度 0.76。根据常模水平的差异分析，将分数分别划分为：A 线（99.0~120 分）、B 线（93.5~99.0 分）、C 线（85.5~93.5 分）、D 线（75.0~85.5 分）、E 线（0.0~75.0 分）。从图 4-1 语文各分数段学生频数分布图中可以直观地了解学生的成绩分布情况。本次测试的学生成绩分布比较陡峭，说明变量值的次数较为密集地分布在众数 96 分的周围。整体成绩呈负偏态，可见大部分学生成绩高于平均分。

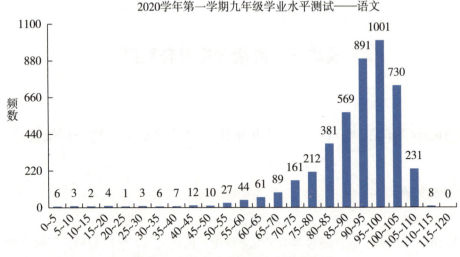

图 4-1　语文各分数段学生频数分布图

（二）成绩总体分析

1. 平均分——集中量分析

以全区总平均分为参照，各校语文成绩平均分如图 4-2 所示。全区共有 7 所学校超过区平均分，其中 G 校以 100.38 分遥遥领先，B、A、D、K、M 和 I 校紧随其后，表现了良好的态势。另外 7 所学校中，除一所学校低于 85 分，其他学校之间差距不大。这也表明，14 所学校的教学质量整体上较为均衡。

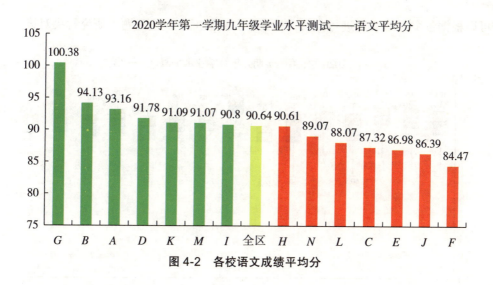

图 4-2　各校语文成绩平均分

2. 标准差——离散量分析

标准差可以衡量校内的离散程度，标准差越小，表明成绩越均衡。各校的语文成绩标准差情况如图 4-3 所示。全区 A、B、D、F、G、H、I、K、L、M 和 N 等 11 所学校语文成绩标准差都在区常模水平以下，离散度较小；其余 3 所学校语文成绩标准差大于区常模水平。

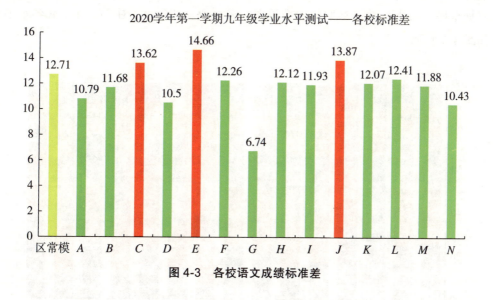

图 4-3　各校语文成绩标准差

3. 百分位数——整体分布分析

全区各校语文成绩的分布情况可以从箱图的四分位数获悉，如图 4-4 所示。从图中五个得分点之间学生成绩的集中和离散程度分析发现，有的学校虽然离散度较小，但高分段人数不多，需要提高学生的整体水平。五个得分点均高于区平均分的是 G 和 B 校；A、B、G、K 校前段学生优势明显，75% 的学生得分高于区平均分；A、B、D、G、K 校，50% 的学生得分高于区平均分；25% 的学生得分高于区平均分的学校有 A、B、D、G、H、I 和 M 校。

各校可以根据各个点的表现进行分析，从集中和离散度中寻找问题，研究解决对策。

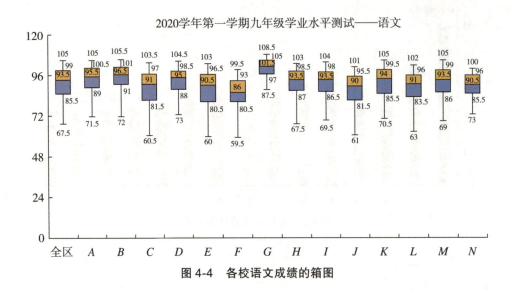

图 4-4　各校语文成绩的箱图

（三）成绩分层分析

1. 各水平层次分布

根据全区学科水平常模参照的参数设置，各校语文成绩 A、B、C、D、E 各水平比例分布如图 4-5 所示。

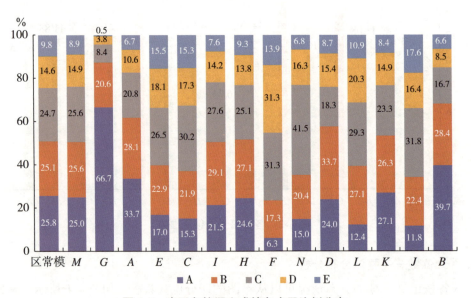

图 4-5　全区各校语文成绩各水平比例分布

2. AB 率分布

以全区 AB 率为参照，各校的 AB 率有一定的差异。从图 4-6 可以发现，有 8 所学校的 AB 率超过 50%。其中，G 校以 87.28% 领先，B、A、D、K、H、M 和 I 校优秀生的比例都很高。另外 6 所学校相对落后，前段学生相对较少，直接影响整体的发展态势，要特别引起注意。

图 4-6　各校语文成绩 AB 率

3. DE 率分布

以全区 DE 线的上线率为参照，多数学校后段学生的比例控制较好。从图 4-7 可以发现，G 校仅为 4.33%，B、A 校控制在 20% 以内，I、N、H、K、M 和 D 校都在区平均分以下；有 5 所学校的 DE 率超过 30%，其中一所学校超过 45%，数据分析发现，该校 E 等率 13.94%，与区平均分差距不大，但 D 等率高达 31.25%，将该比例的学生向 C 等甚至 B 等转化是下阶段的当务之急。

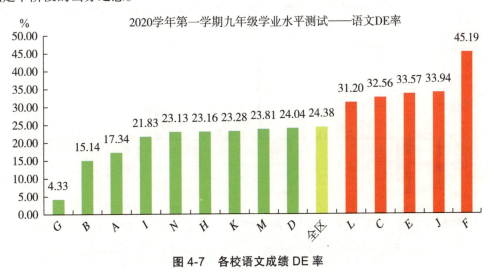

图 4-7　各校语文成绩 DE 率

（四）增值分析

1. 与基线测试比较的增值

以七年级新生素质测试为基线，根据本区"五级增量"是参数设置，全区各学校语文成绩的增值如图 4-8 所示。可以发现，K、A、G、B、N、L 和 D 校 7 所学校与新生素质测试相比有正增值，其他学校呈负增值。

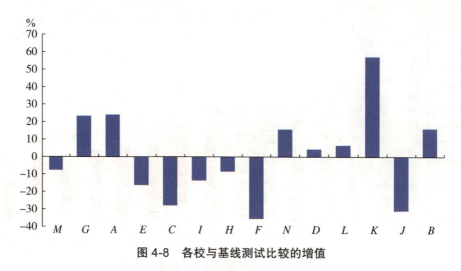

图 4-8　各校与基线测试比较的增值

2. 与各学期期末测试比较的增值

将本次测试的"五级增量"与前面各学期测试进行比较，由图 4-9 发现，H、L 校每一次测试均处于正增长的态势，可见这两所学校这五个学期教学有成效，成绩稳步有提升；K、E、D、I、A 校虽有波动，但总体态势还是好的，势头较为强劲；B、J、C 校也处于逐渐上升的状态，本次测试有正增长；部分学校一直处于负增长，应分析原因，找到对策，争取在最后一个学期迎头赶上。

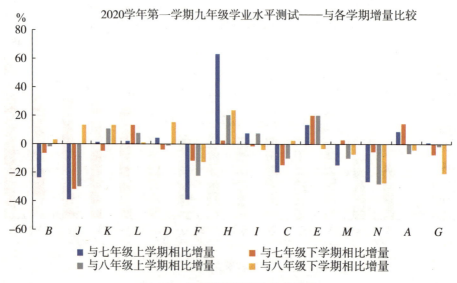

图 4-9　与各学期测试比较的增量

3. 分类模型的增值评价

以 B 学校为例，分别将该校从七年级上学期、七年级下学期、八年级上学期、八年级下学期和九年级上学期各学期语文成绩的 A、B、C、D、E 各水平的百分比,通过折线图来描述,作为建立了增值评价的分类模型,如图 4-10 所示。从模型中可以看出该校语文学科的优秀生持续增多,后进生转化特别明显,但总体趋势是九年级有所反弹。

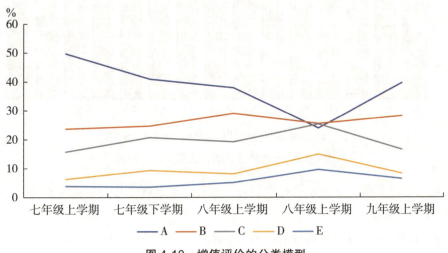

图 4-10 增值评价的分类模型

(五)能力维度分析

本次测试从识记、理解、应用、分析、评价、创造六个维度进行考查。由图 4-11 发现,学生的得分率由高到低依次排序为识记、创造、理解、分析、评价和应用。结合题组的区分度分析,理解、应用、分析、评价维度题组区分度都大于 0.3,基本可以接受;创造维度题目的区分度不容乐观。

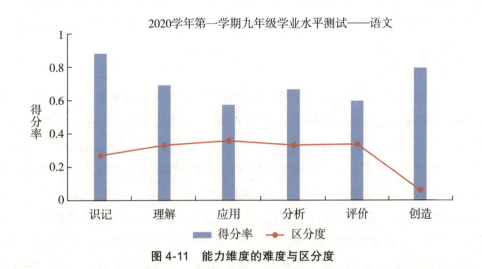

图 4-11 能力维度的难度与区分度

各校语文测试的识记、理解、应用、分析、评价、创造六个维度的得分率分布如图 4-12 所示。

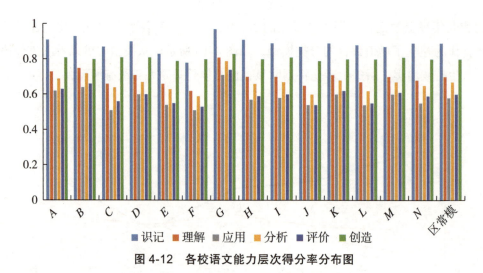

图 4-12 各校语文能力层次得分率分布图

识记能力难度较低，学生掌握程度较好，得分率超过区平均分依次为 G、B、A、H、D 校，I、K 和 N 校与区常模持平；

理解能力得分率超过区平均分依次为 G、B、A、D、K 校，H、I、M 校与区常模持平；

应用能力得分率超过区平均分依次为 G、B、A、D、K、M 校，I 校与区常模持平；

分析能力得分率超过区平均分依次为 G、B、A、K 校，D、M、I 校与区常模持平；

评价能力得分率超过区平均分依次为 G、B、A、K、M 校，D、I 校与区常模持平；

创造能力主要的得分点来自写作，各校之间差异不大，其中超过区平均分的为 G、A、I、C、D、M 校，B、K、H、L、F 和 N 校与区常模持平。

从每所学校来看这六个能力，G、B、A、D、I 和 K 校在这六个方面都有一定的优势，表现均衡；H 和 N 校在识记能力表现较好，在高层次思维方面有待提高；M 校在理解、应用、分析、评价、创造方面表现均衡，识记略有欠缺。各校可以根据能力层次方面的差异，对教学重心进行适当调整。

（六）具体题目分析

从考试结果总体分析，在名句默写、个性化写作、名著人物形象、字词积累、文学作品心理分析、非文学作品原因分析、名著人物辨析、名著文体特点、名句归类等方面，学生的得分率在 0.8 以上，表现较为突出；文言实词理解、文学作品原因分析、主题理解、文言词义分析、诗歌辨析、非文学作品论据作用、文学作品人物作用、文言古诗联结、名著情节回顾、非文学作品论据关联、文言拓展比较等方面，学生的得分率在 0.5 ~ 0.8 之间，还需改进突破；文言一词多义得分率 0.5，得分率偏低。结合具体题目作答情况，主要发现如下特点：基础知识积累整体扎实，从"综合学习"出发凸显情境考查；名著阅读有效转型，从"阅读本质"出发培养核心能力；作品阅读此起彼伏，从"思维过程"出发提升阅读素养；古代诗文较为薄弱，从"文言合一"出发关注整体理解；写作表达差距微小，从"育人导向"出发建立成长联系。

本次作文命题凸显了人文素养的培育。语文学习和现实生活从来不可能孤立外部世界而独立存在，试题通过设置与学生贴近的话题，引导大家建立自己内部与外部之间的联系，关注自我成长的内涵、价值与外部世界和谐发展的关联，这既体现语文学习的意义，更是在育人导向上的一次有益探索。

三、思考与建议

1. 新中考下的全员思考

2021年是本市实行新中考的第一年，面对原本几乎不参加中考的DE等级的学生，复习教学势必迎来更多的挑战。以本次测试为例，85分以下即为C等级以下的学生。其中70分以下的学生，除了整体得分率在0.9以上的题目和写作能得到50%以上的得分外，其他题目几乎全线崩溃。因此，对于E等级生而言，抓好最基础的识记类题目，能掌握基本的写作能力，不要掉队，是最后一个学期的主要任务。全区70~80分数档学生的占比为16.9%，其中共有4所学校占比低于区常模，9所学校占比超过区常模，占比最高的学校达到33.18%。这部分学生在哪些方面明显偏弱呢？我们基于数据发现，这部分学生在较为复杂多样的识记类知识面前容易混淆出错，如名句默写题，70~80分档学生得分率仅为0.74，与A等级学生差距悬殊；对能力要求较高，涉及理解、应用、分析、评价等多项能力时，明显偏弱。如整个积累部分，70~80分档学生得分率仅为0.69；文言的实词理解、古诗联结、拓展比较都出现了断崖式下降的情况。这就需要在教学中寻找合理的对策，对症下药。

在日常调研中发现，基于全员中考难度的推测以及最后一个学期时间紧的现状，不少课堂出现了高速而极度压缩的现象。从教学目标来看，以知识体系的传授为出发点，极少考虑学生的学习需求，把下学期的教学内容以打包、压缩的方式直接"喂"给学生。在教学内容庞杂、信息量很大的情况下，中下等学生没有消化，囫囵吞枣，在被动接受中学习能力不断衰弱。于是记了就忘，忘了再记，反复出错的现象便屡见不鲜。

即便是AB等级的学生，我们也不能忽视学生真实的学习历程是缓慢而复杂的，学习过程中的"不懂，不理解"的"夹生"现象，在出于教学进度的考虑中被掩盖与忽略，却会在后续的学习中频频暴露。与其最后阶段连续多月的大量刷题、训练，不如进一步基于数据有效分层，从不同层次学生的起点出发，分析他们所遇到的不同困难，研究相关的学习方式和策略，在理解——分析——试错——验证的循环中，改变认知冲突的焦虑，逐步解决认识冲突。

对最后一个学期的复习教学而言，"全员"意味着中后段学生的托底和前段学生的拔尖并重，这自然比以往增加了更多的难度。即便在中考难度略有下降的前提下，日常教学也需要根据能力层次进行分类、分层、分项教学。从教师的学习设计、作业设计、作业批改到个性化辅导，都需要认真备课。在各校的质量分析报告中，已经欣喜地发现不少学校基于数据进行了从教研组、备课组到班级细致的学情分析，这是分层的第一步。接下来更重要的是，如何对不同层次的学生进行菜单式指导、精准化评价，真正实现闭环模式。

2. 课堂变革中的深度思考

在课堂教学变革的浪潮中，高品质的学习任务、高效的自主学习和合作学习是摆在教师面前的两大挑战。由于低效、反复、机械的课堂也常常能换来一定程度的分数回报，很多教师便更愿意投入大量的时间在训练而不是在学习设计与合作对话中。以名著阅读为例，众所周知大量训练造成的后果是扼杀学生的阅读兴趣。阅读本应是读者主动与作品建立价值联系的一种持续性的活动过程，应该引导学生在理解基本内容的基础上，对作品的主题、形象、语言等有自己初步的体验、感受和思考。但有的课堂为了追求短时的效果，没有设计整本书阅读的任务，以《名著帮帮团》等梗概类教辅书替代了整体阅读，看似学生掌握了全书的大致内容、整体形象等，但这种标签化的记忆缺乏阅读过程，往往"昙花一现"，无法内化为学生的体验，遇到指向阅读过程的题目时，便暴露了问题。

让学生学会学习不是纸上谈兵，培养学生思维的最好场所便是课堂。北京师范大学资深教授顾明远提倡"让学生成长在活动中"，就明确建议教师不要把现存的结论传授给学生，需要通过活动引导学生主动学习，发现问题、提出问题、思考问题、共同研讨、解决问题，让深度学习在课堂中真正发生。

3. 课程维度下的多元思考

随着社会发展日新月异，尤其是2020年线上教学的开展，教师面临了更多的挑战。教师的专业发展需要从课程建构与实施维度去提升。在课程建构方面，我们需要研究教材、研究教法学法，但也需要有超越教材的视野，具有大语文的观念，扩大阅读视野，提升阅读品质，丰富学习活动，以多重的视角研究大单元、大概念，探索项目化等多样的学习方式，将教材资源与其他多种资源进行融合。与传统的教学模式相比，教师要理解课程中有文本，但不以文本为纲；有知识，但不求知识的系统与完备；有训练，但不把训练当作纯技巧进行分解训练。教师是组织者，学生是主体，师生要互动。

而在实施维度方面，更要从学生实际出发，紧扣课程目标，培养研究意识和发现问题的敏感性，探索解决问题的思路。从本次测试结果看，教师对学科核心目标的把握、教学策略的指导仍有缺失，学生只学会了简单知识的集合，面对情境的变化、知识的迁移，便会束手无策，能力素养依然不够全面。可喜的是，不少学校中的优秀教师也进行了多元的尝试，他们通过专题学习、探究学习、综合性学习等活动，引导学生自主调研、访问、研究，在任务驱动下学习语言、探究语言、运用语言，打破课内与课外、校内与校外的壁垒，让学生在丰富多彩的活动中学语文、用语文，真正提升学生的素养和能力。

因此，在课程的维度下，我们将继续从五个方面开展研究：一是研究学习规律与学习方式，进一步反思"以练代学，以讲代教"的教学常态；二是研究学习设计及其运用，让学习设计渗透到集体备课的各个方面，不断体现对"学"的关注；三是作业的设计及运用，让作业的功能得到进一步发挥；四是教学方法和策略的研究，进一步改进原有的教学策略，在"学"的前提下进行选择合宜的教学策略；五是评价方式的研究，改进体现课程性质的过程性评价，进一步研究命题技术，更好地发挥测评的导向作用，由点带面地促进各层次教师的命题能力和水平。

模块二　问卷调查报告案例

问卷数据分析的最后一个环节就是写问卷调查报告。

首先是对标题的要求。标题通常有标准格式和自由格式两种。标准格式基本是"××关于×××的调查报告"；自由格式中可以是陈述式、正副标题式或提问式三种。其次是正文部分，正文包括前言、主体和结尾。

第一，前言。前言要写明调查的缘由、调查目的、调查地点、调查对象或者范围、调查方式和经过，还可以包括调查人员的组成情况等。如果有必要还可以加上对应答者的感谢，为下一步的工作打下基础。

第二，主体。主体是调查报告的中心，主体部分要详细说明调查研究的情况、经验以及分析结果，可以包括对分析结果的客观认识，表述观点和基本的结论。主体部分可以有论述，把重点放在调查结果的陈述上。组织语言要精练，表达要准确，分析要结合实际。

第三，结尾。结尾的写法不一，可以有对问题的解决方法，对下一步工作的客观分析；也可以是对正文部分的全面综合的总结，把主题进一步深化。在结尾中还可以根据本次的调查情况提出问题，引发人们进行深入的思考，或者是对前景的展望。

下面给大家呈现一份比较完整的问卷调查报告案例。

初中学生学习品质及其影响因素调查报告
——以浙江省P市初一年级学生为例

【摘要】为了解初中学生学习品质发展水平及其影响因素，我们对浙江省P市12所初中646名初一学生、170名教师和400名家长进行了调查。结果表明，我市初一年级学生的学习策略和学习动力均处于中等略偏上水平，其中学生的认知策略和学习内部动力相对较弱，学习外部动力相对较强，元认知策略和资源管理策略均为中等水平。后进生的学习品质与学业成绩之间存在显著性低度相关，而中等生和优等生的学习品质与学业成绩之间基本不存在相关性。教师的学法指导、课堂学习氛围、课堂激励与课堂调控对学生学习策略和学习动力有显著的、积极的影响,其中教师学法指导对中等生和后进生的学业成绩提升具有显著的正向影响。

【关键词】初中学生　学习品质　教师教学方式

一、研究背景

2016年,北京师范大学林崇德教授领衔的专家团队研制的《中国学生发展核心素养》正式公布,明确了中国学生发展核心素养的总体框架与基本内涵。其中,学会学习是学生发展核心素养的重要方面。可以说,学生是否具备良好的自主学习品质,是衡量学生学习核心素养的重要尺度。如果能科学地测量学生自主学习品质的发展水平及其影响因素的作用机制,就能帮助我们更加真实地了解学生学习的状态、更加准确地诊断学生学习中存在的问题,并能对学生的学习结果进行科学的归因分析,为教师、学校、教育行政和教育研究部门的决策与行动改进提供科学依据。

然而长久以来,由于缺乏对学生学习状况特别是学生自主学习品质的研究,导致P市初中学校教学的针对性和有效性不足,"教师苦干、学生苦学"为主要特征的教育生态并未发生明显变化。2016年浙江省教育质量监测结果表明,P市初中生学业压力和学习负担显著高于全省平均水平,而学习策略显著低于全省平均水平。笔者2015年4月对P市两所生源优势明显的高中学生进行问卷调查,最后一题为"请你对初中母校提一点希望或建议。"结果97.8%($\frac{583}{596} \times 100\%=97.8\%$)的高中学生提到:培养我们的自主学习能力。进一步访谈发现,当年这些优秀生在初中时很少有时间去对学习进行自我诊断、自我反思、自我总结、自我规划,升入高中后,学习困难陡然加大,学习成绩也出现了明显断层,他们在初中阶段形成的优越心理变成了自我怀疑甚至变得极度自卑。

基于以上分析,笔者认为,学生自主学习品质的培养,应该作为P市初中教育改革的重中之重。但其前提是,需要探明区域初中学生自主学习品质的内涵、维度结构及其影响因素之间的作用机制,在此基础上,方能真正有效改进教育教学,达到事半功倍的效果。

二、自主学习品质的相关研究

(一)关于自主学习品质的内涵

鄢超云总结了美国各州的定义后认为学习品质包括与学习有关的倾向、态度、习惯、风格、特质等。它不指向具体的方法、技能,而指向儿童是如何获得又是如何使用这些方法和技能的。[一]曹正善认为学习品质是学习者在学习活动中形成和发展,并在学习活动中表

[一] 鄢超云.学习品质:美国儿童入学准备的一个新领域[J].学前教育研究,2009(4):11-14.

现出来的比较稳定的特征和特性。笔者认为学习品质的内涵较为广泛，在当下的教育情境中至少包括合作学习品质与自主学习品质两个方面，而两者所涵盖的维度结构既有重合部分又有不同的指向。因此，有必要区别对待。

（二）关于自主学习品质的结构

彭贤智认为学习品质是由学习动力、学习倾向、学习监控、学习策略和学习能力5个子系统构成；鄢超云在分析了美国各州关于学习品质的界定后，总结出学习品质包括好奇心与兴趣、主动性、坚持与注意、创造与发明和反思与解释；曹正善区分了自主学习品质与合作学习品质，认为自主学习品质反映在学习系统上，即有学习动力上的主动性、积极性等品质，学习能力上的能动性、独创性、批判性等品质，学习毅力上的自觉性、坚持性、坚韧性等品质。北京市海淀区所建构的学习品质评价9L指标体系，包括学习认知与体验系统（学习认知、学习情感）、学习动力系统（学习态度、学习动机）、学习能力与方法系统（学习能力、学习方法）、学习维持系统（学习意志力、学习投入）和学习结果系统（学习效果）。上述关于学习品质的维度结构判断，均是基于理性思考基础上的理论假设，在国内尚未见到基于数据分析的实证研究来证明这样的维度结构是否符合学生的实际情况。因此，也有必要采用探索性因子分析和验证性因子分析方法，去证实初中学生自主学习品质的确切结构究竟为何。

（三）关于学习品质的影响因素

黄爽和霍力岩从主体因素和环境因素两方面梳理了国外研究的主要成果，归纳出影响儿童学习品质的主体因素主要涉及儿童的活动参与、问题行为、年龄和种族等。环境因素具体涉及父母的教养方式、家庭背景特征、学校教育方式和文化取向等方面。这种梳理无疑对我们构建学习品质影响因素的理论模型提供了很重要的参考，但这些因素之间究竟是如何作用于学生学习品质的形成过程，还存在着个体差异和地区差异，也有待于在数据收集的基础上，运用多层线性模型与结构方程模型等技术，进一步阐明这些影响的具体发生过程和作用机制。

基于以上回顾，本研究将学生学习品质定义为学生在学习过程中表现出来的相对稳定的心理倾向与行为特质，是由学习动力系统、学习策略系统和学习成就组成的综合体。我们所进行的学生学习品质评价，目的在于对初中学生学习品质方面的状况进行科学的诊断，以指标指数等最简明有效的方式来反映学生学习品质的状况，为教师采取有效措施应对和解决学生学习中的问题提供依据，同时也为学校教师科学化决策提供建议，进而为学校全

---

① 曹正善. 论学习品质 [J]. 集美大学学报，2001（4）：16-20.

② 彭贤智. 对学习品质的结构与培养策略的研究 [J]. 唐山师范学院学报，2004（1）：81-85.

③ 陈朝晖，王侠，陈尧. 学习品质评价体系内容解析 [J]. 北京教育（普教版），2017（5）：60-62.

④ 黄爽，霍力岩. 儿童学习品质的主要影响因素：国外研究进展及其启示 [J]. 比较教育研究，2014（5）：42-47.

面实施素质教育，提高教育质量服务。

三、调查对象

本次评价共 12 所初中学校的初一年级学生、教师以及学生家长参加，剔除不诚实、不认真回答的无效问卷后，剩余有效学生人数为 646 人，有效教师人数为 170 人，有效家长人数为 400 人。

四、评价工具

本次评价，涉及学生学习品质的 3 个二级指标，包括学生学习策略、学习动力和学业成绩（2017 年 6 月初一第二学期期末考试成绩），此外，我们将教师教学方式作为影响因素也一并进行了测量。除学业成绩外，其他评价均采用标准化量表来进行，数据采用 SPSS22.0 进行分析。

（一）评价指标体系

评价指标体系详见表 4-1 与表 4-2。

表 4-1　学生学习品质评价指标体系

一级指标	二级指标	三级指标	评价主体
学生学习品质	学习策略	认知策略，元认知策略，资源管理策略	教师，学生，家长
	学习动力	内部动力，外部动力	教师，学生，家长
	学业成绩	语文，数学，英语，科学，社会	教师

表 4-2　影响学生学习品质发展的因素

一级指标	二级指标	评价主体
教师课堂教学	课堂气氛，学法指导，课堂民主，课堂激励，课堂调控，学生主体性，因材施教，交流反馈	教师，学生

（二）计分方式

除学业成绩外，评价体系中的每个三级指标均采用李克特 5 点计分的量表方式进行评价，每个分量表中编制若干题目。每道题目答案选项均进行了标准化处理，即"非常符合"赋值 4 分，"比较符合"赋值 3 分，"不一定"赋值 2 分，"不太符合"赋值 1 分，"很不符合"赋值 0 分。我们将量表中的负向题得分转化为正向题得分后，将量表题目得分进行简单加总，并转化为百分制分数。然后将三级指标得分通过验证性因子分析结果进行加权平均，得到二级指标分数。以此类推，得到一级指标分数。

（三）评价工具的信度、效度分析

我们对学生品质问卷进行信度和效度分析，结果表明，学生学习品质四个三级维度的内部一致性信度（克隆巴赫 α 系数）均在 0.7 以上，收敛效度（AVE）均大于 0.5，区别效度中各维度的 AVE 开根号值均大于维度间相关系数。这表明学生学习品质问卷的信度和效度均达到理想水平。见表 4-3。

表 4-3　学习品质问卷信度、效度分析

学习品质维度	信度	收敛效度	区别效度				
	克隆巴赫 α 系数	AVE	内部动力	外部动力	认知策略	元认知策略	资源管理策略
内部动力	0.816	0.645	0.803				
外部动力	0.804	0.716	0.217**	0.846			
认知策略	0.823	0.655	0.484**	0.321**	0.810		
元认知策略	0.735	0.656	0.520**	0.332**	0.738**	0.810	
资源管理策略	0.748	0.574	0.480**	0.310**	0.744**	0.756**	0.757

注：1. 区别效度对角线为 AVE 开根号值，下三角为维度间相关系数。

2. **. 在 0.01 级别（双尾），相关性显著。

五、评价结果

（一）初一年级学生学习品质状况

1. 总体情况

总体来看，学生的自身学习品质居于中等水平，而在教师和家长眼中，学生的学习品质相对较低，从三方评价结果可知，P 市初一年级学生学习品质整体上不是很突出，见表 4-4。

表 4-4　学生学习品质总体情况

学生学习品质指标		学生自评		教师评价		家长评价	
		平均值	标准差	平均值	标准差	平均值	标准差
一级指标	学习品质	68.6	14.9	61.4	21.3	63.1	19.9

2. 学生学习品质评价中，教师、家长、学生的评价差异

我们通过学生、家长、教师三方对学生学习品质的评价结果的差异显著性检验，以分析不同群体对学生学习品质现状的判断是否存在一致性。结果发现，对于学习品质，家长和教师的判断较为一致，他们的评价明显低于学生的自我评价，见表 4-5。

表 4-5　学生对自身学习品质的评价与教师、家长的差异比较

对象	学习品质		
	人数	等级 1	等级 2
教师	170	61.4	
家长	400	63.1	

（续）

学习品质			
对象	人数	等级 1	等级 2
学生	646		68.6
显著性		0.237	1

注：涉及两个以上样本正态分布数据的比较，我们选择方差分析的事后多重检验 S-N-K 法对教师、学生、家长三类群体的评价结果进行比较。

3. 学生学业成绩分布情况

从学生学业成绩的分布偏度系数来看，基本上各科成绩均呈负偏态分布，反映出学生学业成绩多数集中于中等偏上的位置，从学生学业成绩分布的峰度系数来看，语文成绩的集中程度最高，社会次之，科学和英语的分数比较分散。从各科成绩的内部差异程度来看，语文和社会的学生间成绩差异较小，而数学、英语、科学三门学科的学生间成绩差异较大，见表 4-6。

表 4-6 学生学业成绩状况

学科	人数	最低分	最高分	平均分	标准差	偏度	峰度
语文	644	2	113	86.20	13.081	−1.843	7.250
数学	646	6	120	93.39	24.148	−1.497	1.832
英语	644	9	119	92.68	23.573	−1.225	0.717
科学	645	13	119	87.96	20.696	−0.974	0.594
社会	644	18	100	74.44	11.989	−1.435	2.744

注：语文、数学、英语、科学满分为 120 分，社会满分为 100 分。

4. 学生学习品质各维度具体情况剖析

我们对学生学习品质的二级和三级指标做了进一步分析，发现学生学习品质中的学习策略和学习动力均处于中等略偏上水平，其中学生的认知策略和学习内部动力相对较弱，学习外部动力相对较强，而涉及学习计划、监控、调节的元认知策略和对学习时间、任务和信息等统筹规划的资源管理策略均为中等水平，见表 4-7。

表 4-7 学生学习品质各指标评价情况

	学习品质评价	平均值	标准差
三级指标	认知策略	64.3	20.2
	元认知策略	68.5	19.1
	资源管理策略	68.8	16.8
二级指标	学习策略	67.2	17.2

（续）

学习品质评价		平均值	标准差
三级指标	学习内部动力	65.2	19.0
	学习外部动力	74.9	16.8
二级指标	学习动力	70.0	15.4

5. 不同成绩水平学生的学习策略与学习动力比较分析

我们按照学生学业成绩分布状况，把总分 500 分以上的学生划分为成绩优秀生（共 144 人），把 400~500 分之间的学生划分为成绩中等生（共 316 人），把 400 分以下的学生划分为成绩后进生（共 181 人）。对三类群体学生的学习策略和学习动力水平进行比较，结果发现：中等生和优秀生在学习策略水平上不存在显著性差异，但后进生的学习策略水平明显低于中等生和优秀生群体，见表 4-8。

表 4-8 不同学业成绩学生学习策略水平比较

学生群体	人数	学习认知策略		元认知策略		资源管理策略	
		1	2	1	2	1	2
后进生	181	59.22		62.91		63.18	
中等生	316		65.82		70.02		70.15
优秀生	144		66.58		72.14		72.92
显著性		1.000	0.711	1.000	0.271	1.000	0.099

我们也将不同学业成绩学生的学习动力做比较，结果发现：优秀生、中等生、后进生不管在学习内部动力还是在学习外部动力方面均呈现显著的差异，三个群体学生的学习动力分属三个不同层次，见表 4-9。

表 4-9 不同学业成绩学生学习动力水平比较

学生群体	学习内部动力			学习外部动力		
	1	2	3	1	2	3
后进生	57.15			66.16		
中等生		66.60			76.66	
优秀生			71.98			81.66
显著性	1.000	1.000	1.000	1.000	1.000	1.000

（二）学生学习策略、学习动力与学业成绩的关系

总体来看，学生学习策略、学习动力与学业成绩之间存在着低度相关，相对而言学生的学习策略与各科学业成绩的相关性更低,这一结果暗示着学生学习策略与学业成绩之间尚未产生实质性的联系,见表4-10。这与我们的日常经验判断相左。

表4-10 学生学习品质与学业成绩的相关系数

学习品质		语文	数学	英语	科学	社会	学业成绩
三级指标	认知策略	0.164**	0.169**	0.160**	0.126**	0.133**	0.064
	元认知策略	0.227**	0.226**	0.216**	0.167**	0.181**	0.096*
	资源管理策略	0.282**	0.234**	0.266**	0.215**	0.233**	0.132**
二级指标	学习策略	0.240**	0.226**	0.229**	0.181**	0.195**	0.103**
三级指标	学习内部动力	0.287**	0.293**	0.272**	0.277**	0.255**	0.159**
	学习外部动力	0.363**	0.370**	0.355**	0.338**	0.312**	0.168**
二级指标	学习动力	0.376**	0.383**	0.362**	0.355**	0.327**	0.190**
一级指标	学习品质	0.333**	0.329**	0.319**	0.288**	0.282**	0.158**

注:**.在0.01级别(双尾),相关性显著。

我们按照学生学业成绩分布状况,对三类不同的学生群体的学业成绩与学习策略、学习动力进行相关分析,结果发现:后进生的学习动力、学习策略与学业成绩之间存在显著性低度相关,而中等生和优秀生的学习品质与学业成绩之间基本不存在相关性,见表4-11,这一结果值得深究。

表4-11 不同学业水平的学生学习策略、学习动力与学业成绩之间的相关系数

学生群体	后进生 $n=181$	中等生 $n=316$	优秀生 $n=144$
相关维度	学业成绩	学业成绩	学业成绩
学习策略	0.313**	−0.01	0.035
学习动力	0.310**	0.078	0.164*

注:1. **.在0.01级别(双尾),相关性显著。
   2. *.在0.05级别(双尾),相关性显著。

(三)影响学生学习品质的教师课堂教学因素

1. 教师课堂教学总体状况

从师生对教师课堂教学状况的评价结果来看:教师普遍重视对学生学习方法的指导和师生互动反馈,同时能对课堂教学过程进行有效的调控,教师在因材施教方面尚存在较大的改进空间,虽然教师也重视课堂激励,但课堂学习氛围一般。此外师生在课堂民主、课堂激励、学生主体性以及因材施教方面存在显著的评价差异,学生的评价低于教师的自我评价,见表4-12。

表 4-12 教师课堂教学总体状况

教师教学维度	学生评价		教师评价		t	显著性
	平均值 (E)	标准偏差	平均值 (E)	标准偏差		
课堂学习氛围	64.91	18.58	65.46	18.24	−0.344	0.731
学法指导	81.42	15.89	79.31	12.25	1.861	0.064
课堂民主	70.09	15.62	84.84	12.45	−12.881	0.000
课堂激励	76.51	14.97	80.72	10.89	−4.091	0.000
课堂调控	80.65	14.55	79.22	12.06	1.306	0.192
学生主体性	68.98	17.85	73.27	13.72	−3.359	0.001
因材施教	59.63	15.61	68.94	14.33	−6.969	0.000
交流反馈	78.89	15.31	78.99	12.00	−0.095	0.924

2. 教师课堂教学与学生学习品质的关联分析

我们将教师课堂教学情况与学生的学习品质进行关联分析后发现：教师课堂教学与学生学习策略、学习动力之间具有显著的中度相关，而与学业成绩之间并不存在明显的关系，特别是对于优秀生和中等生，教师的教学方式与他们的学业成绩基本不存在相关性，见表 4-13，这些与经验判断不一致的结论，都是值得进一步深入研究的地方。

表 4-13 不同群体学生学习品质与教师教学方式的相关分析

相关维度	成绩后进生			成绩中等生			成绩优秀生			全体学生		
	学习策略	学习动力	学业成绩	学习策略	学习动力	学业成绩	学习策略	学习动力	学业成绩	学习策略	学习动力	学业成绩
课堂学习氛围	0.444**	0.419**	0.095	0.537**	0.495**	−0.068	0.455**	0.400**	−0.022	0.493**	0.431**	0.045
学法指导	0.586**	0.607**	0.390**	0.526**	0.586**	0.137*	0.586**	0.620**	0.085	0.577**	0.638**	0.373**
课堂民主	0.549**	0.643**	0.287**	0.384**	0.563**	0.052	0.489**	0.560**	0.176*	0.483**	0.628**	0.330**
课堂激励	0.532**	0.540**	0.239**	0.505**	0.491**	−0.021	0.543**	0.459**	0.082	0.538**	0.522**	0.213**
课堂调控	0.567**	0.599**	0.352**	0.475**	0.570**	0.073	0.627**	0.646**	0.086	0.545**	0.597**	0.216**
学生主体性	0.520**	0.396**	0.117	0.488**	0.423**	0.024	0.431**	0.314**	0.035	0.484**	0.379**	0.079*
因材施教	0.370**	0.423**	0.080	0.264**	0.342**	0.031	0.298**	0.324**	0.084	0.315**	0.374**	0.119**
交流反馈	0.497**	0.606**	0.371**	0.508**	0.585**	0.029	0.523**	0.576**	0.034	0.528**	0.611**	0.281**
教师教学方式	0.649**	0.666**	0.321**	0.574**	0.648**	0.060	0.616**	0.617**	0.112	0.621**	0.667**	0.285**

注：**. 在 0.01 级别（双尾），相关性显著。

3. 教师课堂教学方式对学生学习策略的影响

我们以教师课堂教学方式的二级维度为自变量，以学生学习策略为因变量进行回归分析，结果表明：影响学生学习策略的课堂教学方式，主要集中在教师的学法指导、课堂学习氛围、课堂激励与课堂调控上，见表4-14，教师若是在上述几个方面加以重视并能有效实施，学生的学习策略水平会有显著提升。

表4-14 教师教学方式对学生学习策略的影响回归分析

维度	非标准化系数		标准化系数B	t	显著性	共线性统计		R^2	德宾-沃森
	B	标准误差				容许	VIF		
（常量）	4.137	3.121		1.326	0.185				
学法指导	0.326	0.051	0.303	6.330	0.000	0.397	2.521		
课堂学习氛围	0.203	0.034	0.221	5.945	0.000	0.659	1.517	0.422	1.300
课堂激励	0.177	0.052	0.153	3.395	0.001	0.446	2.244		
课堂调控	0.122	0.061	0.103	2.015	0.044	0.348	2.872		

4. 教师课堂教学方式对学生学习动力的影响

关于学生学习动力的课堂教学因素则比较复杂。其中，教师的学法指导、课堂民主、交流反馈、课堂调控、课堂学习氛围，以及因材施教均对学生的学习动力有积极的影响，值得注意的是，教师对学生主体性的尊重反而会降低学生的学习动力水平，见表4-15，这可能与长期以来我们教师的主导性过强，导致学生自主学习能力不高有关。教师越是放手让学生自主学习探究，学生反而越无所适从。因此，如何在现有条件下培养学生自主学习能力和自我激励机制，也是一个值得研究的重要课题。

表4-15 教师课堂教学方式对学生学习动力的影响回归分析

维度	非标准化系数		标准化系数B	t	显著性	共线性统计		R^2	德宾-沃森
	B	标准误差				容许	VIF		
（常量）	7.855	2.563		3.065	0.002				
学法指导	0.224	0.046	0.235	4.826	0.000	0.322	3.107		
课堂民主	0.275	0.039	0.282	7.018	0.000	0.475	2.105		
交流反馈	0.134	0.050	0.133	2.659	0.008	0.308	3.250	0.517	1.456
课堂调控	0.147	0.052	0.139	2.826	0.005	0.314	3.183		
课堂学习氛围	0.094	0.029	0.115	3.230	0.001	0.601	1.664		
学生主体性	−0.121	0.034	−0.141	−3.603	0.000	0.499	2.003		
因材施教	0.075	0.031	0.077	2.389	0.017	0.731	1.369		

5. 教师课堂教学对学生学业成绩的影响

由于教师课堂教学方法与优秀生和中等生的学业成绩相关性不是很明显，因此我们主要考查教师课堂教学方法对于后进生学业成绩的影响。回归分析结果表明：教师若是加强对后进生学习方法的指导，他们的学业成绩会有明显提升，见表 4-16。虽然教师课堂教学方法对于中等生和优秀生的影响比较小，但回归分析的结果也能提供一些改进的线索：对于成绩中等生，教师课堂教学方法对他们成绩的提升也有一定的影响，但也有一个问题值得注意，在自变量不存在共线性的前提下，课堂学习氛围对学生学业成绩的影响为负，见表 4-16，这表明，对于成绩中等生，并不需要过于追求课堂的热闹和过多的参与，如果他们能够在课堂上静心思考、独立学习，成绩反而更好；对于成绩优秀生，教师需要做的，是给予他们更多的民主和尊重，则他们的学业成绩还能百尺竿头更进一步。

表 4-16　教师课堂教学方法对不同学业水平学生学业成绩的影响

学生群体		非标准化系数		标准化系数 B	t	显著性	R^2	德宾-沃森
		B	标准误差					
成绩后进生	（常量）	212.797	20.059		10.609	0.000	0.152	2.053
	学法指导	1.493	0.263	0.390	5.669	0.000		
成绩中等生	（常量）	442.784	8.795		50.343	0.000	0.042	1.975
	学法指导	0.405	0.117	0.219	3.471	0.001		
	课堂学习氛围	−0.242	0.089	−0.172	−2.732	0.007		
成绩优秀生	（常量）	506.164	5.104		99.167	0.000	0.031	1.908
	课堂民主	0.143	0.067	0.176	2.127	0.035		

六、结论

（一）学生学习品质发展水平

初一年级学生的学习策略和学习动力均处于中等略偏上水平，其中学生的认知策略和学习内部动力相对较弱，学习外部动力相对较强，而涉及学习计划、监控、调节的元认知策略和对学习时间、任务和信息等统筹规划的资源管理策略均为中等水平。家长和教师对学生学习品质的判断较为一致，他们的评价明显低于学生的自我评价。此外，学业成绩的优秀生和中等生学习策略水平不存在显著差异，但与后进生之间存在显著性差异，后进生的学习策略水平明显低于优秀生和中等生。关于学习动力，优秀生、中等生和后进生分别在不同的水平层次上，即优秀生学习动力水平最高，中等生次之，后进生学习动力水平最低。

（二）学生学习品质与学业成绩的关系

无论是学生学习策略还是学习动力，与学生学业成绩之间呈现低相关，这种相关性也主要体现在成绩后进生群体上，而中等生和优秀生的学习策略、学习动力与学业成绩之间基本不存在相关性。

（三）教师课堂教学方法对学生学习品质的影响

教师的学法指导、课堂学习氛围、课堂激励与课堂调控对学生学习策略有显著的正向影响，学法指导、课堂民主、交流反馈、课堂调控、课堂学习氛围，以及因材施教均对学生的学习动力有积极的影响，但在目前，教师越是放手让学生自主学习，学生的学习动力反而下降。教师若能对中等生和后进生强化学习方法的指导，学生的学业成绩将会有明显提升。

七、讨论与建议

国内外大量的研究早已证实，学生学习策略与学习动力是影响学生学业成绩的主要内在原因，学生的认知策略涉及学生是否掌握了一些有效的深度学习方法，而学习内部动力是学生持续专注学习的内驱力所在，这两个因素又是学生学习品质的核心要素。从评价结果来看，这两者恰恰是P市初中学生的薄弱之处。众所周知，教师的教学方式是影响学生学业成绩的主要外在原因。本研究表明，教师教学方式中，学法指导是影响学生学业成绩最为重要的因素，同时因材施教也恰恰是目前课堂教学的短板。在当下，教师的某些教学方式甚至对学生学业成绩的影响为负。这固然与考试成绩不一定能准确反映学生学习能力有关，但这种应然和实然之间的差距警示我们，学生学习品质、教师教学方式与学生学业成绩之间的影响机制远非我们想象的那么简单。因此，无论从理论分析，还是基于现实考虑，教师都需要转变立场，广泛吸收教育心理学和脑科学的研究成果，深入研究学生的学习特征与学习方式，精确诊断学生的学习问题。同时也需要尝试转变教学方式，给予学生自适应学习的空间和个性化的学法指导。具体而言，本研究提出如下建议：

（一）教师需要学习一些基本的认知诊断与学习分析技术，借助于教育信息化平台，对学生的学习过程和学习结果进行精细化评价

具体而言，在学生学习水平和认知图式的诊断与分析方面，可以参考加涅和安德森关于任务分析和学习分析的研究成果，充分利用已有的数字化交互式学习平台，及时跟踪学生学习数据，刻画学生的学习进阶和学习之路，诊断学习存在的问题和学习风格，并以诊断结果和学习风格为依据，为学生个体提供可视化的、详细的诊断性报告和针对性的学习建议，推送差异化的学习内容。这样学生就能够比较客观地认识自己的学习状况，有助于学生自我规划，并开展自我补救式学习。如果教师今后能朝着这个方向去努力，也就在努力为学生自适应个性化学习创造条件，相信每名学生均能在各自的起点水平上获得认知结构的完善与学习能力的提升。

（二）对不同学业水平学生，教师需要采用不同的策略方法激发其内部学习动力

在目前应试教育依然大行其道而又缺乏科学有效地提升学生学业成绩的背景下，"教师苦干、学生苦学"为主要特征的教育生态很难发生大的改观，在学生长期处于过重的学习负担和学业压力之下，让他们发自内心地爱上学习显然是件极为困难的事情。在这样的现实背景约束下，许多科学的动机理论，以及由此衍生出来的激发学生学习动力的策略方

法，已然不能简单照搬使用。鉴于学习后进生、中等生和优秀生之间的学习动机存在明显差异这一现实，我们建议，对于不同学业水平的学生，采用不同的理论与方法来激发其学习动机。

对于成绩优秀生，建议主要以马斯洛需要层次理论和阿特金森的成就动机理论为指导，激发学生自我实现的高层次动机，使这些学生在学业成功中不断获得高峰体验和成就感。对于成绩中等生，建议主要采用归因理论来进行。当这些学生完成某一项学习任务后，教师有意识地引导学生对学习的成败做出归因，在归因过程中，多引导学生进行内部归因，成功归因于自己付出的努力，失败归因于自己努力不够。当学生的归因主要关注于自身努力程度时，会明显增强学生的行为意志，激发学生学习的积极性。对于学习后进生，建议主要采用强化和最近发展区理论来进行。对于在学习竞争处于不利位置的学生而言，表扬与奖励比批评与指责能更有效地激发学生的学习动机，教师应给予这部分学生更多的关注，将学习任务难度置于他们的最近发展区内，完成任务时给予及时的、具体的反馈、表扬与鼓励，使其不断体验到成功的快乐和学习自我效能感。

（三）学生自主学习品质尚显薄弱的前提下，教师需要审慎地处理好学生自主学习与教师主导之间的关系

教是为了不教，但"不教"是建立在学生自主学习能力真正提升的基础上的，"教"与"不教"两者相辅相成。在目前学生自主学习能力尚未达到理想状态之前，教师贸然放手退居幕后，让学生走上台前开展自主学习和小组合作探究，虽然表面上轰轰烈烈，热热闹闹，也迎合了当前教育改革的潮流，但实际上，效果会适得其反。因此，教师需要强化学生自主学习指导，特别是学法指导研究，在不断提升学生自主学习能力的基础上，使得小组合作、教师指导与学生自主学习有机融合，协同并进。

（四）学校与教研部门在学生自主学习品质研究方面的智力支持亦不可或缺

学生学习机制的复杂程度远非经验想象的那么简单，教师若对不同学生的自主学习品质、学习认知结构与水平等方面形成科学完整的认识，仅凭自身的经验与学识可能远远不够。因此，他们迫切需要专业的智力支持。但在目前，学校教育被行政化主导，教研部门的职责定位也出现了不同程度的偏差，考核评比、活动展示、文山会海成为教研部门的主要日常工作，而专业的指导与引领作用却日渐式微。而当下教育改革的价值诉求事实地定位于培养学生核心素养。若要真正回应这一价值诉求，学校和教研部门必须摒弃一些急功近利的喧哗与躁动，沉下心来，由教师、教研员和科研工作者组建研究共同体，真正扎根学校，面向学生，精研学生学习策略、学习动力、学习风格、教师教学方式与学生学业成绩之间的关系，为不同群体学生寻找学生自主学习品质与学业成绩之间更为有效的中介变量（如智力、心理品质、道德品格、社会性发展、家庭因素、同伴关系和师生关系等），为不同群体学生构建相对科学完整的学习进阶之路与影响因素的作用机制，为教师有效教学和学生有效学习提供更有力的专业智力支持。

模块三　问卷编制与质量检验报告案例

在教育科学研究中，数据的收集一般可以通过问卷（量表）、实验或测验的方式来进行。其中，问卷调查最常用。而问卷编制则是在收集数据的过程中具有重大影响的关键环节之一，同时，它也是整个问卷调查过程的难点之一。根据调查目的和调查对象来设计科学、实用、有效的调查问卷，是一项技术性较强的工作。问卷编制质量的好坏，将直接影响到调查资料的真实性和有效性（即信度和效度），进而影响到整个研究的成败。因此，问卷编制在问卷调查中占有十分重要的地位。

一、问卷的结构

问卷是问卷调查中用来收集资料的一种工具，是一份精心设计的问题表格，其用途则是用来测量人们的行为、态度和社会特征，它所收集的则是有关社会现象和人们社会行为的各种资料。尽管实际调查中所用的问卷各不相同，但是它们往往都包含这样几个部分：标题、前言、指导语、正文和结尾。

（1）**标题**。通常问卷的标题中包含有调查对象和调查内容，并带有"调查问卷"字样，例如"初中学生自主学习品质调查问卷"。

（2）**前言**。问卷的前言部分通常是一封致被调查者的短信。它要求语言简明、中肯，篇幅宜小不宜大，两三百字最好。虽然前言的篇幅短小，但在问卷调查过程中却有着特殊的作用。研究者能否让被调查者接受调查并认真地填写问卷，在很大程度上取决于前言的质量。因为有关调查的一切情况，都得靠前言来说明和解释。在前言中，应该说明四方面内容：首先，要说明调查者的身份，即说明"我是谁"；其次，要说明调查的大致内容，即"调查什么"；第三，要说明调查的主要目的，即"为什么调查"；最后，要说明对调查结果保密的措施。在信的结尾处，一定要真诚地感谢被调查者的合作与帮助等。

（3）**指导语**。问卷的指导语是用来指导被调查者填答问卷的各种解释和说明。有些问卷的填答方法比较简单，指导语很少，常常只在前言中用一两句话说明即可。有些指导语则集中在前言之后，并标有"填表说明"的标题，其作用是对填表的方法、要求、注意事项等作一个总的说明。

（4）**正文**。问卷的正文是问卷的主体，主要包括两个部分：第一部分是调查的题目，问卷中的题目可分为开放式与封闭式两大类。所谓开放式问题，就是那种只提出问题，但不为回答者提供具体答案，由回答者根据自己的情况自由填答的问题。而封闭式问题则是在提出问题的同时，还给出若干个答案选项，要求回答者根据实际情况进行选择。这部分是问卷最重要的内容，也是问卷编制的重点所在。第二部分是关于调查对象的背景资料，如年龄、性别、文化程度、职业和收入等。这一部分资料由于涉及比较敏感的个人信息，所以调查收集的难度较大，通常放在问卷正文最后，结尾之前，有时这些信息也放在问卷调查题目之前。这一部分信息也很重要，涉及以后的数据分析框架结构。

（5）**结尾**。在结束所有数据收集之后，置于问卷最后一部分的内容，即向调查对象表示感谢的简短表述。

二、问卷编制的流程

问卷编制应该遵循一定的程序，这样才能最大限度地保证问卷的科学性。在实际操作中，问卷编制的程序最容易被忽略，这也是导致一些问卷不合理、缺乏较高信度和效度的原因之一。下面，我们还是以"初中学生自主学习品质调查问卷"作为案例，将问卷编制程序和步骤做详细介绍。

一般而言，编制一份科学的调查问卷或量表，分为以下几个步骤：

（1）**根据调查主题，细化概念并确定测量指标**。

编制问卷前，要清楚调查的目的是什么，调查对象是谁，调查要收集哪些信息等。这实际是一个将概念指标化的过程，也就是界定调查课题中的概念，使之进一步明确，为问卷编制奠定基础。这是问卷编制最重要的一步，但通常也是最容易被忽视的步骤。细化的过程就是将要测量的主要概念具体化为可以度量的指标，并对与测量有关的概念进行明确说明。以编制"初中学生学习策略调查问卷"为例，在这个调查中，我们调查的目的是要了解初中学生学习策略的使用情况。那么，我们首先要清楚什么是学习策略，学习策略包含哪些指标。通过文献检索可以得到学习策略的概念以及测量学习策略的各级指标。了解了指标后，通常根据最后一级指标来编制问卷。

在概念化的过程中，指标的确定同样不能只凭经验或想象，要有依据。最好要找到比较权威或有说服力的细化指标，这样才能进行准确的问卷编制。在实际工作中，如果确实找不到已成形的权威指标细化原则，可以从概念的表述入手进行分析，进而确定指标。

（2）**问卷中的问题编制**。

在以上工作完成后，就可以根据问卷类型与调查方法的要求，开始编制问卷中的问题了。不同的问卷类型与调查方式对问卷中问题的内容与形式有不同的要求，但总体而言，均应遵循以下编制程序。

1）确定问题的内容。确定问卷中问题内容是在细化概念的基础上进行的，也就是在明确了各种概念之后，根据最后一级指标来编制问题，即"问什么"。

2）确定问题的形式。问卷问题的形式主要有三种类型，即开放式问题、封闭式问题以及两者相结合的形式。开放式问题不提供选择答案，由被调查者根据自己的理解来回答问题；封闭式问题则要求被调查者只能从提供的备选答案中选择，不能自由发挥；还有一类问题是被调查者既可以选择，也可以在选择已提供的答案之外自由回答。确定问题的形式，首先，要清楚各类提问方式的优缺点，只有在此基础上才能根据问题的内容确定问题的形式以及回答的形式；其次，必须考虑被调查者的特点，要根据被调查者的特点来确定问题的形式，这样才能收集到更好的数据信息；最后，确定问题的形式要力求问卷简洁清楚，利于后续数据录入和统计分析。

3）确定问题的表述。调查问卷问题表述，主要有以下几个方面的要求：

（a）问题的语言要尽量简单。无论是编制问题还是编制答案，要尽可能使用简单明了、通俗易懂的语言，而不要使用一些复杂的、抽象的概念以及专业术语。

（b）问题的陈述要尽可能简短。问题的陈述越长，就越容易产生含糊不清的地方，回答者的理解就越有可能不一致；而问题越短，产生这种含糊不清的可能性就越小。可以说短的问题是最好的问题。

（c）问题要避免带有双重或多重含义。双重或多重含义指的是，在一个问题中，同时询问了两件（或几件）事情。例如，问题"您的父母退休了吗"就是一个带有双重含义的问题，实际上同时询问了"您的父亲退休了吗"和"您的母亲退休了吗"这两件事情。由于一题两问，就使得那些父母中只有一个退休的被调查者无法回答。

（d）问题不能带有倾向性。即问题的提法不能对回答者产生某种诱导性，应保持中立的提问方式，使用中性的语言。例如，问题"您抽烟吗"和"您不抽烟，是吗"就有所不同。前者是人们日常生活中习惯的问法，而后者则是带有一种希望被调查者回答"是的，我不抽烟"的倾向。

（e）不要用否定形式提问。在日常生活中，人们习惯于肯定形式的提问，而不习惯于否定形式的提问。当以否定形式提出问题时，许多人常常容易漏掉问题中的"不"字，并在这种理解的基础上来进行回答，这样就恰恰与他们的真实意愿相反了。

（f）不要问回答者不知道的问题。即研究者所问的问题都应该是被调查者能够回答的问题，如果向被调查者询问一个他们一无所知的问题，那么被调查者是无法回答的。

（g）不要直接询问敏感性问题。当问及某些个人隐私的问题时，人们往往具有一种本能的自我防卫心理。因此，如果直接提问，则将会带来很高的拒答率。所以对这些问题最好采取某种间接询问的形式，并且语言要特别委婉。

4）确定问题的顺序。确定问题顺序总的原则是：

（a）把简单易答的问题放在前面，把复杂难答的问题放在后面。

（b）把能引起被调查者兴趣的问题放在前面，把容易引起他们紧张或产生顾虑的问题放在后面。

（c）把被调查者熟悉的问题放在前面，把他们感到生疏的问题放在后面。

（d）一般先问行为方面的问题，再问态度、意见和看法方面的问题。

（e）个人背景资料一般放在结尾，但有时也可以放在开头。即如果只要调查的内容不涉及比较敏感的问题，并在前言中做出较好的说明和解释，这一部分问题也是可以放在问卷的开头。

（f）若有开放式问题，则应放在问卷的最后。

5）问题的数量。

一份问卷应该包含多少个问题，这要依据调查的内容、样本的性质、分析的方法以及拥有的人力、财力和时间等各种因素来决定，没有固定的标准。但一般来说，问题不宜太多，问卷不宜太长，通常以被调查者在20分钟以内完成为宜，最多也不要超过30分钟。问卷太长往往引起被调查者心理上的厌倦情绪或畏难情绪，从而影响填答的质量和回收率。

（3）**问题答案的编制**。

1）相关性原则。即编制的答案必须与询问问题具有直接相关关系。例如，如果询问"学校领导应该具有哪些能力？"其答案就应该列举与学校管理工作相关的调查研究能力、科学决策能力和协调服务能力等。

2）完整性原则。即编制的答案应该是穷尽一切可能的答案。例如，询问"您是什么文化程度？"如果答案只编制小学、中学和大学，就违背了完整性原则。但是，如果改为初等教育（含小学及以下）、中等教育（含普通中学和职业中学）、高等教育（含大专及以上），就符合完整性原则了。当答案过多时，可以只编制几种主要答案，然后加一个"其他"，这样就达到了完整性要求。

3）互斥性原则。即编制的答案必须是互相排斥的。例如，询问"您的专业技术职称是什么？"如果编制的答案是初级、中级、副高、高级，就不符合互斥性原则了，因为"副高"与"高级"不是互斥的，而是兼容的。只有设计为初级、中级、高级才符合互斥性原则。

4）答案编码。为了将被调查者的回答转换成数字，以便使用统计软件进行处理和定量分析，需要对回答结果进行编码。所谓编码，就是赋予每一个问题及其答案一个数字作为它的代码，如一个问题答案有四个选项：非常符合、经常这样、很少这样、从不这样。一般而言，我们会在选项前使用A、B、C、D或1、2、3、4表示，但为了统计方便，我们采用数值型编码，即1、2、3、4。这样将给后续问卷的整理分析带来便利。编码既可以在问卷编制的同时就编制好，也可以等调查资料收集完成后再进行。前者称为预编码，后者称为后编码。在实际调查中，一般采用预编码。

（4）**试调查、测试修改与最后定稿**。

初稿要经过多次检查，确认无误。问卷编制好后，要进行检查，主要从问题表述、问题排序、选项是否全面，以及其他细节差错，如错别字、语病等方面进行检查。检查时，最好由问卷编制人员以外的人检查。初步检查合格后，可以进行试调查。试调查后，根据试调查中出现的问题，如检验问卷编制是否符合一般人思考的逻辑、有关概念是否清晰、问题措辞是否适当、被调查者对哪些问题容易产生误解、对哪些问题有特殊反应（高兴、反感、拒答等）、调查内容能否满足调查要求、是否要增减问题、平均完成一份问卷所需要的时间等，再进行修改。试调查时，要选择那些与样本特征相近的调查对象进行调查，同时尽可能不要对样本产生影响。经过试调查，进一步发现问卷中存在的问题，修改后就可以定稿了。

当然，为了保证问卷的质量，在试调查后，最好对问卷的信度和效度进行分析。只有问卷具有较高的信度和效度时，才能收集到合格的调查数据。根据试调查结果对问卷进行修改后，就可以定稿和实施调查了。

下面以"初中学生自主学习品质调查问卷"编制为例。

"初中学生自主学习品质调查问卷"的编制

一、自主学习品质的相关文献研究

（一）关于自主学习品质的内涵

国内学者曾经做了比较充分的研究。曹正善认为学习品质是学习者在学习活动中形成和发展，并在学习活动中表现出来的比较稳定的特征和特性；鄢超云总结了美国各州的定义后认为学习品质包括与学习有关的倾向、态度、习惯、风格、特质等。它不指向具体的方法、技能，而指向儿童是如何获得又是如何使用这些方法和技能的。研究者认为学习品质的内涵较为广泛，之所以不同研究者在自主学习的界定上有不同的看法，是因为他们的理论立场和视角不同。有人强调学习者的主动性或能动性等能力，有人强调学习者的自我监控或自我定向等能力。在当下的教育情境中，至少包括合作学习品质与自主学习品质两个方面，而两者所涵盖的维度结构又有不同的指向。

（二）关于自主学习品质的结构

国内也有不少学者提出了多种见解。彭贤智认为学习品质是由学习动力、学习倾向、学习监控、学习策略和学习能力5个子系统构成；鄢超云在分析了美国各州关于学习品质的界定后，总结出学习品质包括好奇心与兴趣、主动性、坚持与注意、创造与发明和反思与解释；曹正善区分了自主学习品质与合作学习品质，认为自主学习品质反映在学习系统上，即有学习动力上的主动性、积极性等品质，学习能力上的能动性、独创性、批判性等品质，在学习毅力上的自觉性、坚持性、坚韧性等品质。北京市海淀区所建构的学习品质评价9L指标体系，包括学习认知与体验系统（学习认知、学习情感）、学习动力系统（学习态度、学习动机）、学习能力与方法系统（学习能力、学习方法）、学习维持系统（学习意志力、学习投入）和学习结果系统（学习效果）。上述关于学习品质的维度结构判断，均是基于理论思考基础上的理论假设，在国内尚未见到基于数据分析的实证研究来证明这样的维度结构是否符合学生的实际情况。

（三）关于自主学习品质的影响因素

庞维国系统梳理了20世纪国内外的研究后，总结出影响学生自主学习的诸多内、外部因素，其中内部因素包括自我效能感、归因、目标设置、认知策略、元认知策略、意志水平、性别角色等；外部因素包括学校教育、家庭教育方式和社会文化因素，其中学校教育涵盖教学模式、教材内容组织、教育技术、课堂管理方式、同辈群体的影响。黄爽和霍力岩从主体因素和环境因素两方面梳理了国外研究的主要成果，归纳出影响儿童学习品质的主体因素主要涉及儿童的活动参与、问题行为、年龄和种族等。环境因素具体涉及父母的教养方式、家庭背景特征、学校教育方式和文化取向等方面。这种梳理无疑对我们构建学习品质影响因素的理论模型提供了很重要的参考，但这这些因素之间究竟是如何作用于学生学习品质的形成过程，在特定区域的学生群体中影响的大小如何，还有待于在大数据收集的基础上，运用结构方程模型等技术，进一步阐明这些影响的具体发生过程和作用机制。鉴于此，研究者希望在前人研究的基础上，综合各家所长，从实证的角度建构一套具有区域特征的符合初中学生实际的自主学习品质维度指标体系及其影响机制模型。

二、初中学生自主学习品质的维度假设

综上研究，研究者认为，初中学生自主学习品质是指初中学生在自主学习过程中表现出来的相对稳定的心理倾向与行为特质。根据文献研究结果，研究者认为，学生自主学习品质不仅包含能力性要素（会学），而且还包括能动性要素（愿学）。能力性要素主要指学习策略系统，包括认知策略和元认知策略；能动性要素包括学习系统（学习动力）和学习控制系统（学习意志）。我们建立如下理论假设：初中学生自主学习品质的维度结构是由学习动力系统、学习控制系统和学习运行系统组成，每个系统又涵盖若干三级关键指标，见表4-17。

表4-17 初中生自主学习品质维度操作性定义

一级维度	二级维度	三级维度	操作性定义
自主学习品质	学习动力系统	学习好奇心	对于新的学习任务或新知识充满浓厚的兴趣与求知欲望
		学习主动性	无须成人或同伴督促，主动探索新知或主动完成学习任务
		学习精细化	学习认真细致，不马虎，不应付
		学习精致化	解决学习问题、完成学习任务力求完美，愿意投入精力和时间不断寻求更好的解决办法
	学习控制系统	学习专注力	学习时能自然而然保持长时间的专注，不分神
		学习坚持力	遇到学习困难或学习倦怠时仍能坚持完成任务
		学习适应	在不利于学习的场合或环境中仍然能保持一以贯之的学习习惯
		学习自我激励	学习上遇到挫折时不灰心、不自卑，仍能调整心态积极面对
	学习运行系统	学习自我规划	对学习的长期任务和短期任务能科学统筹安排时间和精力，并有相应的学习计划
		学习自我监控	对自己的学习过程能经常反思、调整学习行为或问题解决方法
		学习自我诊断	知晓自己的学习优势与不足，并能做出有针对性的行动改进
		学习资源管理	能主动利用网络或图书等资源解决学习问题，善于向老师、同学或他人寻求帮助
		学习认知策略	采用组织、精加工等方法对学习内容加以归纳、概括、简约、重组，使之更高效地纳入自己的认知结构中

三、"初中学生自主学习品质调查问卷"的编制

在"初中学生自主学习品质量表"的编制过程中,研究者参考了《中小学生学习行为测评研究——学习行为评估与研究量表》《常用心理评估量表手册》《自主学习:学与教的原理和策略》以及中国知网最近五年来部分学生学习研究领域的优秀硕、博士论文,按照本研究假设,编制了"初中学生自主学习品质调查问卷"。

(一)问卷初稿

初中学生自主学习品质调查问卷

亲爱的同学:

感谢你参加本次初中学生自主学习品质问卷调查。我们的调查是为了解我市初中学生的学习品质,本次调查只为科学研究使用,我们会对你的回答信息严格保密,请放心作答。

谢谢!

除了第一题外,其他题目均为选择题,请根据实际情况选择相应的答案即可。

1. 你所在的学校_____
2. 你所在的年级 (1)七年级 (2)八年级 (3)九年级
3. 你的性别 (1)男 (2)女
4. 我喜欢挑战新奇而且有难度的学习内容。
  (1)很不符合 (2)不太符合 (3)不一定 (4)比较符合 (5)非常符合[一]
5. 做完老师布置的作业已经很不错了,没有精力和心情再去自主学习。
6. 我的作业经常受到老师的表扬。
7. 学习上我对自己的要求很高,每项学习任务总是要做到让自己最满意为止。
8. 上课时我一般不会走神,能紧跟老师的教学进度。
9. 我感觉自己缺乏学习的自控力。
10. 在嘈杂的环境里我很难静下心来读书或学习。
11. 我经常用考上心仪的高中来激励自己努力学习。
12. 在家学习时,对于什么时间学习什么功课我有明确的计划。
13. 如果在解题中思路受阻,我就重新分析题意,尝试考虑另一种思路。
14. 我经常通过主动做题的方式,来检验自己的学习情况。
15. 为了更完整深入地理解一个问题,我习惯于查阅相关的信息资料。
16. 我会利用画图、列表等方式,归纳整理以前学过的知识。
17. 我经常把学习内容按照自己的想法重新编排组织。
18. 学习本身是一件很有趣的事情。
19. 即使老师不布置作业,我也会自己预习或复习。

[一] 以下题目的选项均为"(1)很不符合 (2)不太符合 (3)不一定 (4)比较符合 (5)非常符合"。

20. 每次做完作业，我都会习惯性地检查一遍。
21. 即使一道难题做出来了，我也会去尝试看有没有更好的方法。
22. 我一般是集中精力做完家庭作业后，再去做别的事情。
23. 我也知道要认真学习，可就是管不住自己。
24. 有些老师上课讲得不精彩，我就很难集中注意力听讲。
25. 如果考试没考好，我自己会更加发奋努力。
26. 我觉得学习计划是摆给人看的，因为很多人根本不会去执行。
27. 在做数学题的过程中，我会不断提醒自己哪些是已知、未知、已做和要做的内容。
28. 我经常根据自己的上课、作业或考试情况，来总结自己学习方面的优势和不足。
29. 遇到没有学过的内容，我一般都会尝试着找些资料来学习一下。
30. 我经常用列提纲画图表的方式来总结学习内容。
31. 我经常把新知识和以前学过的知识联系起来理解。
32. 在学习中，我喜欢刨根问底，把问题弄明白。
33. 我经常在上新课之前，就已经预习完本节课的知识。
34. 无论作业还是考试，我很少因粗心马虎而出错。
35. 题目做出来之后，我会去猜测出题人的意图。
36. 上课时，我有时会不自觉地走神，开小差。
37. 上课前即使玩得很兴奋，上课后我也能马上静下心来学习。
38. 在上自己不感兴趣的课时，我很难集中注意力。
39. 我总是用比我学习好的同学来鞭策自己，让自己更用功。
40. 经常觉得自己一天的时间就这样虚度过去了，什么都没学到。
41. 在解题过程中，当发现解题思路走偏的时候，我能及时做出修正。
42. 我经常反思自己学习方法上存在的问题。
43. 上课听不明白的地方，在课后我会向老师或同学请教。
44. 我喜欢在学过一些知识之后，花一些时间去归纳整理，而不是大量做习题。
45. 我总会在课本或笔记本上的重点处做批注。
46. 我喜欢更有挑战性的学习任务。
47. 在学习上，我从来不用家长、老师和同学催促。
48. 我的作业本和笔记本经常被老师作为典型供全班同学学习模仿。
49. 错题改正之后，我会花一些时间在题后或题旁写下解题思路。
50. 上课时，我很难长时间集中注意力。
51. 学习时碰到难题时我总是要钻研出结果来。
52. 我感觉掌握一种新的学习方法费时费力，因此不太喜欢尝试新方法。
53. 我喜欢用难度高的学习任务来挑战自己的能力极限。

54. 除完成老师布置的作业外，我有自己的学习计划。
55. 在解题的过程中，我总会思考自己所采用的解题方法是否简捷有效。
56. 我经常能意识到自己的学习方法是否科学有效。
57. 我经常在网上查找学习资料。
58. 我常对做过的题型与解法进行归类。
59. 我经常会把新知识与日常生活联系起来理解。
60. 在学习中，我能获得很多乐趣。
61. 我的学习进度经常走在老师教学的前面。
62. 老师经常表扬我学习认真。
63. 学习成绩差不多就行了，没必要学得那么苦、那么累。
64. 做作业时我经常会开小差，或被其他有趣的东西吸引，以致很长时间才能做完。
65. 没有别人的监督，我就很难专心学习。
66. 考试时我经常会感到紧张和焦虑。
67. 学习成绩不好，是因为自己努力不够，而不是能力不够。
68. 考试前我总会制订复习计划，很少顾此失彼。
69. 解题时，我总会琢磨题目要考查的是哪些知识点。
70. 若发现自己学习方法效率低下，我能及时换用其他学习方法去尝试。
71. 我经常到图书馆或书店看书、学习。
72. 我能够在学习中将相似的知识点通过分类、列提纲等方法进行识记，帮助自己理解。
73. 学习了新知识后，我经常会琢磨这些知识在生活中哪些地方可以用得上。

问卷回答到此结束，再次感谢你的参与！

（二）问卷维度结构与计分方式

该问卷中的自主学习品质包含上述研究假设中的 14 个二级维度，每个维度 5 个项目，见表 4-18。

表 4-18 "初中学生自主学习品质调查问卷"的维度以及对应题目

一级维度	二级维度	题号
学习动力系统	学习好奇心	4, 18, 32, 46, 60
	学习主动性	5, 19, 33, 47, 61
	学习精细化	6, 20, 34, 48, 62
	学习精致化	7, 21, 35, 49, 63
学习控制系统	学习专注力	8, 22, 36, 50, 64
	学习坚持力	9, 23, 37, 51, 65
	学习适应性	10, 24, 38, 52, 66
	学习自我激励	11, 25, 39, 53, 67

(续)

一级维度	二级维度	题号
学习运行系统	学习自我规划	12、26、40、54、68
	学习自我监控	13、27、41、55、69
	学习自我诊断	14、28、42、56、70
	学习资源搜索与求助	15、29、43、57、71
	学习认知之组织策略	16、30、44、58、72
	学习认知之精加工策略	17、31、45、59、73

题目均采用5点计分（0=很不符合，1=不太符合，2=不一定，3=比较符合，4=非常符合），其中，5、9、10、23、24、26、36、38、40、50、52、63、64、65、66为负向题，负向题分数在统计时转化为正向题得分，然后将各维度题目得分相加，最后将二级维度得分转化为百分制分数，即每个二级维度的得分区间均为[0,100]，转化公式：

维度得分 = ∑（各维度题目实际总分）/ 该维度理论满分 ×100

一级维度得分为该二级维度得分的平均值。

四、"初中学生自主学习品质调查问卷"的试测与修订

（一）第一次试测

2018年7月，研究者利用区域初中期末考试时间，对全市初中学生（初一、初二年级为主体）、文化课教师以及学生家长进行了大规模问卷调查，其中，七、八年级学生4086人，教师422人，家长3016人，参加调查的对象详情见表4-19。

表4-19 第一次调查对象基本信息（2018年7月）①

对象	七年级		八年级		总计
	人数	百分比	人数	百分比	
学生	2109	51.62	1977	48.38	4086
教师	210	49.76	212	50.24	422
家长	1687	55.94	1329	44.06	3016

1. 初中学生自主学习品质测量模型拟合度检验

按照研究假设，研究者建构了初中学生自主学习品质的三阶结构方程模型，运用学生调查数据进行模型拟合度检验，如图4-13所示。

---

① 表4-19中的人数为本次调查的有效人数，剔除了不认真回答或测谎题得分明显偏高的对象。第二次调查人数（表4-22）也是有效人数。

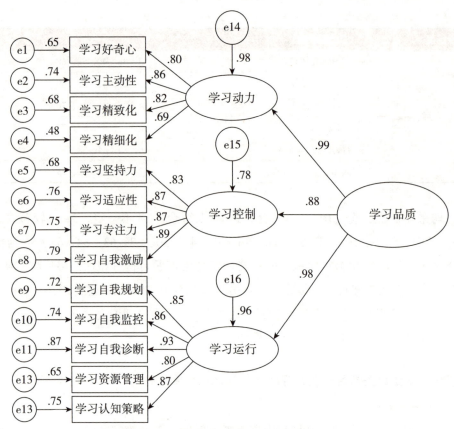

图 4-13　初中学生自主学习品质维度结构初始测量模型

从上述验证性因子分析结果[一]来看，学生学习品质的模型拟合度并不理想，运用 Harman 单因素检验法和控制非可测单潜在变量模型法检验后发现，本次数据收集方法存在共同方法偏差，共同方法偏差是一种系统误差，这种人为的共变对研究结果会产生一定的偏差并对结论有潜在的误导。另外，根据结构方程的简约性原则，在不违背理论假设的前提下，研究者对前述相关性过高的因子进行合并，将原先理论三级维度架构进行降维处理，从样本中随机抽取部分学生样本数据进行拟合度检验，最终形成了如图4-14所示测量模型。

从修正后的模型的拟合度指标来看，该模型具有良好的稳定性。其中，学习钻研和自我激励是学习动力系统的核心指标，学习毅力是学习控制系统的核心指标，而认知策略和元认知策略是学习运行系统中认知策略的关键因子。这些与课题研究假设基本一致。因此，本课题研究的第一个结论，即初中学生自主学习品质可以涵盖学习动力系统（自我激励与

[一] 该模型中学习好奇心等指标应作为潜在变量处理，但由于模型过于庞大，故将其作为该模型的观察变量，按照理论假设的维度项目加总取平均值而来。由于样本量超过1000，因此，使用 AMOS 进行参数估计时，采用 ADF 法进行，而不采用最大似然法。

学习钻研，其中自我激励指外部动力，学习钻研指内部动力）、学习控制系统（学习毅力）以及学习运行系统（认知策略与元认知策略）。

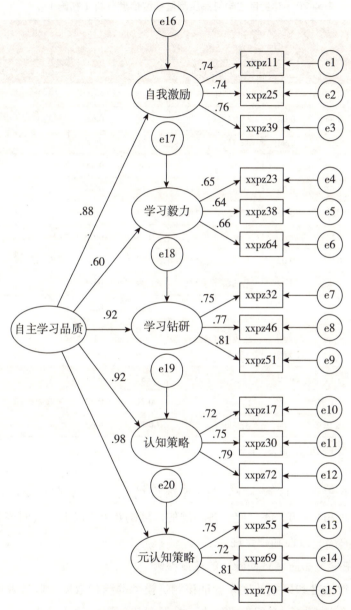

卡方值=1264.608；自由度=255；卡方自由度比=4.959；
GFI=0.978；AGFI=0.969；CFI=0.981；RMSEA=0.023

图 4-14 初中学生自主学习品质维度结构测量模型

2. 初中学生自主学习品质测量模型的信度检验

为了确保研究结论的可靠性，在进行测量模型检验之后，研究者又进一步对自主学习品质测量模型的信度进行了检验，以保证该模型具有实际意义。信度检验一般以克隆巴赫

α 系数和组合信度为标准。克隆巴赫 α 系数是检验量表或维度内在一致性的重要参考指标。研究者随机抽取家长、学生共 1655 份样本进行信度检验，见表 4-20。

表 4-20　学生自主学习品质测量模型信度分析（初测）

维度	题目	参数显著性估计				题目信度		维度信度	
		unstd	S.E.	Z-value	P	std	SMC	组合信度	克隆巴赫 α 系数
自我激励	xxpz39	1				0.82	0.67	0.815	0.789
	xxpz25	0.87	0.02	35.62	***	0.78	0.61		
	xxpz11	0.9	0.03	32.63	***	0.71	0.5		
学习毅力	xxpz64	1				0.66	0.44	0.725	0.704
	xxpz38	0.96	0.05	19.01	***	0.68	0.46		
	xxpz23	1.1	0.06	18.82	***	0.71	0.5		
学习钻研	xxpz51	1				0.83	0.69	0.845	0.834
	xxpz46	0.97	0.02	42.79	***	0.79	0.62		
	xxpz32	0.96	0.02	42.34	***	0.79	0.62		
认知策略	xxpz72	1				0.83	0.69	0.836	0.81
	xxpz30	0.97	0.02	40.24	***	0.79	0.62		
	xxpz17	0.92	0.03	35.96	***	0.76	0.58		
元认知策略	xxpz70	1.22	0.03	35.9	***	0.82	0.67	0.821	0.796
	xxpz69	1				0.72	0.52		
	xxpz55	1.16	0.04	32.89	***	0.79	0.62		

注：***. 在 0.001 级别（双尾），相关性显著。

信度分析结果表明，该测量模型的各维度的组合信度在 0.725 ~ 0.845 之间，Cronbach'a 信度在 0.704 ~ 0.834 之间，各小题的信度均在 0.4 以上，表明该测量工具和测量模型具有良好的内部一致性和稳定性。

3. "初中生自主学习品质调查问卷"的效度检验

研究者采用收敛效度和区别效度来验证该测量模型的结构效度。收敛效度是指测量相同潜在特质的题项会落在同一个因素维度上，且题项间所测得的测量值之间具有高度的相关，收敛效度 AVE 值大于 0.5，即意味着该测量工具具有良好的收敛效度；区别效度是指维度所代表的潜在特质与其他维度所代表的潜在特质间低度相关或有显著的差异存在。一般而言，若维度间的相关系数小于收敛效度的平方根，则表示该测量工具具有良好的区别效度。从表 4-21 可知，本测量模型中除学习毅力的收敛效度略低于 0.5 以外，其他各维度均具有良好的收敛效度，但部分维度区别效度不佳，见表 4-21。

表 4-21　学生自主学习品质测量模型效度分析（初测）

自主学习品质	收敛效度	区别效度				
	AVE	自我激励	学习钻研	学习毅力	认知策略	元认知策略
自我激励	0.595	0.77				
学习钻研	0.646	0.77	0.80			
学习毅力	0.467	0.45	0.46	0.68		
认知策略	0.630	0.7	0.81	0.41	0.80	
元认知策略	0.605	0.80	0.83	0.43	0.83	0.78

注：表 4-21 中矩阵对角线粗体字数据为 AVE 开根号值，下三角数据为各维度间皮尔森积差相关系数。

4. 第一次施测结论

本研究采用结构方程模型对初中学生自主学习品质的结构进行了实证分析，证实了学生自主学习品质涵盖学习动力、学习控制和学习运行三大系统，接近于曹正善提出的学习动力、学习毅力和学习能力结构。在这样的结构维度下，本研究所提出的三阶模型假设并没有得到实证数据的支持，其中部分三阶指标多重交叉，如好奇与主动、专注与坚持，以及自我诊断与自我监控。而另一些指标则无法在学生自主学习品质中得到体现，如学习的精细化、精致化以及资源管理策略等。修正后的自主学习品质二阶模型中，自我激励和学习钻研可以归并为学习动力系统，认知策略与元认知策略可以归并为学习运行系统，但学习动力系统和学习运行系统的区别效度尚不够理想。

5. 第一次施测后的反思与改进

学生自主学习品质是一个复杂的结构系统，其中学生的学习动力与学习能力之间本身有着千丝万缕的紧密联系，而且一个区域学生受其学习环境、学习背景与认知水平的影响，可能会具有某种程度的同质化特征，这种变异导致测量结果未必与已有的理论假设相契合。因此，深入了解学生学习品质的结构，仍需要通过多样化的方法加以研究证实。

2018 年 9~12 月，研究者从如下两个方面进行了改进研究：继续对自主学习品质进行文献研究，进一步明晰自主学习品质的内涵与维度结构；对区域初中教师和学生进行访谈，对问卷题项做进一步的修订，同时对影响学生自主学习品质的相关因素做进一步完善。

（二）第二次施测

2019 年 1 月，研究者使用修订后的"初中学生自主学习品质调查问卷"对本市初中学生、教师、家长进行第二次施测（样本详情见表 4-22）后，再次运用结构方程模型对学生自主学习品质的结构进行验证分析，获得了一个较为稳定的测量模型。

表 4-22　第二次调查对象基本信息（2019.1）

对象	七年级		八年级		九年级		总计
	人数	占比	人数	占比	人数	占比	
学生	1946	55.2%	1434	40.7%	144	4.1%	3524
教师	272	36.9%	225	30.5%	241	32.7%	738
家长	1847	55.5%	1328	39.9%	153	4.6%	3328

1. 第二次施测后的测量模型拟合度分析

经过修改后的学习品质问卷合并精简了三级维度，从测量模型的拟合度指标来看，问卷质量较初稿有了大幅度提升，学习品质的维度结构也更加清晰简洁，如图 4-15 所示。

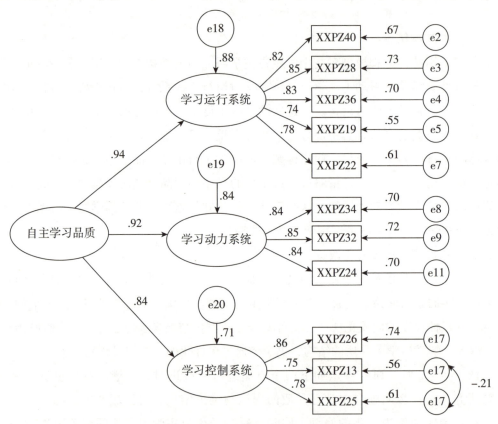

卡方=234.279　自由度=40　卡方自由度比=5.857
GFI=0.963　AGFI=0.939　CFI=0.915
NFI=0.900　IFI=0.915　RMSEA=0.037

图 4-15　初中学生自主学习品质维度结构测量模型（第二次施测）

2. 第二次施测后的问卷信效度检验

信度检验结果显示，该测量模型无论是题目信度还是维度信度，均达到了稳定的测量学标准（见表 4-23），收敛效度和区别效度也非常理想（见表 4-24）。

表 4-23　学生自主学习品质测量模型信度分析（第二次施测）

维度	题目	参数显著性估计				题目信度		维度信度	
		unstd	S.E.	C.R.	*P*	std	SMC	组合信度	内部一致性信度
学习运行系统	XXPZ40	1				0.82	0.67	0.90	0.89
	XXPZ28	1.03	0.02	61.7	***	0.85	0.72		
	XXPZ36	1	0.02	63.84	***	0.83	0.69		
	XXPZ19	0.93	0.02	47.54	***	0.74	0.55		
	XXPZ22	0.95	0.02	49.32	***	0.78	0.61		
学习动力系统	XXPZ34	1				0.84	0.71	0.88	0.86
	XXPZ32	0.93	0.02	57.5	***	0.85	0.72		
	XXPZ24	0.98	0.02	55.08	***	0.84	0.71		
学习控制系统	XXPZ26	1				0.86	0.74	0.84	0.82
	XXPZ13	0.88	0.02	40.5	***	0.75	0.56		
	XXPZ25	0.95	0.02	46.48	***	0.78	0.61		

注：***. 在 0.001 级别（双尾），相关性显著。

表 4-24　学生自主学习品质测量模型效度分析（第二次施测）

维度	收敛效度	区别效度		
		学习运行系统	学习动力系统	学习控制系统
学习运行系统	0.648	0.805		
学习动力系统	0.711	0.753**	0.843	
学习控制系统	0.637	0.679**	0.658**	0.798

注：1. 表 4-24 中矩阵对角线粗体字数据为 AVE 开根号值，下三角数据为各维度间皮尔森积差相关系数。
　　2. **. 在 0.01 级别（双尾），相关性显著。

3. 第二次施测结论

就本区域初中学生而言，他们的自主学习品质结构中，学习动力与学习意志力存在明显的区别，也符合自主学习意志理论[①]的观点。但在学习运行系统中，尽管元认知策略是自主学习品质的关键要素，但学生还无法明确地将其与认知策略区分开来。这一方面是由于在学习过程中，学生的认知策略与元认知策略通常是结合在一起而使用；另一方面，也是由于学生受自我认知发展水平的限制，还不能够对两者做出明确的区分。研究者曾将两者强行加以区分，但区别效度依然和初测结果一致，认知策略与元认知策略之间的相关性超过 0.9，不符合学生实际。故本课题研究将认知策略与元认知策略统一整合为学习策略，作

---

① 自主学习意志理论由德国心理学家科尔和美国心理学家考诺等人提出。科尔认为，在人的学习动力系统中，既有动机成分，又有意志成分，动机成分激励着人去学习，意志成分控制着人的学习行为，使学习者克服困难，坚持进行。因此，必须对自主学习中的动机与意志加以区分。考诺还指出，学习中的意志实际上就是内隐和外显的自我控制过程。

为学习运行系统的测量指标。

五、"初中学生自主学习品质调查问卷"终稿

综上两次调查研究，本课题将初中学生自主学习品质结构界定为学习动力系统（学习内部动机）、学习运行系统（学习策略）和学习控制系统（学习意志力），不再细分为三级结构。

（一）"初中学生自主学习品质调查问卷"终稿（见表 4-25）

表 4-25　初中学生自主学习品质调查问卷维度结构及其题目

维度	题号	题目
学习动力系统	1	我喜欢用难度高的学习任务来挑战自己的能力极限
	2	学习时碰到难题我总是要钻研出结果来
	3	在学习中我喜欢刨根问底，把问题弄明白
学习运行系统	4	我能够在学习中将相似的知识点通过分类、列提纲等方法进行识记，帮助自己理解
	5	我喜欢在学过一些知识之后，花一些时间去归纳整理
	6	我常对做过的题型与解法进行归类
	7	我经常把学习内容按照自己的想法重新编排组织
	8	我经常根据自己的上课、作业或考试情况，来总结自己学习方面的优势和不足
学习控制系统	9	上课时我能长时间集中注意听讲
	10	上课时我一般不会走神，能紧跟老师的教学进度
	11	上课前即使玩得很兴奋，上课后我也能马上静下心来

（二）问卷计分方式

本调查问卷采用李克特 5 点计分方式，问题选项均为 5 项：即非常符合、比较符合、不一定、不太符合和很不符合，分别对应计分为 4、3、2、1、0。然后将各维度题目得分相加，最后将二级维度得分转化为百分制分数，即每个二级维度的得分区间均为 [0,100]，转化公式：

$$\text{维度得分} = \sum (\text{各维度题目实际总分}) / \text{该维度理论满分} \times 100$$

一级维度得分为该二级维度得分的平均值。

（三）问卷评分标准

本调查问卷采用标准参照评价，按照实际分值将维度得分划分为三个等级，得分越高，表明学生越具备良好的自主学习品质。得分在 75 分以上，表明学生的自主学习品质良好；得分在 50~75 分，表明学生的自主学习品质一般；得分在 50 分及以下，表明学生缺乏必要的自主学习品质。